论语讲读

LUNYU JIANGDU

柳明芳 ◎ 著

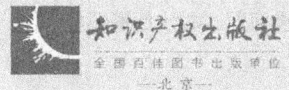

图书在版编目（CIP）数据

论语讲读 / 柳明芳著. —北京：知识产权出版社,2022.7
ISBN 978-7-5130-8213-6

Ⅰ.①论… Ⅱ.①柳… Ⅲ.①《论语》－研究 Ⅳ.①B222.25

中国版本图书馆CIP数据核字（2022）第107514号

内容提要

本书源于作者对"论语讲读"课程的教学实践，以专题的形式对《论语》做出通俗易懂的分析和解读。全书共分两部分：一是专题编，围绕仁义、礼乐、孝悌、君子、修身等主题，对《论语》进行深入探究，挖掘其中的精髓要义，结合现实生活，给学生以切实有益的引导，每讲以歌词作结，独具新意；二是书信编，以书信形式与学生交流学习《论语》的意义、方法、体会、收获及对不同话题的看法等，试图将他们引入学习《论语》的新境界，使其能学以致用，不断提升完善自己。

本书适合学校师生、传统文化研究者及对《论语》感兴趣的读者阅读。

责任编辑：王志茹　　　　　　　　　　　　责任印制：孙婷婷

论语讲读
LUNYU JIANGDU

柳明芳　著

出版发行：	知识产权出版社有限责任公司	网　址：	http:// www.ipph.cn
电　话：	010－82004826		http:// www.laichushu.com
社　址：	北京市海淀区气象路50号院	邮　编：	100081
责编电话：	010－82000860转8761	责编邮箱：	laichushu@cnipr.com
发行电话：	010－82000860转8101	发行传真：	010－82000893
印　刷：	北京中献拓方科技发展有限公司	经　销：	新华书店、各大网上书店及相关专业书店
开　本：	720mm×1000mm　1/16	印　张：	16.25
版　次：	2022年7月第1版	印　次：	2022年7月第1次印刷
字　数：	248千字	定　价：	85.00元
ISBN 978-7-5130-8213-6			

出版权专有　侵权必究
如有印装质量问题，本社负责调换。

自 序

讲读,顾名思义,就是讲习和解读、诵读。《论语讲读》是一本以专题形式对《论语》进行讲习和解读的书。本书始于课堂但不止于课堂,始于书本但不止于书本,始于《论语》但不止于《论语》。它是一本关于工作与生活的书,是一本关于理论与实践的书,是一本关于成长与进步的书。

本书主要由两部分组成。一是专题编,主要分为导言篇、修身篇、孝悌篇、仁义篇、礼乐篇、君子篇、教育篇、交际篇、管理篇、弟子篇,以独特形式探讨了《论语》思想的创造性转化与创新性发展。二是书信编,主要有我和《论语》有个约会、学《论语》是一场欢聚、如何读《论语》、"不逊"与"抱怨"、为"愚民说"正名、"稼圃说"的八个智慧、忧患意识很重要、"家教说"的六点启示、法治与德治、把什么留给你等,以书信的方式深入交流探讨。此外,附录有学生心语200条,使本书更有地气、更有灵气、更有生气。

当然,无论是专题编还是书信编,都来自课程实践。根据一次又一次教学,我不断地修改、完善、优化,最终使其更好地呈现在大家面前。简而言之,本书有三个基本特点:通俗化、生活化、歌咏化。

一是通俗化。新时代、新征程、新起点,我们该如何让孔子的思想在新的时代背景下散发耀眼光芒？今天的语境,不再是"之乎者也"的时代,我们要善于学习、领悟和转化,使用通俗化的语言,讲述《论语》之道、孔子之道。这是我一直努力的方向。因此,本书收入许多心得体会、案例故事,读来通俗易懂,读来有滋有味。

二是生活化。学习《论语》不是学习一种历史知识,而是遵循古为今用的原则,将《论语》与生活相联系,在生活中检验《论语》思想的是与非、对与错。我常在课堂上说:我们要从《论语》中来,到生活中去;熟读经典,有所悟;返诸生活,有所得。因此,从《论语》中来,只是起点而不是落脚点,我们的落脚点是生活,将《论语》的思想生活化,从而让我们变得更优雅、更优秀、更优越。总之,读经典就是读自己,读经

典就是读生活。

三是歌咏化。如何让"论语讲读"的课堂充满趣味？我对此进行了一些思考和探索。在课堂上，我添加了歌曲形式的教育教学，增强了课程的效果，展现了文化的魅力。通过数年的用心，我编写了11首歌词，具体为《我衷心地希望你》《不辜负我们的情缘》《孝悌心》《仁义在我心》《礼仪之歌》《君子之风》《教育改命，多多努力》《交友之歌》《管理者之歌》《曾子赞歌》《我和〈论语〉有个约会》，这些歌词不但丰富了课堂内容，而且激发了学生的学习热情。

千年风霜雨雪，千年沧海桑田，而《论语》的思想依旧耀眼，温良恭俭让、恭宽信敏惠等文化基因依然充满价值与能量。愿更多的人学习《论语》，汲取精华，为己所用，提升自己，砥砺前行！

最后，愿以一首小诗作结：

赠《论语讲读》诸友

《论语》书籍世代扬，全因文义不寻常。

愿君珍日又惜月，埋首取经度韶光。

柳明芳

2022年3月20日

目 录

专题编 ··· 1

- 第一讲　导言篇:《论语》与孔子 ·· 3
- 第二讲　仁义篇:践行仁义 ·· 18
- 第三讲　礼乐篇:礼乐常伴 ·· 36
- 第四讲　君子篇:成为君子的关键词 ·· 54
- 第五讲　孝悌篇:人人要有孝悌心 ·· 71
- 第六讲　修身篇:如何成为更好的自己 ·· 87
- 第七讲　教育篇:不负教育的使命 ·· 105
- 第八讲　交际篇:向孔子学交际 ·· 122
- 第九讲　管理篇:管理在人 ·· 139
- 第十讲　弟子篇:你不知道的曾子、颜渊、子贡和子路 ························ 155

书信编 ··· 173

- 第一封　我和《论语》有个约会 ·· 175
- 第二封　学《论语》是一场欢聚 ·· 179
- 第三封　如何读《论语》 ·· 183
- 第四封　"不逊"与"抱怨" ·· 188
- 第五封　为"愚民说"正名 ·· 193
- 第六封　"稼圃说"的八个智慧 ·· 199
- 第七封　忧患意识很重要 ·· 204
- 第八封　"家教说"的六点启示 ·· 209
- 第九封　法治与德治 ·· 214
- 第十封　把什么留给你 ··· 219

参考文献 ··· 224

附　录　学生心语 ··· 228

后　　记 ··· 251

论语讲读

专题编

《论语》一书原有20篇,但主题不鲜明。因此,本书以中华优秀传统文化的创造性转化和创新性发展为指引,将《论语》与生活紧密结合,采取专题方式分享与学习,分为仁义、礼乐、君子等10个专题,愿学有所得、学有所获、学有所成。

第一讲　导言篇：《论语》与孔子

梁启超先生在《国学入门书要目及其读法》一文中，特将《论语》一书列在首位。梁先生说："《论语》为二千年来国人思想之总源泉，……故吾希望学者熟读成诵，即不能，亦须翻阅多次，务略举其辞，或摘记其身心践履之言以资修养。"[1]由此看来，作为一个读书人，读一部《论语》，可以涵养性情，可以改变气质，对自己大有裨益。

一、《论语》的影响

《论语》这本书字虽少，含金量却很高，它是中华优秀传统文化的经典著作之一，影响了一代又一代读书人。即使在现代，《论语》在各行各业依然散发着自己独特的魅力。我主要从政界、学术界、教育界、商业界来举例证明《论语》的智慧与力量。

在政界，《论语》一书多次被世界各地政界人士提及、引用，或借以表达自己的想法、观点和主张，或借以修养自己、增益智慧。

2008年6月28日，联合国第八任秘书长潘基文接受新华网联合国记者王湘江、曾虎专访。报道中说"潘基文能够背诵《论语》等中华经典名著中的名句"，而且他"一直在努力从《论语》等中华文化经典中汲取智慧、经验和为人处世的原则，无论是履行公务，还是处理个人私事，这些伟大的思想都使他获益良多"[2]。可见，潘基文对《论语》十分熟悉。不仅如此，他还认真钻研，注重吸收，深刻领悟儒家思想，古为今用。

2007年7月27日，国际先驱导报记者郭一娜做了题为"日本掀起'于丹热'安倍预订日版《论语心得》"的新闻报道。在报道中，日本《中国巨龙新闻》总编辑、孔

---

[1] 梁启超.饮冰室合集[M].北京：中华书局，2015：8353.
[2] 陈兴然.潘基文背诵《论语》：孔子的教诲为我指引方向[EB/OL].(2008-06-29)[2022-02-10]. https://business.sohu.com/20080629/n257813418.shtml.

子第75代直系子孙、长年在日本推广孔子文化的孔健先生说:"日本首相安倍晋三的秘书说,等日文版出版后,让我给他送一本。"❶可见,《论语》一书在日本政界颇受重视。

吉斯卡尔·德斯坦于1974—1981年担任法国总统,喜爱中华文化。2018年1月5日,新华社记者王卓伦在《解码外交:"最"有中国故事的那些法国总统》中写道:"卸任总统以后,德斯坦几乎每年都要访问中国一两次。作为一名中国文化爱好者,他对汉、宋、明、清及19世纪的中国史都有所研究。在德斯坦的床头柜上,时常放着一本《论语》。2000年,他在中国参加一次文化研讨会时,准确地用中文引用了孔子的名句,'君子无所争,必也射乎!揖让而升,下而饮,其争也君子'。语罢,满座皆惊。"❷可见,《论语》走进了这位总统的心。

2005年9月10日,新华社记者沈路涛做了题为"温家宝总理会见教师代表 考察京郊乡村中小学"的报道。报道中说:"要贯彻启发式教育方针。孔子说'不愤不启,不悱不发',这八个字的意思就是要实行启发式教育,把学生作为教学的中心,使学生在学习的整个过程中保持着主动性,主动地提出问题,主动地思考问题,主动去发现,主动去探索。启发式教育的核心就是要培养学生独立思考和创新思维。"❸在此,温家宝引用孔子的话,意在激励教师要贯彻实施启发式教育,教书育人。

在商业界,《论语》一书也颇受企业家青睐。许多世界著名的企业家都曾深入学习《论语》,或将《论语》的思想作为自己的言行准则,或引《论语》语句表达自己的观点主张,从中学习儒家智慧,积极消化、吸收,以应对纷繁复杂的人生。

日本有一位企业家叫涩泽荣一(1840—1931年),他是日本近代经济的领路人,被誉为"日本企业之父",著有《论语与算盘》《日本人读〈论语〉》等书。涩泽荣一不仅在商业上取得突出成就,而且在文化著述上也取得巨大的成功。涩泽荣一既

---

❶ 肖亭. 日本掀起"于丹热" 安倍预订日版《论语心得》[EB/OL]. (2007-07-27)[2022-02-10]. http://www.chinadaily.com.cn/hqzg/2007-07/27/content_5444848_3.htm.

❷ 王卓伦. 解码外交:"最"有中国故事的那些法国总统[EB/OL]. (2018-01-05)[2022-02-10]. http://news.sina.com.cn/o/2018-01-05/doc-ifyqiwuw6752354.shtml.

❸ 沈路涛. 温家宝总理会见教师代表 考察京郊乡村中小学[EB/OL]. (2005-09-10)[2022-02-10]. http://www.gov.cn/ldhd/2005-09/10/content_30741.htm.

是银行家、实业家,又是作家,可谓从商为学"双风流"。他在《日本人读〈论语〉》一书中说:"我选择《论语》并作为一生恪守的准则。正如《大学》开卷所言,《大学》的宗旨是教导'治国平天下'的道理,《中庸》则更高深,乃'致中和,天地位焉,万物育焉',近乎哲学,但却远离修身齐家的道理。然而,《论语》的一字一句都能应用到日常处世上,说的都是即学即用的最基本的道理,这就是遵奉孔夫子的儒家而不依从《大学》和《中庸》,特别选择《论语》拳拳信奉,终生不敢相违的理由。我确信,只要遵从《论语》的教导,努力修身齐家,就能平平安安地生活下去。"❶可见,《论语》对涩泽荣一的影响是巨大的、深远的,是不可磨灭的。从某种意义上说,《论语》的思想、智慧指导了涩泽荣一的为人与处世,造就了涩泽荣一的工作与生活、事业与人生。

　　日本还有位大名鼎鼎的人物叫稻盛和夫,他曾经创办了两家世界500强企业,分别为日本京都陶瓷株式会社和第二电信,又创造了日本航空公司起死回生的奇迹,是一位了不起的科学家、企业家和哲学家。稻盛和夫说:"我很早就学习了中国的《论语》,我认为越是艰难、越是竞争激烈的时代,过去圣人们所教导的、正确的为人之道就越重要,是他们造就了今天的我。"❷可见,《论语》对稻盛和夫的影响也是刻骨铭心的。稻盛和夫在《干法》中说:"我却无论如何也奢侈不起来,一旦奢侈,就会傲慢,我一直这么告诫自己。"❸这不就是《论语》一直强调的"温、良、恭、俭、让"中的"俭德"吗?稻盛和夫说:"不管多么伟大的思想,都要靠一步一个脚印,孜孜不倦地、持续地努力才能实现。"❹在此,我们看这几个关键词"孜孜不倦地、持续地努力",这不正是孔子强调的"有恒"吗?在《论语·述而第七》中,孔子说:"善人,吾不得而见之矣!得见有恒者,斯可矣。"❺在此,孔子强调"有恒"。稻盛和夫说:"在成功和幸运的时候,要不骄不躁,抱着真诚的感谢之心,仍继续坚持努力,使成功得以长期持续。"❻请注意,"不骄",不就是谦恭吗?"不躁",不就是温和吗?孔子强调

---

❶ [日]涩泽荣一.日本人读《论语》[M].李均洋,[日]佐藤利行,译审.北京:中国工人出版社,2010:4.

❷ 木铎.稻盛和夫的论语[EB/OL].(2017-07-08)[2022-02-10]. https://m.sohu.com/a/155639495_661663.

❸ [日]稻盛和夫.干法[M].曹岫云,译.北京:机械工业出版社,2015:195.

❹ [日]稻盛和夫.干法[M].曹岫云,译.北京:机械工业出版社,2015:81.

❺ (宋)朱熹.四书集注[M].陈戍国,标点.长沙:岳麓书社,2004:113.

❻ [日]稻盛和夫.干法[M].曹岫云,译.北京:机械工业出版社,2015:103.

"温"和"恭"。类似之处还有很多,不一一列举了。正如一个名叫彼利奥的美国人所说:"孔夫子讲道理,日本人实践道理。"❶《论语》的思想在稻盛和夫身上得到很好的体现。

李嘉诚,一个富有传奇色彩的名字,他是商业界数一数二的华人富豪,虽学历不高,但非常善于经营,经过自己的努力打拼迅速崛起,建立了自己的商业帝国。李嘉诚商业成功的秘诀是什么呢?他曾经引用《论语》中的话:"不义而富且贵,于我如浮云。"❷我想,如果李嘉诚不熟读《论语》,那他一定很难说出《论语》中的原话。

茅忠群,方太集团董事长兼总裁,曾被《浙江日报》评选为首届"光荣浙商",他活学活用《论语》,创造性地将儒家文化的基因"仁、义、礼、智、信"融入企业文化,让企业上上下下的员工学习践行。他提出三"不"戒律:不打价格战、不上市、不欺骗。想一想,"不欺骗",不就是儒家文化所强调的"诚信"吗?

还有,在企业管理界,有一些关于《论语》的书籍出版,如"管控力"理论创立者邵雨的《〈论语〉管理日志》,济南大明企业管理咨询有限责任公司马喜千主编的《论语微阅读》,商道传媒董事长张建云的《论语的力量》,曲龙的《读〈论语〉,学管理》,杨云鹏、杜润瑶的《管理者每天读点〈论语〉》等。如上列举虽不全面,但足以说明《论语》这本书给商业界带来的巨大影响。

在学术界,《论语》这本书也受到现当代学者的广泛关注。学者关注《论语》,研究《论语》,翻译《论语》,出版专著、发表论文等,成果颇多。下面我们略举一些代表作品,如钱穆的《论语新解》(生活·读书·新知三联书店2002年版)、林语堂的《孔子的智慧》(陕西师范大学出版社2006年版)、夏传才的《论语讲座》(广西师范大学出版社2007年版)、杨伯峻的《论语译注》(中华书局2009年版)、姚淦铭的《读孔子》(上海辞书出版社2010年版)、钱逊的《〈论语〉讲义》(人民出版社2012年版)、廖名春的《孔子真精神——〈论语〉疑难问题解读》(孔学堂书局2014年版)、冷成金的《论语的精神》(上海古籍出版社2016年版)、石鍫的《论语简释》(商务印书馆2018年版)、王曙光的《论语心归》(北京大学出版社2019年版)等。学术界对《论语》的关注,远不止这些。从现当代算起,关于《论语》的专著还有很多。学术论文就不一

---

❶ 沈学方,平文艺.日本美国的企业文化[M].成都:成都出版社,1993:71.
❷ (宋)朱熹.四书集注[M].陈成国,标点.长沙:岳麓书社,2004:110.

一列举了。可以说,一直以来,《论语》一书都受到学者的积极关注和深入研究。

在教育界,为了促进中外文化的交流与合作,我国在世界各地都开办了孔子学院。2018年12月5日的《四川日报》报道:"12月4日,第十三届孔子学院大会在成都举行,来自154个国家和地区的1500多名代表参加大会。"❶可见,全世界至少有154个国家和地区开办孔子学院,致力于学习中华文化、传播中华文化。与此同时,我国各地初中、高中语文教材内容都涉及《论语》。此外,《论语》还以阅读书单形式走进万千大、中、小学生的学习生活,尤其是"国学热"的兴起,让千千万万的学子关注《论语》、学习《论语》,"子曰"之声响彻校园、传入万家。

列举政界、商界、学术界和教育界对《论语》的领悟、学习、研究、践行的事例,不难得出,《论语》一书的影响力是广泛的,《论语》一书是值得我们用心学习的,也是值得我们结合实际进行创造性转化和创新性发展的。在《论语·里仁第四》中,孔子说:"德不孤,必有邻。"❷因此,今天,我们一起学习《论语》,谁也不会感到孤单,因为在学习的路上,有你、有我,有中国人、有外国人等很多志同道合的人,同声相应、同气相求,让我们共同学习、相互交流、切磋共进、涵养道德、修身立人。

二、《论语》其书

《论语》是一本什么样的书呢?我们一起来看看吧!《三字经》曾经这样介绍《论语》:"论语者,二十篇,群弟子,记善言。"❸简单的十二个字给了我们一些重要信息,即《论语》这本书总计有二十篇,《论语》的作者是"群弟子",从内容性质来判断,都是"善言"。当然,对《论语》这本书我们还有更多需要了解,如《论语》在儒家文化系统中的地位如何、《论语》的作者究竟有哪些人、《论语》的文体是什么、《论语》里有哪些内容等。诵其书,我们得先识其书。

《论语》是儒家学派的经典著作,与《大学》《中庸》《孟子》并称为"四书"。如果你要研究孔子,你不得不熟读这本书;如果你要研究儒家,你不得不熟读这本书;如

---

❶ 张守帅.第十三届孔子学院大会在成都举行[EB/OL].(2018-12-05)[2022-02-10]. https://news.sina.com.cn/c/2018-12-05/doc-ihprknvt1124861.shtml.

❷ (宋)朱熹.四书集注[M].陈成国,标点.长沙:岳麓书社,2004:84.

❸ 王财贵.孝弟三百千[M].北京:北京教育出版社,2012:30.

果你要研究中华优秀传统文化,你也不得不熟读这本书。涩泽荣一在《论语与算盘》一书中说:"当我们谈论到道德时,记录孔子及其弟子言行的《论语》仍然起着至关重要的参照作用。对于这一点,相信读过的人应该是深有体会。"❶南怀瑾在《论语别裁》一书中说:"至于孔子学说与《论语》本书的价值,无论在任何时代、任何地区,对它的原文本意,只要不故加曲解,始终具有不可毁的不朽价值,后起之秀,如笃学之、慎思之、明辨之,融会有得而见之于行事之间,必可得到自证。"❷可见,《论语》一书,不只是一本史料书,而且是可用于当下的一本生活实践书;不只是一本儒家思想的书,而且是一本自我道德实践的书;不只是一本人文知识的书,而且是一本人格修养的书。

一书出炉,自然有其作者。在大多数情况下,一本书的作者就是确定的一两个人,如《东方管理学》(北京大学出版社2020年版)的作者就是颜世富博士一人;《东方管理学导论》(上海三联书店1998年版)的作者就是胡祖光和朱明伟二人。而《论语》这本书的作者,不是一个人,也不是两个人,而是一群人。杨伯峻说:"《论语》一书绝不能看成某一人的著作。"❸那么,《论语》的作者究竟是哪些人呢?我根据杨伯峻先生的《论语译注》及其他一些资料为大家揭晓。

《论语》的作者都有谁?《四书集注·论语序说》中,朱子引程子曰:"《论语》之书,成于有子、曾子之门人,故其书独二子以子称。"❹依程子之见,《论语》凝结了曾子、有子及其弟子的心血,所以全书除了"子曰"之外,就独称曾参为曾子、称有若为有子。而谁会尊称曾参为曾子呢?不言而喻,曾子的弟子称他为曾子;谁会尊称有若为有子呢?不言而喻,有若的弟子称他为有子。当然,程子也许没有注意到,《论语》中还有一人也被尊称为"子",他就是闵子骞,被尊称为闵子。在《论语·先进第十一》中记载:"闵子侍侧,訚訚如也;子路,行行如也;冉有、子贡,侃侃如也。子乐。"❺子路、冉有、子贡都被直呼其名,为什么闵子骞就被称为闵子呢?只有一种解释:本条语录一定是由闵子骞的弟子记录完成的。杨伯峻说:"合理的推论是闵子

---

❶ [日]涩泽荣一.论语与算盘[M].余贝,译.北京:九州出版社,2012:2.
❷ 南怀瑾.论语别裁[M].上海:复旦大学出版社,2000:17.
❸ 杨伯峻.论语译注[M].北京:中华书局,2009:27.
❹ (宋)朱熹.四书集注[M].陈成国,标点.长沙:岳麓书社,2004:51.
❺ (宋)朱熹.四书集注[M].陈成国,标点.长沙:岳麓书社,2004:143.

骞的学生把平日闻于老师之言追记下来而成的。"❶当然,杨伯峻先生根据"不称姓氏、只称名"的文化习惯,判定琴牢也是记录者。在《论语·子罕第九》中记载:"牢曰:'子云:吾不试,故艺。'"❷杨伯峻先生还根据"去姓称名不称字"的文化习惯,判定原宪也是记录者。在《论语·宪问第十四》中记载:"宪问耻。子曰:'邦有道,谷;邦无道,谷,耻也。'"❸

根据常理,《论语》的记录者主要有曾子的弟子、有子的弟子、闵子的弟子,而曾子、有子、闵子这三人的弟子,对孔子而言就是其再传弟子,曾子、有子、闵子都是孔子的弟子。那么,《论语》一书是否经过曾子、有子、闵子之手呢?严格来说,不确定。但是,杨伯峻先生还认为,原宪和琴牢也是记录者,这两个人是孔子的弟子。当然,《论语》一书的记录者也许不止于上述这些人,也许还有子张的弟子。《论语·子张第十九》记载:"子夏之门人问交于子张。"❹杨伯峻先生根据这里的记载,推测"像子张或子夏的学生的记载"❺。而我却认为,此章应该为子张的弟子所记。客观而言,本章内容中子夏与子张的观点各不相同,就整章的落脚点而言,记录者赞同子张的观点而不赞同子夏的观点,因为子夏"可者与之,其不可者拒之"❻的观点偏于狭隘,而子张"君子尊贤而容众,嘉善而矜不能。我之大贤与,于人何所不容?我之不贤与,人将拒我,如之何其拒人也?"❼的观点,大度、大气、大量。所以,子张的弟子记录下来,以启发后学。当然,学术界大都认为,《论语》最后的编定者是曾子的学生。理由有二:第一,曾参在《论语》中无一处不称"子"。此外,书中单独记载曾子之处颇多,乃至于曾子临死前的病况及"遗言"都有详细记录。第二,在孔子三千弟子中,曾子是孔子晚年招收的学生,是孔子弟子中最年轻的一位。整本书的内容,按产生的时间顺序而言,《论语·泰伯第八》记录孟敬子与曾子的对话内容应为最晚产生的内容,全文如下:"曾子有疾,孟敬子问之。曾子言曰:'鸟之将死,其鸣

---

❶ 杨伯峻.论语译注[M].北京:中华书局,2009:28.

❷ (宋)朱熹.四书集注[M].陈成国,标点.长沙:岳麓书社,2004:125.

❸ (宋)朱熹.四书集注[M].陈成国,标点.长沙:岳麓书社,2004:169.

❹ (宋)朱熹.四书集注[M].陈成国,标点.长沙:岳麓书社,2004:214.

❺ 杨伯峻.论语译注[M].北京:中华书局,2009:28.

❻ (宋)朱熹.四书集注[M].陈成国,标点.长沙:岳麓书社,2004:214.

❼ (宋)朱熹.四书集注[M].陈成国,标点.长沙:岳麓书社,2004:214.

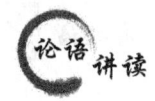

也哀;人之将死,其言也善。君子所贵乎道者三:动容貌,斯远暴慢矣;正颜色,斯近信矣;出辞气,斯远鄙倍矣。笾豆之事,则有司存。'"❶因此,我们断定:"《论语》的着笔开始于春秋末期,而编辑成书则在战国初期,大概是接近于历史事实的。"❷由此可见,《论语》一书的作者是孔子弟子及再传弟子。

《论语》一书的文体,主要是以语录体和对话体为主的言行集,只求平实简洁,不求篇章结构,言简意赅,通俗晓畅。例如,"子曰:'巧言令色,鲜矣仁。'"❸这就是语录体形式。又如,"子路问政。子曰:'先之,劳之。'"❹这就是对话体形式,有问有答。《论语》的内容主要体现孔子及儒家的生活观念、教育信念和为政理念等,是一本小百科全书,涉及政治、教育、文化、礼乐等,含金量很高,是不可多得的一本书籍。

根据一些历史资料记载,古有"半部《论语》治天下"的说法。而这一说法的主人公就是北宋时期著名的政治家、两朝宰相赵普。话说,赵普性格深沉稳重,善于谋略,少言寡语,性格刚正,果断刚强,嫉妒心强,曾参与谋划历史上著名的"陈桥兵变"和"杯酒释兵权"事件。但是,赵普识大体、顾大局,能够以天下为重。

曾经,赵普上奏折向宋太祖赵匡胤举荐某个人,赵匡胤没有采纳。第二天,赵普再上奏折举荐其人,赵匡胤也没有采纳。第三天,赵普第三次上奏折举荐其人,赵匡胤大怒,将奏折文书撕碎摔在地上。赵普并没有惊慌失色,依然脸色不变,跪在地上,将奏折捡起来,回家了。又一天,赵普将破碎的奏折修复完好后,再次向赵匡胤上奏举荐其人。赵匡胤终于醒悟了,最终这个人得到任用。

那时,在朝廷里,有一些臣子想要晋升官爵,赵匡胤平时本来就讨厌他们,没有准许。赵普坚持为这些臣子请命,赵匡胤勃然大怒道:"朕固不为迁官,卿若之何?"❺赵普回答说:"刑以惩恶,赏以酬功,古今通道也。且刑赏天下之刑赏,非陛下之刑赏,岂得以喜怒专之。"❻最终,赵普又以自己的果敢刚强赢得允许。赵普,就是

---

❶ (宋)朱熹.四书集注[M].陈成国,标点.长沙:岳麓书社,2004:118.
❷ 杨伯峻.论语译注[M].北京:中华书局,2009:30.
❸ (宋)朱熹.四书集注[M].陈成国,标点.长沙:岳麓书社,2004:55.
❹ (宋)朱熹.四书集注[M].陈成国,标点.长沙:岳麓书社,2004:160.
❺ 二十四史·宋史[M].北京:中华书局,2018:7377.
❻ 二十四史·宋史[M].北京:中华书局,2018:7377.

这样一个性情刚正、个性突出之人。

诚然,赵普年轻时喜欢钻研政事和官务,不喜欢学习文化。后来,赵普成为宰相,宋太祖就常常规劝臣下要多多学习文化知识、多多读书。于是,赵普每天回到自己的住处后就关门闭户,从一个小箱子里拿出书来读。有时,一整天他都在读书。等到第二天,赵普亲理政务、处理事情就得心应手、游刃有余、十分高效。等到赵普死后,人们检查收拾他的遗物,这才发现,赵普长期阅读的就是《论语》。

北宋的第二位皇帝宋太宗赵光义曾经就问赵普:"你真的只读过《论语》这本书吗?"赵普没有任何隐瞒,回答说:"臣平生所知,诚不出此。昔以其半辅太祖定天下,今欲以其半辅陛下致太平。"❶这就是半部《论语》治天下的由来。关于赵普与《论语》,《宋史》和《鹤林玉露》这两本史书都有记载。由此可见,《论语》中的智慧可用于治国。今天,我们学习《论语》,能否借其在修身、齐家、治业方面发挥有益作用呢? 我万分期待,你能用自己的实践来回答。

三、孔子其人

《孟子》说:"颂其诗,读其书,不知其人,可乎?"❷很显然,孟子的态度是不可以。司马迁说:"余读孔氏书,想见其为人。"❸我们学习《论语》,学习孔子,学习儒家文化,当然要了解孔子、认识孔子。

《朱子语类》有言:"天不生仲尼,万古如长夜。"❹可见,孔子在中华文化历史中具有十分重要的地位。确实,在孔子以前,圣贤有赖孔子而传扬;在孔子以后,圣贤有赖孔子而开启。孔子,其生也荣,其死也哀。让我们一起走进孔子的生活片段吧!

孔子,生于公元前551年,卒于公元前479年,春秋时期鲁国陬邑人,是我国历史上著名的思想家、教育家、政治家。

---

❶ (宋)罗大经.鹤林玉露[M].王瑞来,点校.北京:中华书局,1983:128.
❷ (宋)朱熹.四书集注[M].陈成国,标点.长沙:岳麓书社,2004:358.
❸ 二十四史·史记[M].北京:中华书局,2018:1566.
❹ 朱子语类[M].(宋)黎靖德,编.王星贤,点校.北京:中华书局,1986:2350.

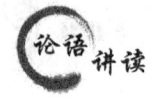

(一)姓名来源

孔子,姓孔,名丘,字仲尼。孔子的祖先是微子启,而微子启与商纣王是同父异母的兄弟。所以,司马贞说:"孔子之胄,出于商国。"❶从宋襄公到孔父嘉,已经历五代。《史记》注解有言:"五世亲尽,别为公族,姓孔氏。"❷因此,取孔父嘉之"孔"字为姓。孔子父母因到尼山祈祷而得孔子。所以,为了纪念尼山之行,将孔子取名为丘。丘,是山丘之意,取字为"仲尼"。孔子的"字"为什么是"仲尼"而不是"尼"呢?在古代,有"孟、仲、季"的大小顺序排列习惯。孔子是家中二子,他不是长子,也不是独子。因为孔子还有一个同父异母的哥哥孟皮。依照当时的顺序,孔子取字为仲尼。

(二)少年时光

孔子出生寒微,是叔梁纥与颜徵在之子。据说,孔子三岁的时候,他的父亲就去世了。不难想象,孔子少年时代的生活比较贫苦,但孔子从小就表现得与众不同,经常玩的游戏就是礼仪游戏。司马迁说:"孔子为儿嬉戏,常陈俎豆,设礼容。"❸当然,孔子与母亲相依为命,生活自然艰难了。后来,孔子回忆自己年少岁月,说:"吾少也贱,故多能鄙事。"❹可见,孔子早早地接受了生活的磨炼、岁月的洗礼。当然,孔子也掌握了许多生活的技能。

(三)青年时代

孔子很早就立定志向,并且努力朝着自己的目标前进。《论语》中,孔子曾说:"吾十有五而志于学。"❺可见,十五岁的孔子已经立下坚定的志向,专心求学。到十七岁时,他母亲去世了。十九岁时,孔子与青年女子亓官氏结为夫妻。二十岁时,他喜得贵子孔鲤。当时,政治人物鲁昭公派遣使者带着鲤鱼向孔子表示祝贺。可见,此时的孔子已经是鲁国远近闻名的青年才子了。孔子也做过"委吏"和"司职"工作,做得很出色。

---

❶ 二十四史·史记[M].北京:中华书局,2018:1566.
❷ 二十四史·史记[M].北京:中华书局,2018:1537.
❸ 二十四史·史记[M].北京:中华书局,2018:1538.
❹ (宋)朱熹.四书集注[M].陈成国,标点.长沙:岳麓书社,2004:125.
❺ (宋)朱熹.四书集注[M].陈成国,标点.长沙:岳麓书社,2004:62.

（四）遭遇挫折

人的一生不会一帆风顺。圣人的人生更是如此。在青年时代，孔子就吃过"闭门羹"。十七岁那年，季氏用酒食款待身份尊贵的读书人，孔子穿着丧服就跑去参加。季氏的家臣阳虎贬退了孔子，很不客气地说："季氏招待的是身份尊贵的社会名流，不敢款待你！"因此，孔子只得灰溜溜地退回来。当然，孔子心里怎么想，我们已经不得而知。但是，我们如果站在孔子的角度想一想，受到这样的打击，他心里一定很难过、很生气吧！

（五）高光时刻

鲁定公九年，孔子开启了数年的从政生涯，迎来了人生的高光时刻。这一年，孔子被鲁定公任命为鲁国的中都宰。从此，孔子的行政能力有了施展的舞台。当然，孔子也不负众望，成绩可圈可点。上任一年，四面八方的官员都到孔子治理的中都参观考察，学习他的行政经验。因为工作出色，孔子一路被提拔，官位不断上升，执掌权力越来越大。《史记》记载："孔子为中都宰，一年，四方皆则之。由中都宰为司空，由司空为大司寇。"❶

鲁定公十年夏天，鲁国与齐国交好，定于夹谷会盟。孔子暂时代理宰相事宜。在孔子的建议下，鲁定公配备了左右司马随行。双方献酬礼仪结束之后，一位齐国的有司小步疾行而前请示："请演奏四方之乐！"齐景公说："好！"于是，一些齐国军人扮演的舞者，或手持长矛，或手持铁戟，或手持宝剑，或手持盾牌，试图靠近鲁定公，想劫持他。他们鸣鼓喧哗，嚣张跋扈。孔子见形势不妙，急忙快步上前，举起衣袖，有理有利有节地说："我们两国国君是友好会盟，为什么在这里演奏夷狄之乐？请示有司。"有司拒绝理会孔子的话，这批舞者也并没有离开，他们左看看晏子，右看看齐景公。这时，齐景公心里感到惭愧，于是下令让他们退下。一会儿，齐国的有司又小步疾行而前请示："请演奏宫中之乐！"齐景公说："好！"于是，一群杂技演员进行滑稽动作表演。孔子急忙快步上前，说："匹夫捣乱，诸侯定当诛杀他们！请示有司！"这次，有司依法处置了那些杂技演员，使他们手脚分家、身首异处。这时候，齐景公有些害怕，态度也动摇了。他知道自己没有道义，感到十分恐惧。齐景

---

❶ 二十四史·史记[M].北京：中华书局，2018：1544.

公对齐国的臣子们说:"鲁国以君子之道辅佐他们的国君,你们却以夷狄之道教唆寡人,使得寡人得罪了鲁国国君,大家说,怎么办呢?"齐国有司进言说:"君子有过则谢以质,小人有过则谢以文。君若悼之,则谢以质。"❶于是,齐国归还了鲁国的郓城、汶阳、龟阴等地,以此表示歉意。

　　鲁定公十四年,孔子由大司寇代理鲁国相政,十分高兴。孔子的弟子看到了孔子的"反常",就向他进言:"闻君子祸至不惧,福至不喜。"❷孔子说:"有是言也。不曰'乐其以贵下人'乎?"❸于是,孔子下令诛杀了鲁国的乱政之人少正卯。孔子代理鲁国宰相职务三个月之后,社会风气大为改观:卖羊、卖猪的商人诚信经商,不欺骗,不漫天要价了,市场风气得到整顿;在路上行走的男男女女各走各的道,路上不会丢失财物,人人都有拾金不昧的精神;四面八方的人到城里办事,不用求情送礼,都能得到妥当解决,没有"脸难看、门难进、事难办"的歪风邪气。社会风气和政治生态为之一新,整个社会实现了正常化、健康化发展。然而,好景不长,鲁国因重用孔子,呈现欣欣向荣的景象,人们本来应该高兴,但是齐国人并不高兴。齐国人听说鲁国逐步兴旺,心里感到畏惧、害怕。齐国人说:"孔子为政,必然雄霸天下,若雄霸天下,我们齐国最靠近鲁国,首先被吞并的就是我们,为什么不送给他们土地以示友好呢?"齐国大夫黎钼说:"请先尝试阻止鲁国的发展;若阻止行不通的话,再送土地,也不迟啊!"于是,齐国就挑选了80名能歌善舞的美女,她们都穿着华美的衣服,非常漂亮,再加上30匹毛色十分好看的骏马,送给鲁国国君。齐国将这些美女和骏马安排在鲁城南面的高门外。季桓子微服私访,去了几趟,很想接受。于是,季桓子就让鲁国国君以周游的名义来到鲁城南面观赏,整天在那里沉迷,不理朝堂事务。孔子的学生子路说:"老师,我们可以离开了。"孔子还有些犹豫,说:"再等等看吧!现在,鲁国就要出郊进行祭祀。如果祭肉还能按礼分给大夫的话,我们还可以留下来。"最终,季桓子全部接受了齐国赠送的礼物,多日不理朝政。而郊外的祭祀上,祭肉也没有按礼分发给各位高级官员。于是,孔子离开了自己的国家,开始了周游列国的生涯。在周游期间,孔子挨饿过,被围困过,失意过,经历过很多很

---

❶ 二十四史·史记[M].北京:中华书局,2018:1544.

❷ 二十四史·史记[M].北京:中华书局,2018:1545.

❸ 二十四史·史记[M].北京:中华书局,2018:1545.

多。因此,我感念孔子的周游经历,写下了一首诗,题为《礼赞夫子周游列国》:"背井离乡十四年,几许辛酸在心田?求仁得仁又何怨,苍茫天地予无言。"

(六)哲人谢幕

孔子周游列国十四年后,回到鲁国,删《诗》《书》,定《礼》《乐》,赞《周易》,作《春秋》。虽然他过得很充实,但这也无法掩盖凄凉晚景。到了人生暮年,最苦莫过于白发人送黑发人,而这正是孔子的亲身经历。鲁哀公十三年,孔子七十岁,这时他的儿子伯鱼却去世了,去世时伯鱼五十岁。鲁哀公十五年,孔子七十二岁。这时,孔子很喜欢的子路去世了。鲁哀公十六年,孔子七十三岁。孔子生病了,子贡来看望他。孔子扶着拐杖悠闲地站在门前,对子贡说:"子贡啊,你为什么来得这么晚呢?"于是,孔子发出感叹,歌唱曰:"太山坏乎!梁柱摧乎!哲人萎乎!"❶接着,孔子的眼泪不住地往下流淌。孔子对子贡说:"天下无道久矣,莫能宗予。夏人殡于东阶,周人殡于西阶,殷人两柱间。昨暮予梦坐奠两柱之间,予始殷人也。"❷七天之后,孔子永远离开了这个世界,一位哲人凋谢了,被安葬在鲁城北面泗水边上。孔子弟子守孝三年,只有子贡守孝六年才离去。

那么,孔子是一个怎样的人呢?有人说,孔子是自信的人;有人说,孔子是严谨的人;有人说,孔子是有恒心的人;有人说,孔子是灵活的人;有人说,孔子是坦荡的人;有人说,孔子是宽厚的人;有人说,孔子是达观的人;有人说,孔子是求实的人;有人说,孔子是诚信的人;有人说,孔子是好学的人;有人说,孔子是善思的人;有人说,孔子是明礼的人;有人说,孔子是谦卑的人;有人说,孔子是重情重义的人;有人说,孔子是乐于助人的人;有人说,孔子是道德高尚的人;有人说,孔子是知行合一的人;有人说,孔子是多才多艺的人;有人说,孔子是敏行讷言的人;有人说,孔子是志向远大的人;有人说,孔子是不忧不惧的人;有人说,孔子是行"温、良、恭、俭、让"的人;有人说,孔子是奉"恭、宽、信、敏、惠"的人。你认为,孔子是什么样的人呢?

总之,孔子是一个大写的人,他的身上有许多闪光点。我们今天学习《论语》,

---

❶ 二十四史·史记[M].北京:中华书局,2018:1564.
❷ 二十四史·史记[M].北京:中华书局,2018:1564.

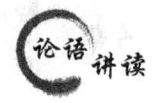

认识孔子,就是要与人为善、见贤思齐、博学于文、约之以礼,努力使自己全面发展、博学多才。

最后,分享一首歌词给大家,名为"我衷心地希望你":

> 我衷心地希望你,
> 关怀孔子和《论语》,
> 如果没有你专注与努力,
> 论语讲读将会失去魅力。
> 我们在经典里飘游沉醉,
> 如沐春风绵密用力,
> 聆听那圣贤智慧之声,
> 温良恭俭、仁义礼智。
> 我们人生岁月里,有经典指引,
> 风雨相随,携手同行。
>
> 我衷心地希望你,
> 关怀课堂和自己,
> 如果没有你刻苦与用心,
> 论语讲读将会失去魅力。
> 我们在经典里飘游沉醉,
> 如沐春风绵密用力,
> 聆听那圣贤智慧之声,
> 温良恭俭、仁义礼智。
> 我们人生岁月里,有经典指引,
> 风雨相随,携手同行。
>
> 我衷心地希望你,
> 关怀思想和心灵,
> 如果没有你表达与倾听,

论语讲读将会失去魅力。
我们在经典里飘游沉醉，
如沐春风绵密用力，
聆听那圣贤智慧之声，
温良恭俭、仁义礼智。
我们人生岁月里，有经典指引，
风雨相随，携手同行。

第二讲　仁义篇:践行仁义

"仁义"二字,言简义丰。今天,我们学习孔孟之道,不得不提"仁义"之道。文天祥绝笔曰:"孔曰成仁,孟云取义。惟其义尽,所以仁至。"❶其实,孔子有言"仁",也有言"义",但将"仁义"连用,功在孟子。下面,我们主要围绕"仁"与"义"做一点讨论与交流。

既言"仁""义",则当知之。"仁",可以从两个方面来理解:一个方面是从关系论的角度而言,仁者,爱人也。《论语·颜渊第十二》记载:"樊迟问仁。子曰:'爱人。'"❷《说文解字》曰:"仁,亲也。从人从二。"❸可见,仁的含义,可以理解为仁爱、亲爱之意。另一个方面是从人的社会性的角度而言,仁者,人心也。《中庸》曰:"仁者,人也。"❹《孟子》曰:"仁也者,人也。"❺《孟子》又曰:"仁,人心也。"❻人之所以为人,是因为有"仁",有"仁心"。"义"当何解?《中庸》曰:"义者,宜也。"❼《孟子》曰:"义,人路也。"❽《王力古汉语字典》记载:"义,社会认为合宜的道理和行为。"❾可见,义是正义、正理、正道的意思。朱子说:"仁者,心之德,爱之理。义者,心之制,事之宜也。"❿我以为,一般理解而言,孔孟所讲的"仁""义"应当是一体两面的关系,仁中自有义在,义中自有仁在,只谈一个"仁",自有"义",只谈一个"义",自有"仁",不仁之"义"与不义之"仁"都不是真正的"仁",也不是真正的"义"。当然,我们应当明白,

---

❶ 文天祥全集[M].刘德清,刘菊芳,刘菊萍,校点.南昌:江西人民出版社,2020:1050.
❷ (宋)朱熹.四书集注[M].陈戍国,标点.长沙:岳麓书社,2004:158.
❸ (汉)许慎.说文解字[M].(宋)徐铉,校定.北京:中华书局,2013:159.
❹ (宋)朱熹.四书集注[M].陈戍国,标点.长沙:岳麓书社,2004:32.
❺ (宋)朱熹.四书集注[M].陈戍国,标点.长沙:岳麓书社,2004:405.
❻ (宋)朱熹.四书集注[M].陈戍国,标点.长沙:岳麓书社,2004:368.
❼ (宋)朱熹.四书集注[M].陈戍国,标点.长沙:岳麓书社,2004:32.
❽ (宋)朱熹.四书集注[M].陈戍国,标点.长沙:岳麓书社,2004:368.
❾ 王力.王力古汉语字典[M].北京:中华书局,2000:962.
❿ (宋)朱熹.四书集注[M].陈戍国,标点.长沙:岳麓书社,2004:230.

在孔子的观念里,"仁"是最高道德准则,在心为仁,发用为义,仁是本体,义是发用。朱子曰:"仁,则心德之全而人道之备也。"❶"仁义"二字,构成人们修养道德的最高标准。综合言之,仁义,仁爱正义也。《孟子》曰:"王何必曰利?亦有仁义而已矣。"❷下面,我们结合《论语》里的"仁义",分析之、讨论之并试图践行之。

根据大致梳理,我们将分为四个部分进行分享,具体为近仁、知仁、行仁、行义。

一、近仁

孔子在《论语·学而第一》中说:"弟子入则孝,出则弟,谨而信,泛爱众,而亲仁,行有余力,则以学文。"❸孔子在此明确提出了亲近仁德或亲近仁者的要求。如何亲近仁德、如何亲近仁者,值得我们思虑。若遇名师不请教,不妥也;若见贤,不思齐,不妥也;见人善,不思齐,不妥也;"德之不修",不妥也;"闻义不能徙",不妥也;"不善不能改",不妥也;等等。总之,与善人交、与贤人交、与君子交、与良师交,亲近仁德,亲近仁者,让自己受熏陶、感化。孔子在《论语·子路第十三》中说:"刚毅,木讷,近仁。"❹查《国语辞典》可知:"刚毅,谓意志刚强"❺;"木讷,谓质朴迟钝"❻。可见,孔子希望人们身上有坚强的意志、质朴的品质。一个人,坚强应当多一点,质朴应当多一点。这是从孔子的语言中读出的重要信息。常言道:"你若不坚强,懦弱给谁看?"套句话说:"你若不质朴,奢华害了谁?"刚毅果决,质朴无华,过好自己的人生,不是很有意义吗?

二、知仁

孔子在《论语·学而第一》中说:"巧言令色,鲜矣仁。"❼朱子在《四书集注》中引

---

❶ (宋)朱熹.四书集注[M].陈戍国,标点.长沙:岳麓书社,2004:115.
❷ (宋)朱熹.四书集注[M].陈戍国,标点.长沙:岳麓书社,2004:230.
❸ (宋)朱熹.四书集注[M].陈戍国,标点.长沙:岳麓书社,2004:56.
❹ (宋)朱熹.四书集注[M].陈戍国,标点.长沙:岳麓书社,2004:168.
❺ 中国大辞典编纂处.国语辞典[M].上海:商务印书馆,1947:1312.
❻ 中国大辞典编纂处.国语辞典[M].上海:商务印书馆,1947:385.
❼ (宋)朱熹.四书集注[M].陈戍国,标点.长沙:岳麓书社,2004:55.

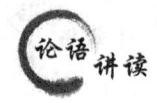

程子曰:"知巧言令色之非仁,则知仁矣。"❶花言巧语,虚伪讨好,鲜矣仁。我们在这里,深深地体悟到孔子对"巧言令色"的反对态度。孔子的言外之意是,做人,不要花言巧语,不要虚伪讨好,要推心置腹,要和颜悦色,要开诚布公。另外,孔子也似乎在传授识人、知人的智慧,一个人,若是"巧言令色",必定"鲜矣仁"。我们若要提高自身素养的话,就要拒绝"巧言令色"、远离"巧言令色",真诚而不浮华,质朴而不虚伪,恳切而不矫饰。孔子在《论语·里仁第四》中说:"人之过也,各于其党。观过,斯知仁矣。"❷观过知仁。孔子为什么这样说呢?原来,人们对待过错的态度有所不同。张居正说:"小人回互隐伏,有过却会弥缝。君子光明磊落,有过不肯遮饰。故小人常以欺诈而见容,君子或以真率而得罪。"❸人非圣贤,孰能无过呢?但是,小人掩饰,君子光明。在此,孔子又揭示了一条识人术、识人法,即观人,观过也;观过,知仁与不仁也。此外,孔子还有意勉励儒学后生,有过是正常的,像君子那样,正确地对待过错,不怕错,不怕过,更不怕改,有过,改之为上。

三、行仁

孔子在《论语·八佾第三》中说:"人而不仁如礼何?人而不仁如乐何?"❹意思是一个人不求仁义,没有仁义,礼对他而言有何用?乐对他而言又有何用呢?朱子引程子曰:"仁者天下之正理。"❺不求仁,不得正理也。人活一世,在于一个"理"字,也在于一个"仁"字。正是在此意义上,孔子勉励说:"仁者安仁,知者利仁。"❻一个人若立志做一个仁者或者一个智者,就要做"安仁"与"利仁"的事。作为终身学习时代的人,不论干安仁事,还是干利仁事,都是行仁。如何行仁?我们一道从书中找些启发吧!

---

❶ (宋)朱熹.四书集注[M].陈成国,标点.长沙:岳麓书社,2004:55.
❷ (宋)朱熹.四书集注[M].陈成国,标点.长沙:岳麓书社,2004:80.
❸ 陈生玺,等.张居正讲评《论语》[M].上海:上海辞书出版社,2013:47.
❹ (宋)朱熹.四书集注[M].陈成国,标点.长沙:岳麓书社,2004:70.
❺ (宋)朱熹.四书集注[M].陈成国,标点.长沙:岳麓书社,2004:70.
❻ (宋)朱熹.四书集注[M].陈成国,标点.长沙:岳麓书社,2004:78.

（一）仁者爱人

"仁"这个字非常特别,左边是一个"人",右边是一个"二",从人从二。"仁"字的结构说明,仁者,当亲人,当爱人,表达爱、传递爱,当爱的天使,举爱的火把,给人以温暖、关怀。这是"仁者爱人"的应有之义。值得注意的是,"仁者爱人"的出发点在哪里？从哪里出发？起点何在？我认为,应该从爱自己开始,从爱自己出发,以自己作为出发点不断扩充开来,爱自己、爱亲人、爱师长、爱同伴、爱朋友、爱社会、爱家乡、爱国家。可能有人会问,为什么是从自己开始？我想说,仁者爱人,不是抽象的爱人而是具体的爱人,而每一个"自己"都属于人。老子说:"千里之行,始于足下。"❶我想借用一下,说:"千里之爱,始于自己,始于足下。"因为爱自己是前提,是基础。只有不断充实自己爱的能力,才能更好地爱亲人、朋友、家国等。所以,爱人,先爱自己。请自我对照,你有没有爱自己？如果你爱自己,就应该避免熬夜,熬夜伤身。如果你爱自己,就应该用心说话、用心做事。《孝经》曰:"言满天下无口过,行满天下无怨恶。"❷如果你爱自己,就要珍惜时光,打造自己、提升自己爱的能力,推己及人,大爱人间。应该指出,只爱自己那是自私的爱,只爱他人而不自爱,便没有立足点,爱自己是为了更好地爱他人。

今天有个词叫"远程爱心"。大概意思是,某个人可能对远隔千山万水的人比较好,千里送爱心,而忽视或缺乏对身边特殊群体的仁爱与关怀。这种"远程爱心"在儒家文化里是不太被赞同的。儒家文化强调,推己及人,儒家之"人"是一种关系人。作为人,不仅仅是一个个体的存在,更是一个群体的存在,人生活在这个世界上就有群体性、社会性。因此,人不仅要为自己而活,更要为他人而活,立足小我,超越小我,成就大我。明白了"仁者爱人"之理,就让我们好好爱自己吧！好好爱他人吧！好好爱自己的家吧！好好爱自己的国吧！

（二）仁者言讱

《论语·颜渊第十二》记载:"司马牛问仁。子曰:'仁者,其言也讱。'曰:'其言也

---

❶ 陈鼓应.老子注译及评介[M].北京:中华书局,1984:296.

❷ 王财贵.孝弟三百千[M].北京:北京教育出版社,2012:3.

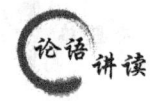

讱,斯谓之仁已乎?'子曰:'为之难,言之得无讱乎?'"❶"仁者言讱"便来源于此。"讱"是什么意思呢?据《辞海》显示:"讱,出言难貌,谓言语十分慎重。"❷话不轻易说出口,说明出言谨慎。由此可知,仁者言讱,意思是仁者说话谨慎。为什么说话谨慎呢?"为之难"。可见,"言"与"为"是有关联的。孔子很赞赏:言与行相顾,说与做相应。孔子在《中庸》中说:"庸德之行,庸言之谨,有所不足,不敢不勉,有余不敢尽;言顾行,行顾言,君子胡不慥慥尔。"❸孔子在《论语·卫灵公第十五》中说:"辞达而已矣。"❹辞达意、达雅、达信,说得清楚、准确,说得文雅、高雅,说得真诚、可靠。应该清楚的是,儒家的"辞达",不是不达,更不是不言。孔子提出"言讱"的说话要求,是希望我们说话要"过脑子""三思而后言"。因为语言有力量,善的言语产生善的力量,恶的言语产生恶的力量。一句话,能把人说笑,也能把人说跳。先贤有言:"利人之言,暖如绵丝。伤人之语,利如荆棘。一言半句,重值千金。一语伤人,痛如刀割。"❺言讱、辞达,意在提醒我们谨慎对待说话。当然,也希望我们能在孔子身上学会说话,言中有物、言中有理、言中有情、言中有行、言中有爱。

(三)孝悌行仁

《论语·学而第一》中记载了有子的一句话,说:"君子务本,本立而道生。孝弟也者,其为仁之本与!"❻朱子在《四书集注》中注解:"为仁,犹曰行仁。"❼朱子还引程子曰:"谓行仁自孝弟始,孝弟是仁之一事,谓之行仁之本则可,谓是仁之本则不可。"❽由此可知,孝悌是行仁之本,不孝不悌,非仁也;亦孝亦悌,行仁也。如何行孝悌? 为人子女,不得不思之。孝者,侍奉亲人;悌者,敬重长上。如何对待自己的亲人? 如何对待自己的长上? 双亲养我、育我、爱我、护我,能不孝敬吗? 长上教我、

---

❶ (宋)朱熹.四书集注[M].陈成国,标点.长沙:岳麓书社,2004:151-152.
❷ 陈至立.辞海[M].上海:上海辞书出版社,2020:3637.
❸ (宋)朱熹.四书集注[M].陈成国,标点.长沙:岳麓书社,2004:27.
❹ (宋)朱熹.四书集注[M].陈成国,标点.长沙:岳麓书社,2004:192.
❺ (明)范立本.明心宝鉴[M].东方出版社编辑部,注译.北京:东方出版社,2014:208-209.
❻ (宋)朱熹.四书集注[M].陈成国,标点.长沙:岳麓书社,2004:54.
❼ (宋)朱熹.四书集注[M].陈成国,标点.长沙:岳麓书社,2004:55.
❽ (宋)朱熹.四书集注[M].陈成国,标点.长沙:岳麓书社,2004:55.

导我、启我、助我，能不敬爱吗？父母给予我们生命，长上给予我们慧命，孝之悌之，人之情也，不可不力行之也。无论何时、无论何地，不忘行仁，不忘孝悌，竭力侍奉亲人，尽力尊敬长上，始终以一颗至诚至真之心躬身践行、迎接美好。

（四）先难后获

孔子在《论语·雍也第六》中回答樊迟问仁时说："仁者先难而后获，可谓仁矣。"❶这便是"先难后获"的出处。如何理解呢？朱子《四书集注》曰："先其事之所难，而后其效之所得，仁者之心也。"❷难，艰难，劳苦。效，效果。得，接受。朱子的意思是，先付出劳动、先付出艰辛，后接受劳动的成果，这就是仁者之心。朱子之意是要传授先劳后获的做人道理，发人深省。正如《辞海》记载："劳苦在先，收获在后。谓只问自己的努力如何，而不计较得失。"❸《论语·雍也第六》中"仁者先难而后获，可谓仁矣"❹，指成功必须付出努力。朱子还引程子曰："先难，克己也。以所难为先，而不计所获，仁也。"❺在此，克己就是克制自己，约束自己，严格要求自己。程子的意思是，先严格要求自己去做、去为，先付出劳苦艰难，而不计较最后的结果，正如今日之"只管耕耘，不问收获"。其实，只要耕耘了，结果随之而来，一分耕耘，一分收获，没有春耕，岂有秋获？程子与朱子都在提示人们，劳动才会有收获，不能心存"不劳而获"的侥幸，天上不会自动掉下馅饼来，只有通过诚实劳动，付出自己的劳动、智慧、汗水，获取成绩、成功、成就，才是符合仁者之心的表现。因此，要不停不停地努力，不停不停地提升自己，不停不停地做事情，然后在做事的过程中，你的幸福感、获得感和喜悦感才来得实在，才不虚无缥缈。

（五）择仁而处

孔子在《论语·里仁第四》中说了这样一句话："里仁为美，择不处仁，焉得知？"❻

---

❶（宋）朱熹.四书集注[M].陈戍国，标点.长沙:岳麓书社，2004:102.
❷（宋）朱熹.四书集注[M].陈戍国，标点.长沙:岳麓书社，2004:102.
❸陈至立.辞海[M].上海:上海辞书出版社，2020:4772.
❹（宋）朱熹.四书集注[M].陈戍国，标点.长沙:岳麓书社，2004:102.
❺（宋）朱熹.四书集注[M].陈戍国，标点.长沙:岳麓书社，2004:102.
❻（宋）朱熹.四书集注[M].陈戍国，标点.长沙:岳麓书社，2004:78.

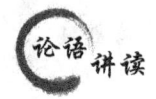

朱子《四书集注》中说:"里有仁厚之俗为美。择里而不居于是焉,则失其是非之本心,而不得为知矣。"❶里是什么意思呢?一般而言,"里"有三种理解:第一种是居住的意思。《说文解字》说:"里,居也。"❷第二种是里弄、街巷的意思。《尔雅》说:"里,邑也。"❸第三种是古代一种居民组织,先秦以二十五家为里。《尚书大传》说:"八家为邻,三邻为朋,三朋为里。"❹我以为,三义皆可通。在此,姑且选第二种理解,里,犹邻里。处,居住,生活。邻里风俗,仁厚为美。于今而言,这几乎是一种常识。因为我们都知道,近朱者赤近墨者黑,因为环境会影响人、熏陶人、改变人,好的环境给人以积极的影响,坏的环境给人以消极的影响,所以"孟母要三迁",人要择仁而居。这是儒家的生活智慧。理解"择仁而处",实质上是选择"仁风仁俗"。当然,民有民风,校有校风,家有家风。当你面临选择的时候,请你听取孔子的建议:"里仁为美,择不处仁,焉得知?"❺其实,我们选择阅读经典,选择与圣贤相对,也是择仁而处,读圣贤书就是和圣贤交流、接受圣贤教化的过程,可不是吗?

(六)克己复礼

孔子在《论语·颜渊第十二》中,回答颜渊问仁时说:"克己复礼为仁。一日克己复礼,天下归仁焉。为仁由己,而由人乎哉?"❻孔子在此提出了"克己复礼"的要求。如何理解呢?朱子在《四书集注》中说:"克,胜也。己,谓身之私欲也。复,反也。礼者,天理之节文也。为仁者,所以全其心之德也。盖心之全德,莫非天理,而亦不能不坏于人欲。故为仁者必有以胜私欲而复于礼,则事皆天理,而本心之德复全于我矣。"❼朱子的意思是,一个人要战胜自己的私欲,使自己的一言一行、视听言动都回归礼、符合礼,接受礼的约束与规范,以礼待人、以礼处事、以礼立身、以礼做人。当然,我们要接受礼的教化,就要学礼、懂礼、明礼、习礼、行礼,行住坐卧、动止语默

---

❶ (宋)朱熹.四书集注[M].陈戍国,标点.长沙:岳麓书社,2004:78.
❷ (汉)许慎.说文解字[M].(宋)徐铉,校定.北京:中华书局,2013:292.
❸ 尔雅[M].管锡华,译注.北京:中华书局,2014:218.
❹ 朱维铮.尚书大传[M].上海:上海书店出版社,2012:39.
❺ (宋)朱熹.四书集注[M].陈戍国,标点.长沙:岳麓书社,2004:78.
❻ (宋)朱熹.四书集注[M].陈戍国,标点.长沙:岳麓书社,2004:150.
❼ (宋)朱熹.四书集注[M].陈戍国,标点.长沙:岳麓书社,2004:150.

都不忘乎礼。要明确的是，我们接受礼的约束，并不是为了束缚手脚，而是为了成就自己，让自己有理有利有节，成为进退有度、谦恭有礼的新时代中华儿女。

（七）笃志近思

子夏在《论语·子张第十九》中说："博学而笃志，切问而近思，仁在其中矣。"[1]博学，广泛地学习；笃志，忠诚专一的志向；切问，恳切求教；近思，谓就习知易见者思之。朱子引苏氏曰："博学而志不笃，则大而无成；泛问远思，则劳而无功。"[2]张居正说："求仁之道，不外乎存心，存心之功，不外乎务学，学在是，则心在是，心在是，则仁在是矣，有志仁者可不勉哉！"[3]今天，我们要博学，既要学专业知识，又要学非专业知识。既要学科技知识，又要学人文知识；既学中国，又学西方；既学古代，又学现代，古为今用，洋为我用。让自己知识广博，学识渊博，视野开阔。这也是博学的一种表现。我从2013年到大学工作，至今为止，已过数年，明显感觉本领恐慌。什么原因呢？我总感觉自己孤陋寡闻，具体来讲，就是学问不广、不博、不高、不深、不精。怎么办？只有用业余时间多多学习、刻苦用功，努力让自己视野开阔一点、知识广博一点、能力突出一点、本领高强一点。我知道，自己正在路上。今天，我们要笃志。平心而论，坚守志向是一件很难很难的事情。"笃志"就是你的志向定在何方。立定志向，要坚守，就要向此志奋发，避免"重过黄粱梦已无"的遗恨。王阳明曾经在贵州悟道、讲学，并写下《教条示龙场诸生》，以四事相规龙场学子，即立志、勤学、改过、责善。阳明先生特别将"志"放在第一位来强调。细想，如果"志"都没有，就更谈不上笃志了。因此，我们要有目标、志向，心心念念朝着这个目标、志向去努力，这就是一种笃志的状态。当然，笃志，难免经历千辛万苦。切问近思，当然要关切义理、关切自身成长，多多思考：自己成长了多少、自己领悟了什么、自己有什么新的体会和心得，关注自己、关注身心，不浮夸、不空想。《张居正讲评〈论语〉》说："有所问辨，必关切义理，而不徒为浮泛之谈；有所思维，必体贴身心，而不徒为汗漫之想。"[4]让我们博学、笃志、切问、近思吧！

---

[1] （宋）朱熹.四书集注[M].陈成国,标点.长沙：岳麓书社,2004：215.
[2] （宋）朱熹.四书集注[M].陈成国,标点.长沙：岳麓书社,2004：215.
[3] 陈生玺,等.张居正讲评《论语》[M].上海：上海辞书出版社,2013：300.
[4] 陈生玺,等.张居正讲评《论语》[M].上海：上海辞书出版社,2013：300.

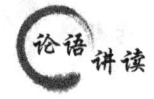

(八)好仁好学

孔子在《论语·阳货第十七》中对子路说:"好仁不好学,其蔽也愚。"❶孔子之意是,好仁本是值得称赞的,但如果只是好仁而不好学的话,它的弊端就是愚昧无知。孔子的话外音是,好仁也要好学,才是明智的。曾仕强、曾仕良在《论语的现代智慧》中说:"美德必须合理,以求不过分。"❷如何求得合理?"学也。"钱穆先生在《论语新解》中说:"好学深求之,乃能成德于己。"❸这里,孔子也希望人们"好学",通过"学"去克服"好仁不好学"的弊端。当然,孔子也多次感叹颜回好学。在《论语·雍也第六》中记载:"哀公问:'弟子孰为好学?'孔子对曰:'有颜回者好学,不迁怒,不贰过。不幸短命死矣!今也则亡,未闻好学者也。'"❹在《论语·子罕第九》中,孔子又谈起颜回,说:"语之而不惰者,其回也与!"❺孔子还说:"惜乎!吾见其进也,未见其止也。"❻从字里行间,我们感受到孔子对颜回的无限怀念,更感受到儒家对"好学"的重视。今天,我们也要试图培养自己"好学"的良好习惯,去除"厌学"的不良习惯,在学习中不断追求进步。

(九)安义无私

在《论语·里仁第四》中,孔子说:"唯仁者能好人,能恶人。"❼朱子《四书集注》注解曰:"盖无私心,然后好恶当于理,程子所谓'得其公正'是也。"❽朱子还引游氏曰:"好善而恶恶,天下之同情,然人每失其正者,心有所系而不能自克也。惟仁者无私心,所以能好恶也。"❾这就是仁者无私。在《论语·雍也第六》中,孔子说:"知者乐

---

❶ (宋)朱熹. 四书集注[M]. 陈成国, 标点. 长沙:岳麓书社,2004:202.
❷ 曾仕强,曾仕良. 论语的现代智慧[M]. 北京:北京时代华文书局,2015:631.
❸ 钱穆. 论语新解[M]. 北京:生活·读书·新知三联书店,2002:450.
❹ (宋)朱熹. 四书集注[M]. 陈成国, 标点. 长沙:岳麓书社,2004:95.
❺ (宋)朱熹. 四书集注[M]. 陈成国, 标点. 长沙:岳麓书社,2004:130.
❻ (宋)朱熹. 四书集注[M]. 陈成国, 标点. 长沙:岳麓书社,2004:130.
❼ (宋)朱熹. 四书集注[M]. 陈成国, 标点. 长沙:岳麓书社,2004:78.
❽ (宋)朱熹. 四书集注[M]. 陈成国, 标点. 长沙:岳麓书社,2004:78.
❾ (宋)朱熹. 四书集注[M]. 陈成国, 标点. 长沙:岳麓书社,2004:78.

水,仁者乐山。知者动,仁者静。知者乐,仁者寿。"❶朱子《四书集注》注解:"知者达于事理而周流无滞,有似于水,故乐水;仁者安于义理而厚重不迁,有似于山,故乐山。"❷我们从朱子的注解中注意到"仁者安于义理",这便是安义。安义无私,就是要义以为上,公正合理地想问题、办事情,不藏私心,更不以自我为中心,任何事情都能得到公平公正的对待和处理,常在义边行,无私天地宽。

(十)有勇不忧

在《论语·宪问第十四》中,孔子说:"有德者必有言,有言者不必有德。仁者必有勇,勇者不必有仁。"❸在这里,孔子提出了"仁者有勇"。当然,毕竟是仁者之勇,不是匹夫之勇;是义理之勇,不是血气之勇;是大勇,不是小勇。朱子在《四书集注》中说:"血气之怒不可有,理义之怒不可无。"❹同样在《论语·宪问第十四》中,孔子说:"君子道者三,我无能焉:仁者不忧,知者不惑,勇者不惧。"❺当然,在《论语·子罕第九》中,孔子也说:"知者不惑,仁者不忧,勇者不惧。"❻在这里,孔子提出了"仁者不忧"。朱子《四书集注》中说:"理足以胜私,故不忧。"❼应该补充一点,仁者不忧,"不忧"的内容大概是名利得失吧!不在名利得失方面计较,用心用志于道义,所以不怨忧、无怨忧。坦荡荡与长戚戚,一边是光明磊落,一边是忧心忡忡;一边是君子,一边是小人。孔子勉励人们做君子、当仁者,培养大丈夫之勇,求义理,别怨忧,养浩然正气,树仁者风范。

(十一)求仁辅仁

要求仁,就得"志于仁",也要"依于仁",更要"不违仁"。在《论语·里仁第四》中,孔子说:"苟志于仁矣,无恶也。"❽朱子《四书集注》中说:"其心诚在于仁,则必无

---

❶ (宋)朱熹.四书集注[M].陈戍国,标点.长沙:岳麓书社,2004:102.
❷ (宋)朱熹.四书集注[M].陈戍国,标点.长沙:岳麓书社,2004:102.
❸ (宋)朱熹.四书集注[M].陈戍国,标点.长沙:岳麓书社,2004:170.
❹ (宋)朱熹.四书集注[M].陈戍国,标点.长沙:岳麓书社,2004:245.
❺ (宋)朱熹.四书集注[M].陈戍国,标点.长沙:岳麓书社,2004:177.
❻ (宋)朱熹.四书集注[M].陈戍国,标点.长沙:岳麓书社,2004:132.
❼ (宋)朱熹.四书集注[M].陈戍国,标点.长沙:岳麓书社,2004:132.
❽ (宋)朱熹.四书集注[M].陈戍国,标点.长沙:岳麓书社,2004:79.

为恶之事矣。"❶孔子在《论语·述而第七》中说:"志于道,据于德,依于仁,游于艺。"❷在《论语·雍也第六》中,孔子说:"回也其心三月不违仁,其余则日月至焉而已矣。"❸在孔子看来,君子如何成就自己?求仁。君子依靠什么成就自己?仁义。用孔子的原话说:"君子去仁,恶乎成名?"❹不论处在多么艰难困苦的境地,不论面临多少千难万险的困境,始终依于仁、不违仁。只要一息尚存,就孜孜以求、心心念念,一直走在求仁的道路上。孔子曾经说:"求仁而得仁,又何怨?"❺为了勉励人们求仁。孔子在《论语·颜渊第十二》中对颜回说:"为仁由己,而由人乎哉?"❻孔子高扬人的主观能动性,积极追求,主动作为,奋勇前进。朱子在《四书集注》中说:"为人在己,欲之则是。"❼在求仁的道路上,不必谦虚,当仁不让。孔子在《论语·卫灵公第十五》中明确表示:"当仁,不让于师。"❽儒家不仅力倡求仁、志仁、为仁、当仁,而且强调"辅仁"。在《论语·颜渊第十二》中,曾子曰:"君子以文会友,以友辅仁。"❾在《论语·卫灵公第十五》中,孔子说:"居是邦也,事其大夫之贤者,友其士之仁者。"❿充分利用朋友或仁者切磋、探讨、讲习、熏陶,辅仁共进。可见,在求仁的道路上,儒家不仅积极发挥个人的主观能动性,更借助外在力量培养仁德、增进仁德。正所谓:"好风频借力,送我上青云。"⓫

(十二)推己及人

据《辞海》记载:"推己及人,谓将心比心,设身处地地为别人着想。"⓬在《论语·

---

❶ (宋)朱熹.四书集注[M].陈成国,标点.长沙:岳麓书社,2004:79.
❷ (宋)朱熹.四书集注[M].陈成国,标点.长沙:岳麓书社,2004:107.
❸ (宋)朱熹.四书集注[M].陈成国,标点.长沙:岳麓书社,2004:97.
❹ (宋)朱熹.四书集注[M].陈成国,标点.长沙:岳麓书社,2004:79.
❺ (宋)朱熹.四书集注[M].陈成国,标点.长沙:岳麓书社,2004:110.
❻ (宋)朱熹.四书集注[M].陈成国,标点.长沙:岳麓书社,2004:150.
❼ (宋)朱熹.四书集注[M].陈成国,标点.长沙:岳麓书社,2004:79.
❽ (宋)朱熹.四书集注[M].陈成国,标点.长沙:岳麓书社,2004:191.
❾ (宋)朱熹.四书集注[M].陈成国,标点.长沙:岳麓书社,2004:159.
❿ (宋)朱熹.四书集注[M].陈成国,标点.长沙:岳麓书社,2004:185.
⓫ 闻荃堂,闻新,婷娣.红楼梦诗词今译[M].北京:金城出版社,2010:242.
⓬ 陈至立.辞海[M].上海:上海辞书出版社,2020:4423.

雍也第六》中,孔子对子贡说:"夫仁者,己欲立而立人,己欲达而达人,能近取譬,可谓仁之方也已。"❶朱子《四书集注》曰:"以己及人,仁者之心也。"❷朱子还说:"近取诸身,以己之所欲譬之他人,知其所欲亦犹是也。然后推其所欲以及于人,则恕之事而仁之术也。"❸这便是"推己及人"之法。平日反身常想,我有同理心吗?我会将心比心吗?我会换位思考吗?我能站在他人的立场上想问题吗?我能时时处处为他人着想吗?我能设身处地为他人考虑吗?我想,如果我们能推己及人、能换位思考,那么平日里人与人之间的误解与分歧将会减少许多。可见,心中是否装着他人很重要,学会换位思考很重要,将心比心很重要。果真能推己及人,人间的冲突将会少一点点,理解将会多一点点,隔阂将会少一点点,温暖将会多一点点。你说,有道理吗?

(十三)杀身成仁

在《论语·卫灵公第十五》中,孔子说:"志士仁人,无求生以害仁,有杀身以成仁。"❹这便是"杀身成仁"的出处。朱子《四书集注》注解:"志士,有志之士。仁人,则成德之人也。理当死而求生,则于其心有不安矣,是害其心之德也。当死而死,则心安而德全矣。"❺说到生死问题,它是每一个人都会面临的,是苟且偷生还是杀身成仁,这是一个重要的选择。志士仁人选择杀身成仁、舍生取义,他们无时无刻不依仁、行仁、为仁,哪怕为此而付出自己的生命也在所不惜,因为这样才能"死得其所"。孔子在《论语·里仁第四》中说:"朝闻道,夕死可矣。"❻《中国典籍日本注释丛书·论语卷》中说:"先王之道,安民之术也。安民之术,莫大仁焉。志士,立志于是;仁人,成德于是;故造次必于是,颠沛必于是,死生必于是。故曰:'志士仁人,无

---

❶ (宋)朱熹.四书集注[M].陈成国,标点.长沙:岳麓书社,2004:104.
❷ (宋)朱熹.四书集注[M].陈成国,标点.长沙:岳麓书社,2004:104.
❸ (宋)朱熹.四书集注[M].陈成国,标点.长沙:岳麓书社,2004:104.
❹ (宋)朱熹.四书集注[M].陈成国,标点.长沙:岳麓书社,2004:185.
❺ (宋)朱熹.四书集注[M].陈成国,标点.长沙:岳麓书社,2004:185.
❻ (宋)朱熹.四书集注[M].陈成国,标点.长沙:岳麓书社,2004:80.

求生以害仁,有杀身以成仁也。'"❶志士仁人将仁德看得比自己的生命贵重。生,愿意为之生;死,愿意为之死,愿意为仁德献出自己宝贵的生命,杀身成仁,舍生取义,将生死置之度外。历史上,如李大钊、夏明翰、邓恩铭等革命先烈,坚守信仰,英勇献身。其实,人固有一死,或重于泰山,或轻于鸿毛。当面临苟且偷生或者杀身成仁的选择时,儒家认为:"生不重于义!"这是儒家志士仁人薪火相传的仁义!

(十四)恭宽信敏惠

孔子在《论语·阳货第十七》中,回答"子张问仁"时说:"能行五者于天下,为仁矣。"❷此五者,何也?恭、宽、信、敏、惠是也。这也是"仁"的五个德目,给人启发很大、受用颇多。"恭"就是恭敬、尊重。有一个乞丐,不吃嗟来之食,他宁可饿死也不吃,就是因为他没有被尊重。试想,即使身份如此卑微的人也希望被尊重,生活中谁不需要被尊重呢?因此,我们要学会尊重人,家人、同事、同学、朋友、师长、领导等。只要是人,都平等地去尊重。"宽"就是宽厚、宽容。人有一个特点,也是弱点,就是对自己很宽容,有了过错,会睁一只眼闭一只眼,就宽容了自己的过错。但是,我们对别人却很苛刻,丁是丁卯是卯,斤斤计较、鸡毛蒜皮、小肚鸡肠。儒家文化不赞成这样。儒家强调的是,对别人可以宽容一些,对自己必须严格一些。要自律,就像打磨玉一样切磋打磨自己。归根结底,就是对别人要宽容,只要不是原则性问题,就当宽容、包容,如果是原则性问题就按原则办。对自己要严格,孔子说"躬自厚而薄责于人"❸,正是此意。如今,社会上流行这样一句话:"越自律越优秀,越自律越自由。"对自己苛刻严格才能换来惬意的人生。"信"是什么?就是说话算话。在商道里,商道即"仁道",也是"信道",是最当讲信用的。做人也如经商,要讲"信"。当然,讲信也是需要智慧的。"信近于义,言可复也",这里是说,"信"要符合"义"。"敏"是什么?就是做事敏捷、勤快、勤劳。现代社会,我们都希望生活变得更美好,但不是说说就可以变成现实的,要去拼搏。拼搏就是"敏"。艾青在《花与刺》

---

❶ [日]松平赖宽,等.中国典籍日本注释丛书:论语卷4[M].张培华,编.上海:上海古籍出版社,2021:447.

❷ (宋)朱熹.四书集注[M].陈成国,标点.长沙:岳麓书社,2004:201.

❸ (宋)朱熹.四书集注[M].陈成国,标点.长沙:岳麓书社,2004:187.

中说:"在梦里走了许多路,醒来还是在床上。"❶因此,我们不能停留在说上,要去做,要敏捷。"千里之行,始于足下。"❷我们的行动要敏捷,用敏捷的行动问效率、求结果。"惠"是什么意思呢?《论语·阳货第十七》里说"惠则足以使人"❸,就是要为别人谋利益。举个例子,为官之人怎么与百姓相处,其中最重要的是为百姓谋利益,也就是"惠",要想方设法为他们谋利益、谋幸福。

四、行义

大家如果留心就会发现,《论语》讲"义"很多时候都是与"利"相对,二者如影随形,犹如孪生兄弟一样。孔子在《论语·里仁第四》中说:"君子喻于义,小人喻于利。"❹孔子在《论语·宪问第十四》中说:"见利思义,见危授命,久要不忘平生之言,亦可以为成人矣。"❺但是,儒家对"义"与"利"的态度不大相同,他们往往高扬"义",义以为上,把"义"作为一切行事的本质,一切的礼、逊、信都是为了践行"义"的原则。因此,孔子在《论语·卫灵公第十五》中才如此说:"君子义以为质,礼以行之,孙以出之,信以成之,君子哉!"❻当然,无论是小人还是君子,以义为原则,于己、于人、于社会都大有裨益。相反,无论是小人还是君子,如果无义,于己、于人、于社会都大有害处。孔子在《论语·阳货第十七》中说:"君子义以为上,君子有勇而无义为乱,小人有勇而无义为盗。"❼应该明确,好义、行义的一个很重要的目的,就是贯彻主张、践行仁义。简言之,行义的目的在于达义、达道。孔子在《论语·季氏第十六》中说:"隐居以求其志,行义以达其道。"❽对于"利",儒家也不是完全排斥,只是要在符合"义"的前提下获取,正所谓"君子爱财,取之有道"。孔子还多次强调,要行义、

---

❶ 艾青.花与刺[N].人民日报,1980-07-10(8).
❷ 陈鼓应.老子注译及评介[M].北京:中华书局,1984:296.
❸ (宋)朱熹.四书集注[M].陈成国,标点.长沙:岳麓书社,2004:201.
❹ (宋)朱熹.四书集注[M].陈成国,标点.长沙:岳麓书社,2004:82.
❺ (宋)朱熹.四书集注[M].陈成国,标点.长沙:岳麓书社,2004:172.
❻ (宋)朱熹.四书集注[M].陈成国,标点.长沙:岳麓书社,2004:187.
❼ (宋)朱熹.四书集注[M].陈成国,标点.长沙:岳麓书社,2004:206.
❽ (宋)朱熹.四书集注[M].陈成国,标点.长沙:岳麓书社,2004:197.

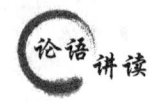

好义。孔子在《论语·子路第十三》中说:"上好义,则民莫敢不服。"❶孔子在《论语·微子第十八》中说:"君子之仕也,行其义也。"❷作为君子,要好义、行义,将行义贯穿生活的始终,严格要求,以此为己任,鞠躬尽瘁,死而后已。孔子在《论语·里仁第四》中说:"君子之于天下也,无适也,无莫也,义之与比。"❸可见,一切唯义是从,与义靠拢,与义为邻,与义挨着,唯义所在。孔子在《论语·颜渊第十二》中说:"主忠信,徙义,崇德也。"❹践行忠信之德,以义同行,以义为伍,不能背信弃义,不能忘恩负义,不能薄情无义,不能不仁不义,不能割恩断义,不能不忠不信,要大仁大义,要多情多义,要质直好义。孔子在《论语·颜渊第十二》中说:"夫达也者,质直而好义,察言而观色,虑以下人。在邦必达,在家必达。"❺

如何行义呢?总体而言,要树立"义以为质、行义达道、义以为上、义之与比、忠信徙义"的观念。理念既立,我们大致将从言、行、利等三个方面来简要探讨。

(一)言语方面:言要及义

在《论语·卫灵公第十五》中,孔子说:"群居终日,言不及义,好行小慧,难矣哉!"❻孔子的态度与主张就蕴含在"难矣哉"的哀叹之中。"言不及义",孔子赞赏吗?说一些"不着调"的话,孔子怎么会赞赏呢?孔子希望,言要及义。可见,说话是一门学问,说的内容是不是符合"义"的标准,这是关键。在《论语·先进第十一》中,孔子还说:"夫人不言,言必有中。"❼所以,我们不能信口雌黄、信口开河、胡说八道、胡言乱语、言之无物,我们要以义为准则,言不妄发、言之成理、言必有据、谨言谨行、言之有物。

---

❶ (宋)朱熹.四书集注[M].陈戍国,标点.长沙:岳麓书社,2004:161.
❷ (宋)朱熹.四书集注[M].陈戍国,标点.长沙:岳麓书社,2004:210.
❸ (宋)朱熹.四书集注[M].陈戍国,标点.长沙:岳麓书社,2004:80.
❹ (宋)朱熹.四书集注[M].陈戍国,标点.长沙:岳麓书社,2004:154.
❺ (宋)朱熹.四书集注[M].陈戍国,标点.长沙:岳麓书社,2004:157.
❻ (宋)朱熹.四书集注[M].陈戍国,标点.长沙:岳麓书社,2004:187.
❼ (宋)朱熹.四书集注[M].陈戍国,标点.长沙:岳麓书社,2004:143.

(二)行为方面:见义要为

孔子在《论语·为政第二》中说:"见义不为,无勇也。"❶不难看出,孔子的态度是,见义要为、见义勇为、见义当为,路见不平,拔刀相助,否则就是懦弱。有子在《论语·学而第一》中说:"信近于义,言可复也。"❷对于符合道义的诺言,我们要去兑现,践行诺言,否则言而无信,谈何道义。孔子在《论语·述而第七》中说:"闻义不能徙……是吾忧也。"❸可以看出,孔子希望闻义能徙,躬身践行之。

(三)利益方面:见得思义

孔子在《论语·季氏第十六》中说:"君子有九思:视思明,听思聪,色思温,貌思恭,言思忠,事思敬,疑思问,忿思难,见得思义。"❹子张在《论语·子张第十九》中说:"士见危致命,见得思义,祭思敬,丧思哀,其可已矣。"❺在《论语·宪问第十四》中,公明贾回答孔子说:"夫子(公叔文子)时然后言,人不厌其言;乐然后笑,人不厌其笑;义然后取,人不厌其取。"❻在此,孔子、子张、公明贾都强调义,见得思义,义然后取。我们现在学习过,就应该明白一个道理:不取不义之财,不恋不义之财,不贪不义之财,不聚不义之财,不藏不义之财。金钱,生不带来,死不带去。其实,人生中有一个词语叫"见利思义",还有另一个词语叫"见利忘义"。因此,人在任何时候都不能见利忘义,任何时候要见得思义。

我再强调一下,我们学习了儒家文化的"仁义观",会发现一个秘密:我们生活在这个世界上不是去索取什么,而是去奉献什么、付出什么。如果我们在这个世界上只知道索取,儒家不赞同;如果我们懂得去奉献,我想,如果孔子在世,他也会赞叹,因为你走了一条正确的"仁义"之路。

美国第25任总统威廉·麦金莱被称为"繁荣总统"。在任职期间,他要从两个很有能力的候选人里选择一个做外交官。这下,他难以下决断,犯难了。因为从两

---

❶ (宋)朱熹.四书集注[M].陈成国,标点.长沙:岳麓书社,2004:68.
❷ (宋)朱熹.四书集注[M].陈成国,标点.长沙:岳麓书社,2004:59.
❸ (宋)朱熹.四书集注[M].陈成国,标点.长沙:岳麓书社,2004:106.
❹ (宋)朱熹.四书集注[M].陈成国,标点.长沙:岳麓书社,2004:197.
❺ (宋)朱熹.四书集注[M].陈成国,标点.长沙:岳麓书社,2004:214.
❻ (宋)朱熹.四书集注[M].陈成国,标点.长沙:岳麓书社,2004:173.

个人的任职经历、工作能力、任职资格等资料来看,他们难分伯仲、不相上下。但是,他想起了一个令人印象深刻的场景:有一次,总统乘坐有轨电车,在中途的一个站点上,有一个老妇人上车了,老妇人提着一个篮子,车上没有座位,只好站着。总统从后排座位站起来,走向老妇人,准备将老妇人牵引到自己的座位。就在这时,总统发现老妇人旁边座位上,坐着一个很绅士的人,他在看报纸,报纸拿得很高,恰好能将自己的脸庞遮住,好像外面发生的一切都与他毫不相干。总统瞟了一眼,惊奇地发现,这不正是他要任命外交官职务的那个候选人吗?总统想起了这件事情,就果断地将此人排除了。

威廉·麦金莱总统因为发现候选人内心没有仁爱,没有怜悯,没有慈悲,冷漠无情,对底层人民没有关怀心,所以将他排除在外,毫不犹豫。从这一点来看,仁义之道穿越东方与西方之别,闪耀着文化的光辉、智慧的光芒、人性的光亮。

仁义篇的内容讲到这里即将结束。分享一首歌词给大家,名为"仁义在我心":

> 如何养成,
> 仁爱正义这些美好品行?
> 当下你我共学习,
> 如何让本心一一行仁义。
> 爱憎分明我明了,
> 仁者爱人、修身成人。
> 有你有我有情有仁有义有礼,
> 多少岁月不愿荒,
> 不想辜负圣贤的目光。
> 有你有我有情有恭有宽有信,
> 一生追求彰显仁义,
> 才珍惜同学的价值。
> 倾诉一声"我欲仁",
> 愿你记君子九思的遗训!
>
> 仁义在我,

无论如何都应不抛不弃。
活着如果没灵魂，
怎明白古圣先贤的意思？
践行方知真明了，
才甘心面对"圣贤心"。
有你有我有情有仁有义有礼。
见利思义己要知，
先难后获兼观过知仁，
有你有我有情有恭有宽有信。
一丝善举与人便利，
一点恶意劝君莫为。
克勤克俭真君子，
愿你留风度翩翩的身影！

第三讲　礼乐篇：礼乐常伴

这次分享的主题为"礼乐"。所谓礼乐，就是礼节和音乐。在《论语》这本书中，有时言"礼"，有时言"乐"，有时言"礼乐"。在《论语·先进第十一》中，第一次出现"礼乐"二字。孔子说："先进于礼乐，野人也；后进于礼乐，君子也。如用之，则吾从先进。"❶细观全文，"礼乐"二字共出现了五次。单言"礼"或单言"乐"，出现的次数就更多了。由此，我们也可窥见儒家对"礼乐"的重视程度，甚至可以说"礼乐"也是儒家文化的核心之一。因此，讨论、学习"礼乐"，也是掌握儒家文化的应有之义。

一、言礼

为了便于分享，我们先言"礼"，后言"乐"。礼，普遍存在于我们的日常生活之中，居家、在校、处世、聚餐、出门、访人、会客、旅行、对众、馈赠、庆吊、称呼等，都离不开礼的规范、指导、帮助，都需要礼节。因此，礼，不可不重视也。礼，有礼的价值；礼，有礼的力量；礼，有礼的智慧；礼，有礼的意义；礼，有礼的作用；礼，有礼的功能。《礼记·曲礼》曰："人有礼则安，无礼则危，故曰：'礼者，不可不学也。'"❷下面，我们从礼之重、礼之义、礼之则、礼之践等四个方面来分享。

（一）礼之重

礼的重要性在《论语》中有哪些体现呢？孔子及其弟子对其有相应的阐述吗？

我们先从反面来阐述："无礼"会有什么问题。在《论语·学而第一》中，有子曰："礼之用，和为贵。先王之道，斯为美，小大由之。有所不行，知和而和，不以礼节之，亦不可行也。"❸朱子《四书集注》注解："礼者，天理之节文，人事之仪则也。和

---

❶ (宋)朱熹.四书集注[M].陈成国,标点.长沙:岳麓书社,2004:140.

❷ 杨天宇.礼记译注[M].上海:上海古籍出版社,2004:3.

❸ (宋)朱熹.四书集注[M].陈成国,标点.长沙:岳麓书社,2004:59.

者,从容不迫之意。"❶有子认为,我们提倡的"以和为贵",必须有礼的规范和约束,如果离开礼的规范和约束,"有所不行,知和而和",不讲礼,即不讲"天理",这是和稀泥,是不可行的,也是行不通的。此处可见,无礼,不可行也。在《论语·泰伯第八》中,孔子说:"恭而无礼则劳;慎而无礼则葸;勇而无礼则乱;直而无礼则绞。"❷朱子《四书集注》说:"无礼则无节文,故有四者之弊。"❸恭、慎、勇、直本来是四种美德,但是如果没有礼的规范,行之无度,就会带来四种弊端:劳、葸、乱、绞。恭敬而无礼,则徒劳无功;谨慎而无礼,则畏惧不前;勇敢而无礼,则败法乱纪;正直而无礼,则绞急烦躁。可见,一个人纵然想具有"恭、慎、勇、直"的美德,如果不学礼、不遵礼、不守礼、不明礼,就失去了"恭、慎、勇、直"的能力。恭,过了度,则非恭;慎,过了度,则非慎;勇,过了度,则非勇;直,过了度,则非直。《论语·子路第十三》中说:"事不成,则礼乐不兴;礼乐不兴,则刑罚不中;刑罚不中,则民无所措手足。"❹中,不偏不倚。朱子在《四书集注》中引范氏曰:"事得其序之谓礼,物得其和之谓乐。事不成则无序而不和,故礼乐不兴。礼乐不兴,则施之政事皆失其道,故刑罚不中。"❺这里,孔子阐述了礼乐不兴的严重后果,不能不引起我们的注意。对国家而言,礼乐教化、兴盛对治国理政有极其重要的价值和意义。在《论语·卫灵公第十五》中,孔子说:"知及之,仁不能守之,虽得之,必失之;知及之,仁能守之,不庄以莅之,则民不敬;知及之,仁能守之,庄以莅之,动之不以礼,未善也。"❻请注意这里的"之",一说指国家;一说指人民。我赞同"人民"之意。可见,优良的治民之道,必须坚持智、仁、庄、礼四者结合,如果只有"智、仁、庄",而缺乏礼,使民众不以礼,不合理、不合法,未善也。礼的重要性不言而喻。在《论语·季氏第十六》中,孔子对孔鲤语重心长地说:"不学《礼》,无以立。"❼在《论语·尧曰第二十》中,孔子又强调说:"不知礼,

---

❶(宋)朱熹.四书集注[M].陈成国,标点.长沙:岳麓书社,2004:59.
❷(宋)朱熹.四书集注[M].陈成国,标点.长沙:岳麓书社,2004:117.
❸(宋)朱熹.四书集注[M].陈成国,标点.长沙:岳麓书社,2004:117.
❹(宋)朱熹.四书集注[M].陈成国,标点.长沙:岳麓书社,2004:161.
❺(宋)朱熹.四书集注[M].陈成国,标点.长沙:岳麓书社,2004:161.
❻(宋)朱熹.四书集注[M].陈成国,标点.长沙:岳麓书社,2004:190.
❼(宋)朱熹.四书集注[M].陈成国,标点.长沙:岳麓书社,2004:198.

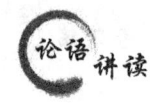

无以立也。"❶可见,礼能立人。一个人如果无礼、不学礼、不知礼,那么无以立、难以立。常言道:"立身行道。"如果我们不学礼,岂能立身?不能立身,何谈行道?不能行道,何谈仁义?没有仁义,岂有天下平?

可见,无礼,以和为贵是奢谈;无礼,恭、慎、勇、直不现实;无礼,刑罚失中、失道;无礼,动民未善;无礼,不立。

我们再结合《论语》,从正面阐述"有礼"的重要性。在《论语·学而第一》中,有子说:"恭近于礼,远耻辱也。"❷平心而论,谁都不希望受耻辱,但远离耻辱的有效办法就是恭敬有礼。因此,恭敬有礼,远离耻辱,这是守礼人、有礼人的一个实实在在的利益。

在《论语·雍也第六》中,孔子说:"君子博学于文,约之以礼,亦可以弗畔矣夫!"❸畔,通"叛",背叛。由此看来,一个君子博文约礼,就可以避免离经叛道,这是必然。想一想,一个人行得正、立得正,自然不会离心离德、大逆不道,不是吗?

在《论语·颜渊第十二》中,孔子说:"克己复礼为仁。一日克己复礼,天下归仁焉。"❹朱子在《四书集注》中说:"归,犹与也。"❺与,赞许也。克制自己的私欲,使外在言行符合礼的要求,这就是仁,每日都做到克己复礼,天下之人就交口称赞你是仁人了。可见,克己复礼,日日行、常常做,自然而然地获得社会的赞许与认可,这也是一种实际利益吧!

同样在《论语·颜渊第十二》中,孔子弟子子夏说:"君子敬而无失,与人恭而有礼,四海之内,皆兄弟也。"❻也许这是子夏安慰司马牛的话,但子夏之言确实给人温暖、信心和力量。一个人如果恭而有礼,何愁没有兄弟朋友呢?曾听人说:"有礼走遍天下。"其实,还可以说:"有礼交际天下。"有礼就会多朋友,不再害怕孤独,也是乐事一件吧!

在《论语·宪问第十四》中,孔子说:"若臧武仲之知,公绰之不欲,卞庄子之勇,

---

❶ (宋)朱熹.四书集注[M].陈戍国,标点.长沙:岳麓书社,2004:223.
❷ (宋)朱熹.四书集注[M].陈戍国,标点.长沙:岳麓书社,2004:59.
❸ (宋)朱熹.四书集注[M].陈戍国,标点.长沙:岳麓书社,2004:103.
❹ (宋)朱熹.四书集注[M].陈戍国,标点.长沙:岳麓书社,2004:150.
❺ (宋)朱熹.四书集注[M].陈戍国,标点.长沙:岳麓书社,2004:150.
❻ (宋)朱熹.四书集注[M].陈戍国,标点.长沙:岳麓书社,2004:152.

冉求之艺,文之以礼乐,亦可以为成人矣。"❶朱子在《四书集注》中说:"言兼此四子之长,则知足以穷理,廉足以养心,勇足以力行,艺足以泛应。而又节之以礼,和之以乐,使德成于内而文见乎外,则材全德备,浑然不见一善成名之迹;中正和乐,粹然无复偏倚驳杂之蔽:而其为人也亦成矣。"❷你看,要成为"成人",有知、有廉、有勇、有艺,还不行,还得加上礼和乐。不然,如何得是?所以,也可以这么说,礼乐是成人的必备条件,没有礼乐,不通达礼乐,就不是"成人",也无法"成人"。看来,欲为"成人",非修礼乐不成。

在《论语·季氏第十六》中,孔子说:"乐节礼乐。"❸节,调节。乐,不是以天马行空的自由为乐,而是以礼乐调节为乐。礼强调秩序,乐强调和谐,以礼乐来调节身心,言谈举止中正和乐,格调高雅,性情温和,举止得体,内外和顺,自然是有益的快乐。

在《论语·子路第十三》中,孔子说:"上好礼,则民莫敢不敬。"❹同样,在《论语·宪问第十四》中,孔子又说:"上好礼,则民易使也。"❺孔子强调,管理者好礼的话,民众哪有不尊敬的;管理者好礼的话,民众也就容易服从了。这都是强调领导者好礼能获得实实在在的好处,进而不断提升领导者的领导能力、动员能力、工作能力等。

在《论语·为政第二》中,孔子说:"道之以德,齐之以礼,有耻且格。"❻道,引导;齐,整治;格,正也。对于一个国家、一个团体,用道德来加以引导,用礼仪来加以整治,人们不但有羞耻心,而且能依正道而行。可见,德治和礼治对国家治理、社会治理有显而易见的功效,有识之士固然不能忽视德治和礼治的力量。

在《论语·里仁第四》中,孔子说:"能以礼让为国乎?何有?不能以礼让为国,如礼何?"❼何有,反问的语气,表示没有什么困难。孔子认为,礼让治国何难?如果不能以礼让治国,徒具礼的形式,又有什么意义呢?孔子再次强调了礼让为国的重

---

❶(宋)朱熹.四书集注[M].陈戍国,标点.长沙:岳麓书社,2004:172.
❷(宋)朱熹.四书集注[M].陈戍国,标点.长沙:岳麓书社,2004:172.
❸(宋)朱熹.四书集注[M].陈戍国,标点.长沙:岳麓书社,2004:195.
❹(宋)朱熹.四书集注[M].陈戍国,标点.长沙:岳麓书社,2004:161.
❺(宋)朱熹.四书集注[M].陈戍国,标点.长沙:岳麓书社,2004:181.
❻(宋)朱熹.四书集注[M].陈戍国,标点.长沙:岳麓书社,2004:61.
❼(宋)朱熹.四书集注[M].陈戍国,标点.长沙:岳麓书社,2004:81.

要性。他认为,一个国家要兴旺昌盛,非礼让为国不可,以礼治国,国家必治。

在《论语·先进第十一》中,孔子回应为什么哂子路时说:"为国以礼,其言不让,是故哂之。"❶在儒家看来,治理国家,没有礼让,成何体统?因此,这也是孔子对子路持批评态度的原因,只是孔子这次没有用语言,而是用表情,一个"哂"字蕴含了孔子对弟子子路的批评,也表达了对"为国以礼、其言不让"的不满。

结合上述文本分析,礼仪文化,无论在个人修养、领导能力,还是在国家治理等方面,都显示了它的价值、意义和力量。可以说,讲礼、守礼、遵礼的益处是鲜明的、实在的,无礼、违礼、背礼的行为显然是缺乏睿智的、没有见识的。礼能立人,让人们文明有礼;礼能治国,让刑罚得中。总之,礼能让世界变得更加美好。

有一首诗,叫《文明赞歌》,是我在网上看到的,写得非常优美,作者不得而知,具体内容是:"轻轻的一声你好,浅浅的一丝微笑,像一缕春风,拂绿了树梢,文明的世界,需由你我共同创造。中国人的握手,外国人的拥抱,这不是寒暄,也不是客套,而是在告诉你,有你真好。不要讥讽,不要争吵,作用力和反作用力的道理,谁都明了,恶语相加换来的只能是,以怨相报,多一份关爱,就会多一份感动;多一些理解,就会少一些烦恼,温情的话语,总能融掉心底的料峭,一个眼神,胜似千言万语,一手相扶,涌起爱的波涛,文明的发展,需要我们一起助跑。有了语言,我们可以诠释文明,而真正的文明,不是挂在嘴边的口号,让我们一同为文明赞歌,文明让世界更加美好!"❷

在这首诗里,关键词是"文明",核心内容是歌颂"文明"、赞美"文明"。这首诗充分展示了文明在日常生活中的价值和意义。而礼仪行为,就是一种文明行为;礼仪风度,就是一种文明风度;礼仪教化,就是一种文明教化;礼仪风采,就是一种文明风采。孔子说:"不知礼,无以立也。"❸让我们从礼仪着手,打造自己,力争成为文明有礼人。

(二)礼之义

如何理解"礼"呢?这是一个仁者见仁、智者见智的问题。我想从个人修养、人

---

❶ (宋)朱熹.四书集注[M].陈成国,标点.长沙:岳麓书社,2004:147.

❷ angelzh04.文明赞歌[EB/OL].(2017-09-18)[2022-02-10].https://wenda.so.com/q/1470265179726762.

❸ (宋)朱熹.四书集注[M].陈成国,标点.长沙:岳麓书社,2004:223.

际交往、道德规范三个角度来加以把握。

从个人修养角度看,礼仪是一种教养表现,品德教养。简而言之,礼者,养也。大文豪歌德说:"一个人的礼貌就是一面照出他的肖像的镜子。"❶确实,一个人有没有礼貌,折射出这个人所具备的教养。若彬彬有礼,进退有度,人之言曰:"有教养!"若粗俗无礼、进退失仪,人之言曰:"无教养!"因此,每一个人都要勤勉地学习和掌握礼仪文化知识,努力提升自己的文化教养。

从人际交往的角度看,礼仪是一种交际艺术,以礼敬人。简而言之,礼者,敬也。礼要敬人。当然,敬人的前提是自己要有一颗恭敬心,以恭敬心敬人,而不是徒具形式,这才是礼的真义。孔子在《论语·公冶长第五》中说:"晏平仲善与人交,久而敬之。"❷朱子《四书集注》中引程子曰:"人交久则敬衰。久而能敬,所以为善。"❸孔子揭示了晏平仲善于与人打交道、善于交际的秘密,晏平仲深谙交际之道:敬人也,久敬之。

从道德规范角度看,礼仪是一种行为准则,践行道理。简而言之,礼者,理也。如果一个礼仪与"理"相悖,那这个礼当然要作修改,使之符合于"理"。真正意义上的"礼",践行的就是"理",践行的就是"道"。而社会各行各业制定的行为准则应是"理"或"道"在各行各业的具体体现。正如《左传·昭公二十五年》所言:"夫礼,天之经也,地之义也,民之行也。"❹礼的背后是"理",义理,道理。一个礼仪缺乏"理"的支撑,是失当的,一个礼仪违背"理",便是歪礼。

当然,礼有本有末,本为根本、本质,末为形式、仪节。下面简要介绍礼之根本和礼之形式。

一是礼之本。礼之本是礼的内核,指礼的精义。在《论语·八佾第三》里,有这样一则记载:"林放问礼之本。子曰:'大哉问! 礼,与其奢也,宁俭。丧,与其易也,宁戚。'"❺这里,我们从"礼,与其奢,宁俭"和"丧,与其易,宁戚"可以隐约地看出,礼的根本是内在而不是外在。就礼节仪式的"奢"与"俭"而言,不是"奢侈"更靠近礼

---

❶ 歌德的格言和感想集[M].程代熙,张惠民,译.北京:中国社会科学出版社,1982:49.

❷ (宋)朱熹.四书集注[M].陈成国,标点.长沙:岳麓书社,2004:90.

❸ (宋)朱熹.四书集注[M].陈成国,标点.长沙:岳麓书社,2004:90.

❹ 李梦生.左传译注[M].上海:上海古籍出版社,2004:1147.

❺ (宋)朱熹.四书集注[M].陈成国,标点.长沙:岳麓书社,2004:70.

的根本,而是"俭约"更靠近礼的根本;就丧事而言,礼的根本是内在的哀戚,而不是外在的仪式治办周全。那么,礼之本是什么? 答案就是一个"敬"字。《礼记》开篇便讲了三个字:"毋不敬。"❶当然,这是一种否定表达方式。这种表达方式《论语》中也出现过。在《论语·八佾第三》里,孔子说:"居上不宽,为礼不敬,临丧不哀,吾何以观之哉?"❷朱子《四书集注》注解说:"为礼以敬为本。"❸为礼不敬何以观? 因此,礼之本,如果以肯定式表达的话,那就是一个"敬"字。在《论语·公冶长第五》里也记载:"晏平仲善与人交,久而敬之。"❹晏平仲善于交际的秘诀在哪里? 其实,秘诀就是一个字——敬。所以,敬乃礼之本。人生明一"敬"字,便了悟礼仪文化的精髓。

二是礼之形。形,即形式;礼之形,即为礼的具体表现形式,如礼法、礼器、礼品、辞令、礼容、等差等。

礼法,指礼仪的规范、仪式、流程等系列操作程序,具有规定性,如季氏僭越享用天子之礼,破坏了礼仪规范,孔子怒批之。又如,根据《礼记》,婚礼分纳采、问名、纳吉、纳征、请期等环节,通常情况下不予更改也。

礼器,行礼所需的器物,如《论语·卫灵公第十五》中,孔子说"俎豆之事,则尝闻之矣"❺,这里的"俎豆"就是礼器。还有,在《论语·泰伯第八》中,曾子说:"笾豆之事则有司存。"❻这里的"笾豆"就是礼器。

礼品,用于行礼过程中赠送的物品。先贤有言:"千里送鹅毛,礼轻情意重。"诗中的"鹅毛"便是人际交往的礼品。《论语》中也有一些相关记载。在《论语·阳货第十七》中,孔子说:"礼云礼云,玉帛云乎哉?"❼其中,"玉帛"便是礼品。在《论语·八佾第三》中记载:"子贡欲去告朔之饩羊。子曰:'赐也! 尔爱其羊,我爱其礼。'"❽其中,"羊"便是礼品。在《论语·阳货第十七》中有"阳货欲见孔子,孔子不见,归孔子

---

❶ 杨天宇.礼记译注[M].上海:上海古籍出版社,2004:1.
❷ (宋)朱熹.四书集注[M].陈戍国,标点.长沙:岳麓书社,2004:77.
❸ (宋)朱熹.四书集注[M].陈戍国,标点.长沙:岳麓书社,2004:77.
❹ (宋)朱熹.四书集注[M].陈戍国,标点.长沙:岳麓书社,2004:90.
❺ (宋)朱熹.四书集注[M].陈戍国,标点.长沙:岳麓书社,2004:183.
❻ (宋)朱熹.四书集注[M].陈戍国,标点.长沙:岳麓书社,2004:118.
❼ (宋)朱熹.四书集注[M].陈戍国,标点.长沙:岳麓书社,2004:203.
❽ (宋)朱熹.四书集注[M].陈戍国,标点.长沙:岳麓书社,2004:74.

豚"❶的记载,其中的"豚"便是礼品。

辞令,礼仪活动,往往要与人打交道,不可不言也,所以言语辞令是必不可少的,如称呼介绍。在《论语·季氏第十六》中记载:"邦君之妻,君称之曰'夫人',夫人自称曰'小童';邦人称之曰'君夫人',称诸异邦曰'寡小君';异邦人称之,亦曰'君夫人'。"❷

礼容,指行礼者的仪容、仪表、仪态、体态等,如《论语·乡党第十》记载:"入公门,鞠躬如也,如不容。立不中门,行不履阈。过位,色勃如也,足躩如也,其言似不足者。"❸这里,"鞠躬如也"就是礼容,"立不中门,行不履阈"也是礼容,"色勃如也,足躩如也"也是礼容。

秩序,指礼的尊卑差别。在《论语·八佾第三》中记载:"孔子谓季氏:'八佾舞于庭,是可忍也,孰不可忍也?'"❹朱子《四书集注》注解说:"佾,音逸,舞列也:天子八,诸侯六,大夫四,士二。每佾人数,如其佾数。或曰:'每佾八人。'未详孰是。季氏以大夫而僭用天子之礼乐,孔子言其此事尚忍为之,则何事不可忍为?"❺在此,孔子很生气,尖锐地批评季氏违反礼仪尊卑秩序僭越使用天子礼乐的行为。可见,礼在古代社会有尊卑差别。

俗话说,细微之处见精神。这句话用来形容礼恰当不过。礼的每一个细节、环节都得考究,不能出错,否则会被认为失礼。

(三)礼之则

俗话说:"国有国法,家有家规。"对于礼,也有一些基本原则。那么,礼一般有哪些原则呢?

一是损益原则。《论语·为政第二》记载:"子张问:'十世可知也?'子曰:'殷因于夏,礼所损益,可知也;周因于殷,礼所损益,可知也。其或继周者,虽百世可知

---

❶ (宋)朱熹.四书集注[M].陈戍国,标点.长沙:岳麓书社,2004:199.
❷ (宋)朱熹.四书集注[M].陈戍国,标点.长沙:岳麓书社,2004:198.
❸ (宋)朱熹.四书集注[M].陈戍国,标点.长沙:岳麓书社,2004:134.
❹ (宋)朱熹.四书集注[M].陈戍国,标点.长沙:岳麓书社,2004:69.
❺ (宋)朱熹.四书集注[M].陈戍国,标点.长沙:岳麓书社,2004:69.

也。'"❶在这里,孔子提出了损益原则。损益,顾名思义,指减损或者增加。礼仪的损益,就是指礼仪的变化情况。孔子说:"商代继承夏代的礼仪,损益之处,可以知道;周代继承商代的礼仪,损益之处,可以知道。"可见,礼不是一成不变的,礼会因为时代的发展变化而变化。简而言之,礼以时变。

二是往来原则。人与人之间的礼仪互动,是相互的。你来我往,我来你往,沟通感情,交流发展。《礼记·曲礼》曰:"礼尚往来:往而不来,非礼也;来而不往,亦非礼也。"❷常言道"吃人三餐,还人一席",说的就是礼尚往来的道理。这一原则在孔子身上也有明确体现。在《论语·阳货第十七》中,记下了这样一件有趣的事情:"阳货欲见孔子,孔子不见,归孔子豚。孔子时其亡也,而往拜之,遇诸涂。谓孔子曰:'来!予与尔言。'曰:'怀其宝而迷其邦,可谓仁乎?'曰:'不可。''好从事而亟失时,可谓知乎?'曰:'不可。''日月逝矣,岁不我与。'孔子曰:'诺。吾将仕矣。'"❸阳货想要和孔子见面而不得,所以就将豚作为礼物赠送给了孔子。孔子是明礼之人,自然要去还礼。因为阳货有来,自当有往,不然有失礼节。有意思的是,孔子趁阳货不在家的时机才去登门道谢。只是不巧,他们在路上碰面了,作了一个短暂的交流。

三是尊敬原则。尊敬他人,是礼仪文化的重要内涵。任何时候依礼而行的目的,都是为了对他人或者施礼对象表示尊重、尊敬,若不懂得尊敬他人,便失去了行礼的意义。在生活里,懂得尊敬比自己身份尊贵的人,也懂得尊敬比自己身份卑微的人,更懂得尊敬与自己朝夕相处的同事、朋友、伙伴,才是明智、明礼、明道之举。因为每一个人的内心深处都渴望、期待得到他人的尊重和尊敬。总之,尊敬人是礼仪文化的一个基本理念,也是礼仪文化的实践要求。请看,《论语》通篇,只要是孔子说的话,都记载为"子曰"。为什么这样记?我来为各位揭秘。查《辞海》可知:"子,古代男子的美称或尊称。"❹由此,大家可知,记为"子曰"而不是"孔丘曰",充分表达了孔子弟子及再传弟子对孔子的尊敬。

四是适度原则。"适度"就是不偏不倚,恰到好处,无过无不及。《礼记·曲礼》曰:

---

❶ (宋)朱熹.四书集注[M].陈成国,标点.长沙:岳麓书社,2004:68.
❷ 杨天宇.礼记译注[M].上海:上海古籍出版社,2004:3.
❸ (宋)朱熹.四书集注[M].陈成国,标点.长沙:岳麓书社,2004:199.
❹ 陈至立.辞海[M].上海:上海辞书出版社,2020:5883.

"礼从宜。"❶宜,合适,适宜。另一说,"宜"通"仪",法度,标准。事君不尽礼,不合适也;事上不以礼,不合适也;使下不以礼,不合适也;立中门,不合适也;行中道,不合适也;升降国旗不严肃,不合适也;侮辱他人,不合适也;中途插言,不合适也。以礼行事,有礼有节,确保适度而不偏离礼的轨道、要求、规范,讲礼仪,有礼貌。

五是秩序原则。秩序,次序也。礼,讲究秩序,讲究条理,有条不紊。前面强调过,礼者,理也。没有秩序,本末倒置,混乱不堪,怎么能合理呢? 行不违规、动不逾矩,举止得体,守道有礼,是礼仪文化的题中之义。《辞海》中说:"礼,社会生活中由于风俗习惯而形成的为大家共同遵奉的仪式。"❷仪式,是"举行典礼的程序、形式"❸。程序,是"事情进行的先后顺序"❹。由此可见,秩序本身蕴含于礼中。另外,在《四书集注》中,朱子引范氏曰:"事得其序之谓礼。"❺这里的"序",秩序也。可见,秩序原则是礼仪的基本原则之一。必须知道,讲秩序,是一种礼貌行为;插队,是一种失礼行为。

(四)礼之践

学礼是为了更好地指导自己的礼仪生活。学以致用、躬身实践,是学礼的规定动作。我们学习《论语》,在礼仪文化践行方面,到底可以从哪里落实呢?

一是以礼立身。学礼可立人,可立身,可成就君子之风。我们何不学礼立身呢? 孔子在《论语·泰伯第八》中说:"兴于《诗》。立于礼。成于乐。"❻朱子《四书集注》中说:"礼以恭敬辞逊为本,而有节文度数之详,可以固人肌肤之会、筋骸之束。"❼从立身而言,我们是否可以学习如何与人高效沟通? 是否可以学习如何与人和谐相处? 是否可以学习如何打整得体仪表? 是否可以学习餐桌礼仪? 是否可以掌握一些社交规则? 让礼约其身、树其心、成其德、就其人,使其内心恭敬、外在得

---

❶ 杨天宇.礼记译注[M].上海:上海古籍出版社,2004:2.
❷ 陈至立.辞海[M].上海:上海辞书出版社,2020:2566.
❸ 中国社会科学院语言研究所词典编辑室.现代汉语词典[M].北京:商务印书馆,2002:1483.
❹ 中国社会科学院语言研究所词典编辑室.现代汉语词典[M].北京:商务印书馆,2002:163.
❺ (宋)朱熹.四书集注[M].陈成国,标点.长沙:岳麓书社,2004:161.
❻ (宋)朱熹.四书集注[M].陈成国,标点.长沙:岳麓书社,2004:119.
❼ (宋)朱熹.四书集注[M].陈成国,标点.长沙:岳麓书社,2004:119.

体,内外俱善,岂不美哉?孔子在《论语·雍也第六》中说:"君子博学于文,约之以礼,亦可以弗畔矣夫!"❶颜渊在《论语·子罕第九》中喟然长叹,说:"仰之弥高,钻之弥坚。瞻之在前,忽焉在后。夫子循循然善诱人,博我以文,约我以礼。欲罢不能。既竭吾才,如有所立卓尔,虽欲从之,末由也已。"❷孔子在《论语·颜渊第十二》中还强调"克己复礼"❸,并进一步说:"非礼勿视,非礼勿听,非礼勿言,非礼勿动。"❹让我们从礼入手吧!学礼立身、学礼立德、学礼立人,安身立命,修身养性,从容优雅,谦虚、感恩、诚信、温暖、善良等,成为一个有礼仪风度的时代新人。

二是以礼尽孝。《论语·为政第二》记载:"孟懿子问孝,子曰:'无违。'樊迟御,子告之曰:'孟孙问孝于我,我对曰无违。'樊迟曰:'何谓也?'子曰:'生,事之以礼;死,葬之以礼,祭之以礼。'"❺朱子《四书集注》曰:"无违,谓不背于理。"❻其实,理与礼互通,不背于理,也就是不违背礼节。朱子还说:"人之事亲,自始至终,一于礼而不苟,其尊亲也至矣。"❼父母生养子女,给予生命,护佑生命成长。父母之恩,不可谓不重也。如何尽孝报答父母呢?孔子认为,以礼尽孝为最好。父母活着的时候,以礼敬孝,如果有一天,父母去世了,以礼安葬、以礼祭祀。让我们以礼尽孝吧!边学边改进孝言孝行,渐次见好,以回报亲恩。

三是以礼敬人。在《论语·八佾第三》中,孔子说:"事君尽礼,人以为谄也。"❾《说文解字》曰:"君,尊也。"❾结合文句,尊,应为名词,是尊长的意思。据《现代汉语词典》解释:尊长,指"地位或辈分比自己高的人"❿。我们可以分析,孔子说这句话的用意,不在于"人以为谄",而在于是否"事君尽礼"。用今天的话讲,你能不能礼待领导、礼敬尊长?如果能做到礼敬领导、尊长就不用在意他人的闲言碎语,别跟

---

❶ (宋)朱熹.四书集注[M].陈成国,标点.长沙:岳麓书社,2004:103.
❷ (宋)朱熹.四书集注[M].陈成国,标点.长沙:岳麓书社,2004:127.
❸ (宋)朱熹.四书集注[M].陈成国,标点.长沙:岳麓书社,2004:150.
❹ (宋)朱熹.四书集注[M].陈成国,标点.长沙:岳麓书社,2004:150.
❺ (宋)朱熹.四书集注[M].陈成国,标点.长沙:岳麓书社,2004:63.
❻ (宋)朱熹.四书集注[M].陈成国,标点.长沙:岳麓书社,2004:63.
❼ (宋)朱熹.四书集注[M].陈成国,标点.长沙:岳麓书社,2004:63.
❽ (宋)朱熹.四书集注[M].陈成国,标点.长沙:岳麓书社,2004:74.
❾ (汉)许慎.说文解字[M].(宋)徐铉,校定.北京:中华书局,2013:26.
❿ 中国社会科学院语言研究所词典编辑室.现代汉语词典[M].北京:商务印书馆,2002:1683.

他们一般见识，自己依礼而处、依礼而行，让他们说去吧！这是下级如何正确对待上级的方式。同样在《论语·八佾第三》中："定公问：'君使臣，臣事君，如之何？'孔子对曰：'君使臣以礼，臣事君以忠。'"❶《说文解字》曰："臣，事君者也。"❷侍奉尊长的人，即为臣。这里，孔子再次强调了如何处理上下级关系问题。也许，从古以来，上下级之间如何相处就是一个非常现实的问题。所以，在这里，鲁定公正式向孔子提问请教，如何正确处理上下级关系。孔子的回答简明扼要，醍醐灌顶，"君使臣以礼，臣事君以忠"。领导使唤下属，依礼而行；下属服从领导，忠诚无私。上下级之间以义合。请注意，这里，孔子强调领导当以礼对待下属，以礼使唤下属。这是上级正确对待下级的方式。综上言之，对上，以礼；对下，以礼。进一步思考，一个人如何处理职场关系呢？既要以礼对待上司，也要以礼对待下属。那是不是也要以礼对待身边的同事、伙伴呢？答案是肯定的。以礼敬人，不止于领导、同事、下属，还有身边的每一个人。如果人人有礼，则人间和谐、社会安定、国家太平。

　　四是行事尽礼。我们知道，礼以敬为本。在《论语·学而第一》中，有子也说："恭近于礼，远耻辱也。"❸那么，我们能否怀着恭敬心做事尽礼呢？如何落实行事尽礼？在《论语·八佾第三》中记载："子入太庙，每事问。或曰：'孰谓鄹人之子知礼乎？入太庙，每事问。'子闻之，曰：'是礼也。'"❹孔子素来以礼闻名，然而孔子入太庙助祭，"每事问"，所以有人讥笑他，说："孰谓鄹人之子知礼乎？"孔子回答："是礼也。"如何理解呢？朱子《四书集注》曰："敬谨之至，乃所以为礼也。尹氏曰：'礼者，敬而已矣。虽知亦问，谨之至也，其为敬莫大于此。'"❺可见，孔子的严谨、敬谨、谨慎是礼。反观自身，我们在日常工作或生活中做事严谨吗？做事恭敬吗？做事谨慎吗？做事得体吗？孔子在《论语·子路第十三》中，对樊迟说了三个字："执事敬。"❻让我们遵从孔子的这个教诲吧！认真做事，恭敬做事，远离耻辱，行事尽礼。

---

❶（宋）朱熹.四书集注[M].陈成国,标点.长沙:岳麓书社,2004:75.
❷（汉）许慎.说文解字[M].（宋）徐铉,校定.北京:中华书局,2013:60.
❸（宋）朱熹.四书集注[M].陈成国,标点.长沙:岳麓书社,2004:59.
❹（宋）朱熹.四书集注[M].陈成国,标点.长沙:岳麓书社,2004:74.
❺（宋）朱熹.四书集注[M].陈成国,标点.长沙:岳麓书社,2004:74.
❻（宋）朱熹.四书集注[M].陈成国,标点.长沙:岳麓书社,2004:165.

二、言乐

既言礼，当言乐。此乐，礼乐之"乐"也。学《论语》，也不能不谈音乐。应该说，孔子也是音乐家，会弹、会唱、会品、会诉，多才多艺，为音乐艺术的发展做过许多贡献，影响深远。

（一）会弹

在《论语·阳货第十七》中记载："孺悲欲见孔子，孔子辞以疾。将命者出户。取瑟而歌，使之闻之。"❶一个名叫孺悲的人想见孔子，孔子不想见他，就以疾病为借口推辞，"将命者"刚出门，孔子就取瑟而弹并歌唱，故意让孺悲听见。在这里，孔子既弹瑟又唱歌。这就是孔子会弹的有力例证。另外，在《论语·先进第十一》中，孔子与众弟子聊天，当他问话曾点时，曾点正弹着瑟。书中具体描述为："鼓瑟希，铿尔，舍瑟而作。"❷瑟，作为古代一种弦乐器，曾点是从哪里学会鼓瑟的呢？孔子以"六艺"作为主要内容教授弟子、带学生。作为孔子弟子的曾点，我们可以推测，他可能是从孔子这里学鼓瑟的。从曾点身上，也可以旁证孔子的弹奏能力。

（二）好唱

孔子喜欢唱歌，这是有文字根据的。在《论语·述而第七》中记载："子食于有丧者之侧，未尝饱也。子于是日哭，则不歌。"❸朱子《四书集注》曰："哭，谓吊哭。一日之内，余哀未忘，自不能歌也。"❹由此可知，孔子有临丧之哀，则不歌唱。言外之意，在孔子的日常生活里，歌声不绝也。当然，孔子不仅喜欢唱歌，也喜欢学歌。同样在《论语·述而第七》里记载："子与人歌而善，必使反之，而后和之。"❺反，复也。和，和谐地跟着唱。孔子和别人一起唱歌，如果发现他唱得好的话，就请他重唱，然后

---

❶ （宋）朱熹.四书集注[M].陈成国，标点.长沙：岳麓书社，2004：205.

❷ （宋）朱熹.四书集注[M].陈成国，标点.长沙：岳麓书社，2004：147.

❸ （宋）朱熹.四书集注[M].陈成国，标点.长沙：岳麓书社，2004：108.

❹ （宋）朱熹.四书集注[M].陈成国，标点.长沙：岳麓书社，2004：108.

❺ （宋）朱熹.四书集注[M].陈成国，标点.长沙：岳麓书社，2004：114.

和谐地跟着唱。朱子《四书集注》曰:"必使复歌者,欲得其详而取其善也。"❶孔子学习音乐的态度及方法令人赞叹。

(三)善品

据《国语辞典》显示:"品,评量、评断好坏优劣。"❷善品,善于品评。孔子善于评断音乐的好坏优劣。在《论语·八佾第三》中,孔子评价《韶》乐,说:"尽美矣,又尽善也。"❸孔子评价《武》乐:"尽美矣,未尽善也。"❹一言"尽善尽美",一言"尽美未尽善"。孔子为什么这样评价呢?我们查阅资料可以知道,《韶》乐,大舜乐也;《武》乐,武王乐也。为什么都"尽美"呢?朱子《四书集注》曰:"舜绍尧致治,武王伐纣救民,其功一也,故其乐皆尽美。"❺为什么说《韶》"尽善"而《武》"未尽善"呢?依朱子《四书集注》说:"舜之德,性之也,又以揖逊而有天下;武王之德,反之也,又以征诛而得天下:故其实有不同者。"❻因为《武》乐有战争气息,而孔子是爱好和平、反对战争的,所以《武》乐未尽善。可见,孔子评价音乐,不单单评价音乐的艺术性,还评价音乐的思想性,最好的音乐作品是思想性与艺术性的高度统一,只有艺术性而没有思想性或者只有思想性而没有艺术性的音乐作品,都不是十全十美的音乐艺术作品。同时,孔子有强调音乐作品之思想性重于艺术性的倾向。《论语·八佾第三》中,孔子说:"人而不仁,如乐何?"❼同样在《论语·八佾第三》中,孔子评价《关雎》,说:"乐而不淫,哀而不伤。"❽在《论语·为政第二》中,孔子说:《诗》三百,一言以蔽之。曰:'思无邪。'"❾

---

❶ (宋)朱熹.四书集注[M].陈成国,标点.长沙:岳麓书社,2004:114.
❷ 中国大辞典编纂处.国语辞典[M].上海:商务印书馆,1947:251.
❸ (宋)朱熹.四书集注[M].陈成国,标点.长沙:岳麓书社,2004:77.
❹ (宋)朱熹.四书集注[M].陈成国,标点.长沙:岳麓书社,2004:77.
❺ (宋)朱熹.四书集注[M].陈成国,标点.长沙:岳麓书社,2004:77.
❻ (宋)朱熹.四书集注[M].陈成国,标点.长沙:岳麓书社,2004:77.
❼ (宋)朱熹.四书集注[M].陈成国,标点.长沙:岳麓书社,2004:70.
❽ (宋)朱熹.四书集注[M].陈成国,标点.长沙:岳麓书社,2004:75.
❾ (宋)朱熹.四书集注[M].陈成国,标点.长沙:岳麓书社,2004:61.

(四)喜听

孔子喜欢听音乐,沉浸其中,感受音乐带来的美的享受。《论语·述而第七》记载:"子在齐闻《韶》,三月不知肉味。曰:'不图为乐之至于斯也。'"❶图,预料的意思。为乐,据石锓《论语简释》注:"欣赏音乐。"❷大意是说,孔子在齐国听到《韶》乐的时候,《韶》乐给他带来了无与伦比的享受,夸张一点说:"竟然三个月不知道肉的味道。"在此,我们可以感到,孔子对《韶》乐无比的痴迷和超常的热爱,他太喜欢听音乐了。在《论语·泰伯第八》中,孔子说:"师挚之始,《关雎》之乱,洋洋乎盈耳哉!"❸挚,鲁国某乐师之名字;始,开始,开端;乱,音乐的结束。据杨伯峻《论语译注》载:"'乱'是'合乐',犹今日之合唱。"❹洋洋,众多;盈,充满。从鲁国太师挚演奏开始,到《关雎》合奏结束之时,整个音乐洋洋盈耳,岂不美哉?可以看出,孔子对音乐的热爱程度。

(五)有择

孔子对音乐是有所选择的,不是任何音乐都能获得他的青睐。那么,孔子对音乐的选择标准是什么。简单地说,就是"德音雅乐"。在《论语·卫灵公第十五》中,颜渊问怎样治理国家。孔子回答说:"行夏之时,乘殷之辂,服周之冕,乐则《韶》舞。放郑声,远佞人。郑声淫,佞人殆。"❺行,推行。时,指时节、时令。"辂,车名"❻;"服,穿着,佩戴。"❼"冕,帝王、诸侯、卿大夫戴的礼帽。"❽《说文解字》曰:"放,逐也。"❾意思是说,实施夏代的时令,乘坐商代的大车,穿着周代的礼帽,音乐采用《韶》乐,放逐郑国的音乐,远离奸佞之人。郑国音乐淫荡,奸佞之人危险。孔子为什么放弃、

---

❶ (宋)朱熹.四书集注[M].陈戍国,标点.长沙:岳麓书社,2004:109.
❷ 石锓.论语简释[M].北京:商务印书馆,2018:135.
❸ (宋)朱熹.四书集注[M].陈戍国,标点.长沙:岳麓书社,2004:121.
❹ 杨伯峻.论语译注[M].北京:中华书局,2009:82.
❺ (宋)朱熹.四书集注[M].陈戍国,标点.长沙:岳麓书社,2004:186.
❻ 陈至立.辞海[M].上海:上海辞书出版社,2020:2809.
❼ 陈至立.辞海[M].上海:上海辞书出版社,2020:1217.
❽ 陈至立.辞海[M].上海:上海辞书出版社,2020:3039.
❾ (汉)许慎.说文解字[M].(宋)徐铉,校定.北京:中华书局,2013:79.

放逐郑国音乐,因为郑国音乐淫荡。孔子采用《韶》舞,因为尽善尽美符合德音雅乐的标准。在《论语·阳货第十七》中,孔子又明确表示:"恶郑声之乱雅乐也。"❶所以,一个人如果想从音乐入手修养自己,当有所辨别,最好选择德音雅乐,离弃淫荡之音。

(六)乐教

曾言,孔子以礼闻名,其实,孔子也以乐闻名、以教闻名。这里的"乐教",指孔子乐于教授音乐。在《论语·八佾第三》中记载:"子语鲁大师乐,曰:'乐其可知也:始作,翕如也;从之,纯如也,曒如也,绎如也,以成。'"❷朱子《四书集注》曰:"时音乐废缺,故孔子教之。"❸朱子《四书集注》曰:"翕,合也。"❹查《辞海》:"合,和。"❺和,有和睦、和谐的意思。在此,我们取"和谐"之意。从,顺从也;纯,纯正也;曒,明,清晰明亮;绎,连续不断;成,完成。孔子教授鲁国太师音乐理论,说:"音乐演奏的过程是可以知道的:刚开始的时候,声音和谐;接下来,声音纯一美好,节奏清晰明亮,连续不绝,然后完成。"这里,孔子为鲁国太师教授音乐。当然,孔子也把"乐"作为核心内容教授给儿子及弟子们。我们知道,儒门重诗教。其实,诗教也是歌教,也是乐教。《诗经》,作为我国最早的一部诗歌总集,它不只是用来读,更是用来歌唱的。可以说,它是孔门歌教、乐教的基本内容和重要教材。孔子也曾语重心长地向儿子、弟子介绍、引导,希望他们潜心学习乐教。《论语·阳货第十七》中,孔子说:"小子,何莫学夫《诗》?《诗》,可以兴,可以观,可以群,可以怨。迩之事父,远之事君,多识于鸟兽草木之名。"❻同样在《论语·阳货第十七》中,孔子对他的儿子伯鱼说:"女为《周南》《召南》矣乎?人而不为《周南》《召南》,其犹正墙面而立也与?"❼孔门重教,我们是知道的。孔门重乐教,我们也应该知道。孔子认为,三种有益的快乐之一便是"乐节礼乐",以礼为乐,以乐为乐。

---

❶ (宋)朱熹.四书集注[M].陈戍国,标点.长沙:岳麓书社,2004:204.

❷ (宋)朱熹.四书集注[M].陈戍国,标点.长沙:岳麓书社,2004:76.

❸ (宋)朱熹.四书集注[M].陈戍国,标点.长沙:岳麓书社,2004:76.

❹ (宋)朱熹.四书集注[M].陈戍国,标点.长沙:岳麓书社,2004:76.

❺ 陈至立.辞海[M].上海:上海辞书出版社,2020:1647.

❻ (宋)朱熹.四书集注[M].陈戍国,标点.长沙:岳麓书社,2004:202.

❼ (宋)朱熹.四书集注[M].陈戍国,标点.长沙:岳麓书社,2004:202.

（七）正乐

孔子对音乐的喜爱，让他积累了很深厚的音乐素养和才华。正因为热爱，所以孔子也很注重音乐发展与传承工作，并为此付出了大量的心血。《论语·子罕第九》中，孔子说："吾自卫反鲁，然后乐正，《雅》《颂》各得其所。"❶意为我从卫国返回鲁国，编辑、整理、订正音乐，做了一些工作。具体地说，就是使《雅》归《雅》、《颂》归《颂》，各得其所。朱子《四书集注》说："是时周礼在鲁，然《诗》、乐亦颇残阙失次。孔子周流四方，参互考订，以知其说。"❷孔子晚年删《诗》《书》，定《礼》《乐》，赞《周易》，作《春秋》，功莫大焉。应该说，我们今天看到的《诗经》文本，就蕴含了孔子的心血、汗水、智慧和力量。

（八）时诉

孔子喜欢、爱好音乐，可以说，深入骨髓。很多时候，他利用音乐诉说自己心中的情感：忧愁、烦闷和快乐。在《论语·宪问第十四》中记载："子击磬于卫。有荷蒉而过孔氏之门者，曰：'有心哉！击磬乎！'既而曰：'鄙哉！硁硁乎！莫己知也，斯己而已矣。深则厉，浅则揭。'子曰：'果哉！末之难矣。'"❸请注意，磬是古代一种打击乐器。"荷蒉"是指什么呢？朱子《四书集注》中说："荷，去声，担也。蒉，草器也。此荷蒉者，亦隐士也。"❹鄙，鄙陋。据《国语辞典》："硁硁，鄙陋而顽固的样子。"❺据杨伯峻《论语译注》记载："深厉浅揭——两句见于《诗经·邶风·匏有苦叶》。这是比喻。水深比喻社会非常黑暗，只得听之任之；水浅比喻黑暗的程度不深，还可以使自己不受沾染，便无妨撩起衣裳，免得濡湿。"❻果，果决。根据石锓《论语简释》解释："末，无，没有办法。难，为难，反驳。"❼这段话是什么意思呢？有一天，在卫国，孔子正在敲打磬，有一个挑着草器的隐士路过孔子门前，说："敲击磬，有心事啊！"

---

❶（宋）朱熹.四书集注[M].陈戍国，标点.长沙：岳麓书社，2004：128.
❷（宋）朱熹.四书集注[M].陈戍国，标点.长沙：岳麓书社，2004：128-129.
❸（宋）朱熹.四书集注[M].陈戍国，标点.长沙：岳麓书社，2004：180.
❹（宋）朱熹.四书集注[M].陈戍国，标点.长沙：岳麓书社，2004：180.
❺中国大辞典编纂处.国语辞典[M].上海：商务印书馆，1947：1497.
❻杨伯峻.论语译注[M].北京：中华书局，2009：156.
❼石锓.论语简释[M].北京：商务印书馆，2018：331.

不久，又说："鄙陋啊！顽固啊！没有人知道自己，就这样对自己算了吧！水深，就穿衣裳走过；水浅，就撩起衣裳走过。"孔子说："真是坚定果决啊！没有办法说服他了！"在此，不难注意到，孔子表面上是在敲打乐器，实际上正在通过击磬来倾诉内心的情感：苦恼与感伤、孤独与寂寞、失意与落寞等。我们说："言为心声。"其实，歌亦为心声，乐亦为心声。孔子因乐诉情、诉怀，这也不难理解了吧。

古人说："礼乐不可须臾去身。"❶我想，让我们也学礼仪，克己复礼、知书达礼、博文约礼；让我们也习音乐，以乐摄心、以乐治心、以乐养心。总之，让礼乐成为我们生活的伴侣吧，一天天、一岁岁、一年年。

最后，分享一首歌词《礼仪之歌》给大家。

> 辨位立人，
> 欲说礼仪别惑迷。
> 君子好美求以礼。
> 视听言动皆恭而无失。
> 这样真挚，
> 生活有意义。
>
> 发乎情止乎礼，
> 内外兼具。
> 始终遵循生活的礼仪。
> 圣贤告诉你，
> 礼者敬养理，
> 言行举止优雅大气。

---

❶ 杨天宇.礼记译注[M].上海：上海古籍出版社，2004：502.

第四讲　君子篇：成为君子的关键词

"君子"是一个令人向往的美好词汇，是儒家理想人格的典范，是儒家教育的目标。今天，我们一起聚焦"君子"这个话题，揭开君子的神秘面纱，了解君子文化，努力做一名新时代的君子。

大家可能都有这样的疑问：现实生活中有君子吗？君子是什么样的人呢？何为君子呢？君子有哪些特征呢？怎样做一名君子呢？为了寻找问题的答案，我们一起探索吧！

一、君子典范

君子人格有现实参照，还是只停留在文化理想里？我翻看《论语》一书，还真有君子人格的典型代表，他们是子贱、蘧伯玉和子产。

在《论语·公冶长第五》中，孔子说子贱："君子哉若人！鲁无君子者，斯焉取斯？"❶子贱是孔子的学生。若，这个。若人，指这个人。朱子《四书集注》曰："上'斯'斯此人，下'斯'斯此德。子贱盖能尊贤取友以成其德者，故夫子既叹其贤，而又言：若鲁国无君子，则此人何所取以成此德乎？因以见鲁之多贤也。"❷在此，孔子称赞子贱是君子。子贱能尊贤取友，善于取人之长，成就自己的德行，孔子因此称赞了他。同时，孔子赞叹鲁国多君子，并指出了好的人文环境对人的积极影响。

在《论语·卫灵公第十五》中，孔子赞叹蘧伯玉，说："君子哉蘧伯玉！邦有道，则仕；邦无道，则可卷而怀之。"❸卷，收也；怀，藏也。朱子《四书集注》曰："伯玉出处，合于圣人之道，故曰君子。"❹据《国语辞典》记载："出处，指去就进退，出仕和隐

---

❶（宋）朱熹. 四书集注[M]. 陈成国，标点. 长沙：岳麓书社，2004：85.
❷（宋）朱熹. 四书集注[M]. 陈成国，标点. 长沙：岳麓书社，2004：85-86.
❸（宋）朱熹. 四书集注[M]. 陈成国，标点. 长沙：岳麓书社，2004：185.
❹（宋）朱熹. 四书集注[M]. 陈成国，标点. 长沙：岳麓书社，2004：185.

退。"❶《中国典籍日本注释丛书·论语卷》曰:"蘧伯玉行藏俱中于其道,中行之人也;故夫子称君子哉!"❷孔子曾在《论语·泰伯第八》中说:"天下有道则见,无道则隐。"❸蘧伯玉的进退之道亦是如此,当仕则仕,当隐则隐,从容中道,所以孔子赞叹蘧伯玉是一个君子。

在《论语·公冶长第五》中,孔子称赞子产:"有君子之道四焉:其行己也恭,其事上也敬,其养民也惠,其使民也义。"❹子产是春秋时期郑国的贤相,是政治家和外交家。恭,恭谦;敬,尊敬;惠,实惠;义,正义。孔子赞叹子产有四个方面的君子品德:对自己谦恭,对领导尊敬,给百姓实惠,使百姓合理。《张居正讲评〈论语〉》曰:"子产之为人,有君子之道四件,何以见之。彼恭以持己,君子之道也。子产之行己也,则有善不矜,有劳不伐,推贤让能,退然恭逊以自居,是有君子之道一也。敬以事君,君子之道也。子产之事上也,则内修国政,外睦诸侯,小心尽职,始终敬谨而无怠,是有君子之道二也。仁以育民,君子之道也。子产之养民也,则利必为之兴,害必为之去,件件都替百姓留心,而有厚下之深恩,是有君子之道三也。子产之使民也,则辨上下之等,均彼此之利。事事都有个限制,而无姑息之弊政,是有君子之道四也。"❺

子贱、蘧伯玉、子产,他们三人是君子文化、君子人格的典型代表,他们身上闪耀着君子文化的光芒。子贱好学、善学,善于取人之长,善于见贤思齐,善于择交贤友,故成就君子品德;蘧伯玉可以进则进、可以止则止,进退合乎君子之道,是中行之人,故成就君子品德;子产更了不起,他有四个方面的君子品德,行己、事上、养民、使民等方面都合于道、依于德,故成就君子品德。综合言之,君子有哪些特征呢?在子贱的身上,我们得到的关键词是尊贤取友。君子有哪些特征呢?在蘧伯玉的身上,我们得到的关键词是进退中道。君子有哪些特征呢?在子产的身上,我们得到的关键词是恭敬惠义。

---

❶ 中国大辞典编纂处.国语辞典[M].上海:商务印书馆,1947:2898.

❷ [日]松平赖宽,等.中国典籍日本注释丛书:论语卷4[M].张培华,编.上海:上海古籍出版社,2021:446.

❸ (宋)朱熹.四书集注[M].陈成国,标点.长沙:岳麓书社,2004:121.

❹ (宋)朱熹.四书集注[M].陈成国,标点.长沙:岳麓书社,2004:90.

❺ 陈生玺,等.张居正讲评《论语》[M].上海:上海辞书出版社,2013:66.

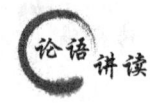

孔子赞叹他们，也是希望人们向他们看齐、学习，如他们一样，行君子之行、言君子之言、树君子之风、成君子之人。

二、问答君子

生活有榜样，君子有标杆，但何为君子？如何更好地认识、理解和领悟君子？我们都会有这样的疑惑和问题。早前，孔门三个弟子子贡、司马牛和子路也有这样的疑问。让我们看一看孔子答疑的具体情况吧！

在《论语·为政第二》中记载："子贡问君子，子曰：'先行其言而后从之。'"❶朱子《四书集注》引周氏曰："先行其言者，行之于未言之前。而后从之者，言之于既行之后。"❷君子当行在言前，言在行后，先行后言。《张居正讲评〈论语〉》曰："凡人言常有余，行常不足，若未行先言，则言行不相照顾，如何成得君子。惟君子的人，凡事务躬行实践。如子臣弟友之道，仁义礼智之德。凡是口所欲言的，一一先见之于行，无一毫亏欠，然后举其所行者，从而言之，议论所发，件件都实有诸己，而不为空言也。是行常在于言前，言常在于行后，岂不为笃实之君子乎！"❸可见，君子的言行观是行胜于言，行先言后，用行动说话。从这里，请你回答，君子是什么样的人呢？我认为，君子是行胜于言的人、先行后言的人、用行动说话的人。总之，君子要有行动力、有实践力、有干事能力和实干精神。用今天的话讲，就是想干事、能干事、干成事。在《论语·宪问第十四》中，孔子曰："君子耻其言而过其行。"❹耻，羞耻之意；过，超过之意。言过其行，语言超过行动，君子以言过其行为羞耻。《张居正讲评〈论语〉》曰："人之言行贵于相顾。若喜为高论，轻肆大言，而考其所行未能如是，则为言过其行。究其归，不过便佞小人而已，故君子耻之。"❺与此相反，君子言忠信，行笃敬，言顾行，行顾言。行与言应，言与行应，这就是君子的言行观。

在《论语·颜渊第十二》中记载："司马牛问君子，子曰：'君子不忧不惧。'曰：'不

---

❶（宋）朱熹.四书集注[M].陈成国，标点.长沙：岳麓书社，2004：65.

❷（宋）朱熹.四书集注[M].陈成国，标点.长沙：岳麓书社，2004：65.

❸陈生玺，等.张居正讲评《论语》[M].上海：上海辞书出版社，2013：19-20.

❹（宋）朱熹.四书集注[M].陈成国，标点.长沙：岳麓书社，2004：177.

❺陈生玺，等.张居正讲评《论语》[M].上海：上海辞书出版社，2013：230.

忧不惧,斯谓之君子已乎?'子曰:'内省不疚,夫何忧何惧?'"❶疚,内疚,愧疚,歉疚。钱穆《论语新解》曰:"常人扰扰,多在忧惧中,司马牛亦正为忧惧所困,故孔子以君子不忧不惧告之。然徒求不忧不惧,其人岂便为君子?盖非不忧不惧之为贵,乃其内省而无疚之为贵。"❷《张居正讲评〈论语〉》曰:"凡人涵养未纯,识见未定,祸福利害皆足以动其心。所以,未事则多疑虑,临事则多畏缩,此忧惧之所由生也。惟君子平日为人,光明正大,无一事不可对人言,无一念不可与天知,内而省察于心,无有一毫疚病。故其理足以胜私,气足以配道义,纵有意外之患,亦惟安于命而已,夫何忧何惧之有?"❸《中国典籍日本注释丛书·论语卷》曰:"此举君子知命行义、不耻于天地也。夫君子知命:素富贵行乎富贵,素贫贱行乎贫贱,无不行处于命,故其心不忧也。君子义以为上,义之所有,勇以行之,故其心不惧也,司马牛又问其详。夫子又曰:'君子恒行其道,内省命与义而不疚,则何忧何惧?'不忧不惧,谓之君子之心也。"❹从以上三家之言,我们不难得知,君子的心当是不忧不惧。为什么这样说呢?因为君子立得正、行得稳,仰不愧于天,俯不怍于人,出入进退,都合乎道义,内省心安、问心无愧,一言一行,不违道义。从某种意义上说,不忧不惧是表象,不违道义是本质。

在《论语·宪问第十四》中记载:"子路问君子。子曰:'修己以敬。'曰:'如斯而已乎?'曰:'修己以安人。'曰:'如斯而已乎?'曰:'修己以安百姓。修己以安百姓,尧、舜其犹病诸!'"❺钱穆《论语新解》曰:"然世固无己不安而能安人者。亦无己不敬而能敬人者,……故欲求百姓安,天下平,惟有从修己以敬始。"❻可见,君子当修己,以修己为本,以安人为末,以修己为基础,以安人为升华,以修己为使命,以安人为目的。君子身上有一种责任感,有一种使命感,有一种担当感。修己安人,对君子而言,修己是前提,没有修己的功夫,断不能安人、安百姓。若要安人、安百姓,必

---

❶ (宋)朱熹.四书集注[M].陈成国,标点.长沙:岳麓书社,2004:152.
❷ 钱穆.论语新解[M].北京:生活·读书·新知三联书店,2002:307.
❸ 陈生玺,等.张居正讲评《论语》[M].上海:上海辞书出版社,2013:181.
❹ [日]松平赖宽,等.中国典籍日本注释丛书:论语卷4[M].张培华,编.上海:上海古籍出版社,2021:355.
❺ (宋)朱熹.四书集注[M].陈成国,标点.长沙:岳麓书社,2004:181.
❻ 钱穆.论语新解[M].北京:生活·读书·新知三联书店,2002:392.

须从修己出发。所以,修己要先把自己安住,让自己安住于道中、安住于礼中,进而安人于道中,扩而充之,安天下百姓于道中。君子要有"安己"和"修己"的自觉,更要有"安人"乃至于"安百姓"的使命。一个君子应当具有强烈的社会责任感,"修己以敬"之后不止步,继续努力,不断修己,达到"修己安人"的效果。就极致而言,"修己"的终极目标是安天下百姓。这是一辈子的征程,这是一辈子的战线,这是一辈子的目标,因为像历史上尧、舜这样伟大的人物,恐怕都没有完全做到。《张居正讲评〈论语〉》说:"修己以敬,乃千圣相传之要,而尧舜犹病,实圣人无穷之心。"❶所以,修己安人是君子的责任担当、社会担当、道义担当和人生担当。

三、君子的特征

子贡、司马牛、子路,他们分别问"君子",孔子分别为他们做出了中肯的回答。从孔子的回答里,我们更加了解君子、认识君子,更加靠近君子的真面目。大致而言,从孔子答子贡之问中,我们深切地感到君子的特征是先行后言;从孔子回答司马牛之问中,我们深切地感到君子的特征是不违仁义;从孔子回答子路之问中,我们深切地感到君子的特征是修己安人。

君子的特征只有这些吗? 答案当然是否定的。君子的特征不止于这些。君子承载了儒家的教育目的,承载了儒家的基本人格,承载了儒家的人格形象。君子的内涵是丰富而深刻的,君子的形象是立体而灿烂的。那么,君子还有哪些特征呢? 君子到底是什么样的人呢? 其实,孔子还围绕"君子"展开了许多论述。

君子还有哪些特征呢? 关键词是团结包容。在《论语·为政第二》中,孔子说:"君子周而不比,小人比而不周。"❷据杨伯峻《论语译注》说:"'周'是以当时所谓道义来团结人,'比'则是以暂时共同利益互相勾结。"❸我们从此知道,君子团结而不勾结。在《论语·卫灵公第十五》中,孔子曰:"君子矜而不争,群而不党。"❹矜,庄重;群,聚集,会合,联合。孔子是说,君子庄重而不争私利,合群而不拉帮结派。在此,

---

❶ 陈生玺,等.张居正讲评《论语》[M].上海:上海辞书出版社,2013:238.
❷ (宋)朱熹.四书集注[M].陈成国,标点.长沙:岳麓书社,2004:65.
❸ 杨伯峻.论语译注[M].北京:中华书局,2009:17.
❹ (宋)朱熹.四书集注[M].陈成国,标点.长沙:岳麓书社,2004:188.

孔子强调了君子"群而不党",合群但不拉帮结派。与小人相比,君子团结,小人勾结。孔子言外之意是,希望人们要团结,不要勾结,有原则、有立场、有态度。在《论语·子张第十九》中记载:"子夏之门人问交于子张。子张曰:'子夏云何?'对曰:'子夏曰:可者与之,其不可者拒之。'子张曰:'异乎吾所闻:君子尊贤而容众,嘉善而矜不能。我之大贤与,于人何所不容?我之不贤与,人将拒我,如之何其拒人也?'"❶在这里,子张提出了"君子尊贤而容众"。子张的意思是说,尊贤,就要谦虚;容众,就要宽容、包容。子张揭示,君子之间的相处要谦卑;君子与小人之间的相处要包容。因为有一颗宽广的心,所以才能做得到:鼓励善人,怜悯"不能"的人。综合言之,君子要团结包容,以道的原则与人相处,不勾结,大度、大方、大气。

君子还有哪些特征呢?关键词是博文约礼。《论语·雍也第六》中,孔子曰:"君子博学于文,约之以礼,亦可以弗畔矣夫!"❷文,根据钱穆《论语新解》注:"诗书礼乐,一切典章制度,著作义理,皆属文。博学始能会通,然后知其真义。"❸孔子说,君子要广泛地学习文献,以明义理,然后以礼来约束自己,践行义理,这样就不至于离经叛道了。朱子《四书集注》说:"君子学欲其博,故于文无不考;守欲其要,故其动必以礼。"❹可见,君子一定不是孤陋寡闻之士,也不是不学无术之人。君子学识渊博、学问精深、学富五车,多见多闻,博学多才;君子也不是目无礼法之人,更不是不守规范的散漫之士,动止语默都讲究一个"礼"字,学问扎实,言行有度。今日,我们正处于知识爆炸的时代,视野不开阔,学问不扎实,言行没有规矩,又如何是好呢?可见,新时代的君子更要努力使自己知识渊博、言行俱佳,才是明智的。若是心中有所念、有所想,便努力地去争取,光明、正大、公平、公正,以礼相争。在《论语·八佾第三》中,孔子说:"君子无所争,必也射乎!揖让而升,下而饮。其争也君子。"❺必,假使;射,射箭,是古代一种射礼。揖,作揖,古代的拱手礼;揖让,宾主相见的礼节。升,登,上;下,下来。饮,饮酒。大意是说,君子没有什么可争的,果真有的话,就是射箭吧!比射时,君子相互作揖升堂,比射后作揖下来,举杯饮酒。他们之间

---

❶ (宋)朱熹.四书集注[M].陈成国,标点.长沙:岳麓书社,2004:214.

❷ (宋)朱熹.四书集注[M].陈成国,标点.长沙:岳麓书社,2004:103.

❸ 钱穆.论语新解[M].北京:生活·读书·新知三联书店,2002:161-162.

❹ (宋)朱熹.四书集注[M].陈成国,标点.长沙:岳麓书社,2004:103.

❺ (宋)朱熹.四书集注[M].陈成国,标点.长沙:岳麓书社,2004:71.

的争夺是君子之争。请注意,君子之争谦逊有礼,有规范,有较量,胜不骄,败不馁,更不怨,虽有胜负,更在意胜负背后的礼节、涵养和风度。《礼记·射义》曰:"射者,仁之道也。射求正诸己,己正而后发,发而不中,则不怨胜己者,反求诸己而已矣。"❶在《论语·颜渊第十二》中,司马牛忧曰:"人皆有兄弟,我独亡。"❷子夏曰:"商闻之矣:死生有命,富贵在天。君子敬而无失,与人恭而有礼,四海之内,皆兄弟也。君子何患乎无兄弟也?"❸在此,子夏也强调"礼",说:"君子敬而无失,与人恭而有礼。"正所谓,君子爱财,取之有道;君子爱美,求之以礼;君子爱名,求之以实;君子爱道,求之以学。

君子还有哪些特征呢?关键词是好恶分明。君子有所爱、有所恨、有所好、有所恶;君子没有无缘无故的爱,也没有无缘无故的恨,没有无缘无故的好,也没有无缘无故的恶;君子爱也为道,恨也为道,好也为道,恶也为道;君子于所爱,竭力为之,君子于所恶,竭力绝之。君子所爱、所好者,何也? 答曰:"好学也。"在《论语·述而第七》中,孔子曾经这样描述自己说:"发愤忘食,乐以忘忧,不知老之将至云尔。"❹在《论语·学而第一》中,孔子曰:"君子食无求饱,居无求安,敏于事而慎于言,就有道而正焉,可谓好学也已。"❺君子吃饭不贪求饱足,居住不贪求安逸,做事敏捷勤快、不懒惰,说话谨慎用心,接近有道之人,以端正自己的一言一行,可谓好学了。在这里,孔子指出,君子,好学也。君子好学的目标是什么呢? 在《论语·子张第十九》中,子夏曰:"百工居肆以成其事,君子学以致其道。"❻可见,君子好学在于学道也。君子为了学道,充分利用可用资源,夯实自己,提升进步。在《论语·颜渊第十二》中,曾子曰:"君子以文会友,以友辅仁。"❼朱子《四书集注》曰:"讲学以会友,则道益明;取善以辅仁,则德日进。"❽君子之爱、君子之好是学。那么,君子之恨、君子

---

❶ 杨天宇.礼记译注[M].上海:上海古籍出版社,2004:839.
❷ (宋)朱熹.四书集注[M].陈戍国,标点.长沙:岳麓书社,2004:152.
❸ (宋)朱熹.四书集注[M].陈戍国,标点.长沙:岳麓书社,2004:152.
❹ (宋)朱熹.四书集注[M].陈戍国,标点.长沙:岳麓书社,2004:111.
❺ (宋)朱熹.四书集注[M].陈戍国,标点.长沙:岳麓书社,2004:59.
❻ (宋)朱熹.四书集注[M].陈戍国,标点.长沙:岳麓书社,2004:215.
❼ (宋)朱熹.四书集注[M].陈戍国,标点.长沙:岳麓书社,2004:159.
❽ (宋)朱熹.四书集注[M].陈戍国,标点.长沙:岳麓书社,2004:159.

之恶是什么呢？恶,是厌恶的"恶"。君子讨厌什么呢？在《论语·阳货第十七》中,子贡就向孔子提出了这个问题:"子贡曰:'君子亦有恶乎？'子曰:'有恶:恶称人之恶者,恶居下流而讪上者,恶勇而无礼者,恶果敢而窒者。'曰:'赐也亦有恶乎？''恶徼以为知者,恶不孙以为勇者,恶讦以为直者。'"❶在这里,称,指称扬;下流,卑微的地位;讪,诽毁;上者,与"下流"相反的人,即处于尊贵地位的人;果敢,勇敢果决;窒,阻塞不通;徼,抄袭;讦,揭发别人的隐私或攻击别人的短处。一般而言,儒家主张称扬人的善处、人的好处。《弟子规》中说:"道人善,即是善,人知之,愈思勉。"❷如果称扬人的坏处、恶处,不符合仁道,儒家是明确反对的。钱穆《论语新解》说:"喜称扬人恶,可知无仁厚之意。"❸《弟子规》也说:"扬人恶,即是恶。疾之甚,祸且作。"❹孔子说:"我讨厌称扬别人恶处的人。"诽谤,就是说人坏话,诋毁和破坏他人名誉。儒家态度也很明确,不诽谤他人,不造谣中伤他人,言有据,行有礼,所以孔子说:"我讨厌诽谤,我更讨厌在下流的人诽谤在上位的人。"儒家讲究"忠信"二字,诽谤他人,无中生有,哪有忠信可言？本来,勇敢是一个人美好的品质,但是无礼之勇,儒家不稀罕,也明确反对,因为"勇而无礼则乱",哪有君子礼仪之风？一个人虽果敢,但不通人情、不讲义理、不明事理,有什么可取的呢？所以孔子说:"我厌恶果敢而窒塞不通事理的人。"子贡也有厌恶,把抄袭以为是聪明,把不逊以为是勇敢,把揭短以为是正直。子贡之恶,也是君子之恶,一个君子不会背信弃义、不会离心离德、不会离经叛道、不会忘本负义,他们称赞人而不诽谤人,有礼貌并通事理,"知之为知之",谦逊而不揭短,不傲慢、不娇柔,不卑不亢,有仁有义,心如明镜,是非分明,好学求仁义,厌恶恶与非。当然,众口铄金,积毁销骨。正如商纣,简直就成为邪恶的典型代表。其实,商纣的恶并没有后世说的那么过分。所以,子贡在《论语·子张第十九》中,告诫人们:不要居于不善的处境和地方。子贡曰:"纣之不善,不如是之甚也。是以君子恶居下流,天下之恶皆归焉。"❺善当近,恶当远,善恶明,是非断。

---

❶ (宋)朱熹.四书集注[M].陈成国,标点.长沙:岳麓书社,2004:206.
❷ 王财贵.孝弟三百千[M].北京:北京教育出版社,2012:19.
❸ 钱穆.论语新解[M].北京:生活·读书·新知三联书店,2002:463.
❹ 王财贵.孝弟三百千[M].北京:北京教育出版社,2012:19.
❺ (宋)朱熹.四书集注[M].陈成国,标点.长沙:岳麓书社,2004:218.

君子还有哪些特征呢？关键词是心存敬畏。君子心中有底线，心中有原则，心中有敬畏。在《论语·季氏第十六》中，孔子曰："君子有三戒：少之时，血气未定，戒之在色；及其壮也，血气方刚，戒之在斗；及其老也，血气既衰，戒之在得。"[1]血气，指勇气或血性。《中国典籍日本注释丛书·论语卷》曰："此明君子省血气盛衰、终身以戒之也。少之时，血气未定，心为血气所荡，必荒色没身，故曰：戒之在色。及其壮也，血气方刚，心为血气所荡，必与人斗而伤身，故曰：戒之在斗。及其老也，血气既衰，心为血气所荡，贪利污其名，故曰：戒之在得。凡人之性，血气为本，而血气生心，血气有盛衰，则心为之迁，故君子数省血气盛衰、终生戒之也。"[2]由此可见，君子当以心统血气，不能因为血气的盛衰而影响心之正义和仁爱，所以君子终生戒之也。说起来，人的一生大致有三个阶段：少年时代、青壮年时代、老年时代。每一个时代都要有所戒，每一个时代都要有所警醒。总而言之，君子的一生始终是有戒惧的一生，也是有所为有所不为的一生。君子心存敬畏，一切唯义是从、唯道是从。在《论语·季氏第十六》中，孔子还说："君子有三畏：畏天命，畏大人，畏圣人之言。小人不知天命而不畏也，狎大人，侮圣人之言。"[3]畏，敬畏。天命，自然的规律和法则。大人，指在高位者。圣人，德高望重、有大智、已达到人类最高最完美境界的人。君子敬畏自然的法则和规律，敬畏有德有位的大人，敬畏圣人的肺腑之言。对规律的敬畏、对有德有位的大人的敬畏、对圣贤的敬畏，都是敬畏道也、敬畏德也、敬畏仁也、敬畏义也。因此，君子不会逆天而作、不会轻慢大人、不会侮辱圣贤，懂得按规律办事、按规矩办事、按程序办事，懂得尊重、懂得敬畏，不论圣人还是凡人，都以一颗至诚至真至善至美的心来对待。在《论语·里仁第四》中，孔子曰："君子怀德，小人怀土。君子怀刑，小人怀惠。"[4]怀，心里存有。君子心里时时刻刻都装着道德和刑法，敬畏道德、敬畏刑法，不违德，更不背法，张弛有度。

君子还有哪些特征呢？关键词是不为小道。在《论语·子张第十九》中，子夏

---

[1] (宋)朱熹.四书集注[M].陈成国，标点.长沙：岳麓书社，2004：196.

[2] [日]松平赖宽，等.中国典籍日本注释丛书：论语卷4[M].张培华，编.上海：上海古籍出版社，2021：480.

[3] (宋)朱熹.四书集注[M].陈成国，标点.长沙：岳麓书社，2004：196.

[4] (宋)朱熹.四书集注[M].陈成国，标点.长沙：岳麓书社，2004：81.

曰："虽小道，必有可观者焉；致远恐泥，是以君子不为也。"❶据《国语辞典》记载："小道儿，犹窃盗。"❷可观，值得看，可以看。泥，不通。子夏说，即使是窃盗，也有可取之处，但要依靠窃盗之道行到远方，恐怕行不通，所以君子不为也。在这里，翻看许多版本的著述，都认为"小道"就是如农、圃、医、卜、百家众技等具体某一方面的技术。这种解释，在我看来，显然是不恰当、不精准的。俗话说："盗亦有道。"子夏正是要勉励人们走正途、行正道，而不是歪门邪道才出此言。子夏之心或者儒者之心怎么会排斥某一种技术呢？孔子不是以礼、乐、射、艺、书、数等教授学生吗？所以，小道在这里就是盗窃的意思。一个君子怎么会偷鸡摸狗呢？断然不会。怎么会为非作歹呢？断然不会。怎么会胡作非为呢？断然不会。君子不为小道，君子为正道、谋正事、求正理，心心念念，上下求索。君子有才，君子有能，君子固穷，也不会走小道、行小道。君子之路，必是一条光辉道路，虽有曲折、艰辛，但无怨无悔。

　　君子还有哪些特征呢？关键词是多才多艺。在《论语·为政第二》中，孔子曰："君子不器。"❸器，器具，工具。朱子《四书集注》曰："器者，各适其用而不能相通。"❹可见，一种器只有某种特定的用途，而"不器"就是不能只有一种用途，应该有多种用途。"君子不器"强调的是，君子要多才多艺。俗话说："技多不压身。"讲的就是多才多艺的道理。在《论语·子罕第九》中，孔子再次强调了君子当多才多艺，"太宰问于子贡曰：'夫子圣者与？何其多能也？'子贡曰：'固天纵之将圣，又多能也。'子闻之，曰：'太宰知我乎！吾少也贱，故多能鄙事。君子多乎哉？不多也。'牢曰：'子云，吾不试，故艺。'"❺我们用心仔细体会玩味，你会惊讶地发现，一直以来，关于"吾少也贱，故多能鄙事。君子多乎哉？不多也"的理解都失之偏颇。"吾少也贱，故多能鄙事"应该是孔子回应自己"多能"的原因，自身多能是由生活条件磨砺锻炼出来的。而对"君子多乎哉？不多也"这句话，正确的理解应该是"君子才能多吗？不嫌多！不够多！"孔子言下之意是君子当多才、多艺，多多益善，越多越好。最后，子牢又加以解释说："孔子曾经说过：因为不曾被任用，所以多才多艺。"可见，要成为君

---

❶（宋）朱熹.四书集注[M].陈成国，标点.长沙：岳麓书社，2004：214.
❷中国大辞典编纂处.国语辞典[M].上海：商务印书馆，1947：2312.
❸（宋）朱熹.四书集注[M].陈成国，标点.长沙：岳麓书社，2004：65.
❹（宋）朱熹.四书集注[M].陈成国，标点.长沙：岳麓书社，2004：65.
❺（宋）朱熹.四书集注[M].陈成国，标点.长沙：岳麓书社，2004：125.

子,只是在某一方面精通还不足够,还应该广泛地学习,让自己身兼十八般武艺。所以,君子当以德立身、以技为才,德才兼备,修齐治平。

君子还有哪些特征呢?关键词是忧能忧名。在《论语·卫灵公第十五》中,孔子曰:"君子病无能焉,不病人之不己知也。"❶孔子还说:"君子疾没世而名不称焉。"❷在这里,病,担心、忧虑。疾,病,也是担心和忧虑之意。己知,即知己,是知道自己、认识自己、了解自己的意思。没世,死亡。所以,孔子的这两句话连在一起就是说:"君子忧虑自己没有能力,不忧虑别人是否认识自己;君子忧虑到死之时,都还没有声名称誉。"当然,君子求名,不是虚名,不是虚假的名声,而是名副其实的名誉。为了增长才干,追求良善名称,君子不怨不尤,珍惜时日,努力进取,求之于己。在《论语·卫灵公第十五》中,孔子曰:"君子求诸己,小人求诸人。"❸君子把希望与追求寄托在自己的勤奋、努力、拼搏上,依靠自己,闯出名堂,成就属于自己的精彩人生篇章。

君子还有哪些特征呢?关键词是务本躬行。在《论语·学而第一》中,有子曰:"其为人也孝弟,而好犯上者,鲜矣;不好犯上,而好作乱者,未之有也。君子务本,本立而道生。孝弟也者,其为仁之本与!"❹在这里,"本"是指事物的根基或主体。务本,指重视或专心致力于根本。有子指出,君子要务本,本立而道生。朱子《四书集注》曰:"君子凡事专用力于根本,根本既立,则其道自生。"❺涩泽荣一在《日本人读〈论语〉》中说:"君子从事的所有的事情,要把力气发挥在根本上。建立了根本,枝叶自会繁茂。"❻《张居正讲评〈论语〉》中说:"天下之事,有本有末,若徒务其末,则博而寡要,劳而无功。所以君子凡事只在根本切要处,专用其力。根本既立,则事事物物处之各当,道理自然发生。"❼可见,君子不会"眉毛胡子一把抓";君子不会"捡了芝麻、丢了西瓜";君子善于在关键处下功夫;君子善于从根本上想问题、办事

---

❶ (宋)朱熹.四书集注[M].陈成国,标点.长沙:岳麓书社,2004:188.
❷ (宋)朱熹.四书集注[M].陈成国,标点.长沙:岳麓书社,2004:188.
❸ (宋)朱熹.四书集注[M].陈成国,标点.长沙:岳麓书社,2004:188.
❹ (宋)朱熹.四书集注[M].陈成国,标点.长沙:岳麓书社,2004:54.
❺ (宋)朱熹.四书集注[M].陈成国,标点.长沙:岳麓书社,2004:55.
❻ [日]涩泽荣一.日本人读《论语》[M].李均洋,[日]佐藤利行,译审.北京:中国工人出版社,2010:11.
❼ 陈生玺,等.张居正讲评《论语》[M].上海:上海辞书出版社,2013:2.

情;君子善于抓主要矛盾、抓矛盾的主要方面,善于抓大局、顾全局,善于抓大放小、有的放矢;君子善于分清轻重缓急,能挑大梁,担大任,成大就。如今,你可能要思考我的"本"是什么。当然,学生的"本"在"学"。一个学生若不在学习上下力气、花工夫,就有失学生之"本"。既言务本,更当躬行。一个君子不是嘴上说道说道而已,而是要实实在在地躬行实践,在生活实践中真切地体悟、充实、提高。从这个意义上说,君子文化就是行动哲学,只有理论而没有行动的君子是假君子,不是真君子。所以,在《论语·述而第七》中,孔子谦虚地说:"文,莫吾犹人也。躬行君子,则吾未之有得。"[1]躬行,就是亲自实践、身体力行之意。躬行君子说明"躬行"是君子的特点,毫无躬行力,则无半点君子气质,所以君子当务本躬行,属于彻底的行动派和实践派。

君子还有哪些特征呢？关键词是托孤寄命。儒家讲"命",君子讲"命"。在《论语·尧曰第二十》中,孔子曰:"不知命,无以为君子也。不知礼,无以立也。不知言,无以知人也。"[2]《说文解字》曰:"命,使也。"[3]可见,一个人如果不知道自己的使命所在,就不配做君子。所谓托孤寄命,就是付托以非常之重任。可以托孤寄命的人,必是君子。所以,在《论语·泰伯第八》中,曾子曰:"可以托六尺之孤,可以寄百里之命,临大节而不可夺也。君子人与？君子人也。"[4]朱子《四书集注》说:"其才可以辅幼君、摄国政,其节至于死生之际而不可夺,可谓君子矣。"[5]君子有其才,亦有其德,所以堪当大任。在《论语·宪问第十四》中,孔子曰:"君子上达,小人下达。"[6]君子上达天命。可见,君子有德有才有使命感,是大才,所以能有大用。在《论语·卫灵公第十五》中,孔子曰:"君子不可小知,而可大受也,小人不可大受,而可小知也。"[7]君子可大受,因其德、才、命也。今天,新时代的中华儿女正处于中华民族伟大复兴的美好时代,我们要自觉地选择与历史同行、与时代同行、与使命同行,立大志、明大

---

[1] (宋)朱熹.四书集注[M].陈成国,标点.长沙:岳麓书社,2004:115.
[2] (宋)朱熹.四书集注[M].陈成国,标点.长沙:岳麓书社,2004:223.
[3] (汉)许慎.说文解字[M].(宋)徐铉,校定.北京:中华书局,2013:26.
[4] (宋)朱熹.四书集注[M].陈成国,标点.长沙:岳麓书社,2004:119.
[5] (宋)朱熹.四书集注[M].陈成国,标点.长沙:岳麓书社,2004:119.
[6] (宋)朱熹.四书集注[M].陈成国,标点.长沙:岳麓书社,2004:176.
[7] (宋)朱熹.四书集注[M].陈成国,标点.长沙:岳麓书社,2004:190.

德、成大才、担大任，做新时代的君子。

君子还有哪些特征呢？关键词是成人之美。在《论语·颜渊第十二》中，孔子曰："君子成人之美，不成人之恶。小人反是。"❶《中国典籍日本注释丛书·论语卷》曰："君子成人之美，不成人之恶，其心在人故也。"❷《张居正讲评〈论语〉》曰："君子之心，有善而无恶，故见人之善其心好之，惟恐其志之不坚而行之不力也；见人之恶，若身有之，惟恐其名之玷而身之辱也。"❸君子之心宽大而不狭小，有包容而没有嫉妒，有海纳百川的大气而没有小肚鸡肠的小气，乐于见人美好、乐于助人美好、乐于成人美好，愿意为他人的美好提供助力、提供支持，助人行善，成人之美。他人取得成就时，满心欢喜、赞叹，为他人的成就开心；他人需要帮助时，及时给予力所能及的帮助，施以援手，助力攻关。总之，君子成人之美，助人为乐，常行好事，心胸宽广，乐于助人，乐于成全，乐见、乐助他人及社会走向美好。所以，孔子在《论语·子路第十三》中说："君子泰而不骄，小人骄而不泰。"❹《古代汉语词典》曰："泰，大。"❺君子大气而不骄傲。同样，在《论语·尧曰第二十》中，孔子再次强调了君子大气、大度、大量、大方，说"君子惠而不费，劳而不怨，欲而不贪，泰而不骄，威而不猛"❻。

所以，人要大气一点，学为君子，当多做成人之美的美事、好事，不一定要付出金钱，一句鼓励的话语、一个美丽的微笑、一点实在的行动等，哪怕点滴力量都可为他人增添美好。

君子还有哪些特征呢？关键词是明智慎思。君子善于明辨智慧，也善于思考。明辨在于分析善与恶、是与非、对与错、真与假等，与智慧同行、与义理同在，永远站在道义一边。在《论语·卫灵公第十五》中，孔子曰："君子不以言举人，不以人废言。"❼君子看人，不会一刀切，不会一棒子打死，不会以言举人，更不会以人废言，善

---

❶（宋）朱熹.四书集注[M].陈成国，标点.长沙：岳麓书社，2004：156.
❷[日]松平赖宽，等.中国典籍日本注释丛书：论语卷4[M].张培华，编.上海：上海古籍出版社，2021：368.
❸陈生玺，等.张居正讲评《论语》[M].上海：上海辞书出版社，2013：188.
❹（宋）朱熹.四书集注[M].陈成国，标点.长沙：岳麓书社，2004：168.
❺曾林.古代汉语词典[M].成都：四川出版集团，2011：772.
❻（宋）朱熹.四书集注[M].陈成国，标点.长沙：岳麓书社，2004：222.
❼（宋）朱熹.四书集注[M].陈成国，标点.长沙：岳麓书社，2004：188.

于明辨，充满智慧。因为君子懂得，相较于一个人的行为，一个人的语言有时会有欺骗性，也许说与做不一致，说一套、做一套，知与行不一，说与做脱节，纸上谈兵，夸夸其谈，但实战能力却弱爆。因此，君子不以言举人。君子观人，观言行，听其言而观其行，二者结合，再分析评判。当然，君子也不以人废言。因为任何一个人都有可能说出富有哲理的话语，不因为这人平凡、普通就否定他说得正确的话。君子善于学习，善于取人之长、见人之善、与人为善。君子还善于思考。今天，有一个词组是"思维懒惰"。君子没有思维懒惰的习惯，善于思考，充满思考力，所以孔子无比赞叹君子的思维能力和思维习惯。在《论语·季氏第十六》中，孔子赞叹君子说："君子有九思：视思明，听思聪，色思温，貌思恭，言思忠，事思敬，疑思问，忿思难，见得思义。"❶孔子还说过："学而不思则罔，思而不学则殆。"❷其实，君子好学，众所周知；君子好思，也是共识。思与学是君子身上一以贯之的学习方式，思而学、学而思，二者结合，大有裨益。

君子还有哪些特征呢？关键词是庄重正直。在《论语·学而第一》中，孔子曰："君子不重则不威。学则不固。主忠信。无友不如己者。过则勿惮改。"❸朱子《四书集注》引游氏曰："君子之道，以威重为质，而学以成之。学之道，必以忠信为主，而以胜己者辅之。"❹在这里，孔子强调了"庄重"，一个人不庄重，无威严。在《论语·述而第七》中，孔子曰："君子坦荡荡，小人长戚戚。"❺坦荡，喻人心地正直，心胸开阔。在这里，孔子强调了"正直"。一个君子正直，就坦坦荡荡；一个小人不正直，就忧忧戚戚。在《论语·卫灵公第十五》中，孔子曰："君子贞而不谅。"❻贞，假借为"正"。君子正直而不固执。孔子又强调了"正直"。由上可知，君子务必庄重正直。在《论语·子张第十九》中，子夏曰："君子有三变：望之俨然，即之也温，听其言也厉。"❼一言以蔽之，曰："君子，庄重威严也。"因为庄重，所以不急躁。君子如此，侍

---

❶（宋）朱熹.四书集注[M].陈戍国，标点.长沙：岳麓书社，2004：197.

❷（宋）朱熹.四书集注[M].陈戍国，标点.长沙：岳麓书社，2004：65.

❸（宋）朱熹.四书集注[M].陈戍国，标点.长沙：岳麓书社，2004：57.

❹（宋）朱熹.四书集注[M].陈戍国，标点.长沙：岳麓书社，2004：57.

❺（宋）朱熹.四书集注[M].陈戍国，标点.长沙：岳麓书社，2004：116.

❻（宋）朱熹.四书集注[M].陈戍国，标点.长沙：岳麓书社，2004：191.

❼（宋）朱熹.四书集注[M].陈戍国，标点.长沙：岳麓书社，2004：215.

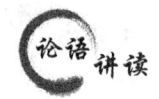

奉君子,也当如此,所以孔子在《论语·季氏第十六》中说:"侍于君子有三愆:言未及之而言,谓之躁;言及之而不言,谓之隐;未见颜色而言,谓之瞽。"❶躁,浮躁;隐,藏匿;瞽,盲人。一个君子不当言则不言,不当言而言,急躁也;一个君子当言则言,当言而不言,隐瞒也;一个君子说话讲究时机、场合、对象、氛围等,不会察言观色而言,就如同盲人一般。因为庄重,所以君子对容貌、颜色、语气特别重视。曾子在《论语·泰伯第八》中说:"君子所贵乎道者三:动容貌,斯远暴慢矣;正颜色,斯近信矣;出辞气,斯远鄙倍矣。"❷因为正直,也因为宽容,所以君子"易事而难说"。任何人都很容易与君子共事,但都很难让君子高兴,因为君子乐道。所以,在《论语·子路第十三》中,孔子说:"君子易事而难说也:说之不以道,不说也;及其使人也,器之。小人难事而易说也:说之虽不以道,说也;及其使人也,求备焉。"❸君子量才而用,所以君子用人能人尽其才、才尽其用、用尽其力、力尽其能。

　　君子还有哪些特征呢?关键词是勇于改过。在《论语·学而第一》中,孔子说,一个君子不要怕改正错误,说:"过则勿惮改。"❹朱子《四书集注》说:"自治不勇,则恶日长,故有过则当速改,不可畏难而苟安也。程子曰:'学问之道无他也,知其不善,则速改以从善而已。'"❺《张居正讲评〈论语〉》曰:"人不能无过,而贵于能改。过而惮改,则过将日甚矣。所以但遇有过,或闻人谏正,或自家知觉,便当急急改之,不可畏其难改,而苟且以自安也。"❻能否正确地对待自己的错误,也是君子与小人的一个显著区别,君子勇改过,小人勤掩过。子贡在《论语·子张第十九》中说:"君子之过也,如日月之食焉:过也,人皆见之;更也,人皆仰之。"❼《张居正讲评〈论语〉》曰:"君子以迁善为心,故因有过而益新其德。"❽子贡赞叹君子勇于改过,敢于正视自己的错误,不遮掩,常改正,所以犯错很正常,但犯错后不知悔改确实不是君子作

---

❶ (宋)朱熹.四书集注[M].陈戍国,标点.长沙:岳麓书社,2004:196.
❷ (宋)朱熹.四书集注[M].陈戍国,标点.长沙:岳麓书社,2004:118.
❸ (宋)朱熹.四书集注[M].陈戍国,标点.长沙:岳麓书社,2004:167.
❹ (宋)朱熹.四书集注[M].陈戍国,标点.长沙:岳麓书社,2004:57.
❺ (宋)朱熹.四书集注[M].陈戍国,标点.长沙:岳麓书社,2004:57.
❻ 陈生玺,等.张居正讲评《论语》[M].上海:上海辞书出版社,2013:6.
❼ (宋)朱熹.四书集注[M].陈戍国,标点.长沙:岳麓书社,2004:218.
❽ 陈生玺,等.张居正讲评《论语》[M].上海:上海辞书出版社,2013:307.

风,要常改过,改过的目的在于成长、进步、充实、提高。一个人善于从错误中吸取经验教训,不断改进、精进,就是一个善于学习的人了。所以,古人常言:"静坐常思己过。"思过也是为了改过。

君子还有哪些特征呢?关键词是不施其亲。在《论语·微子第十八》中,周公谓鲁公曰:"君子不施其亲,不使大臣怨乎不以。故旧无大故,则不弃也。无求备于一人。"❶在这里,施,据《四书集注》注:"陆氏本作弛,诗纸反。福本同。弛,遗弃也。"❷以,用;另一解,"以"通"已",止也,也通。故旧,指故交旧友。大故,重大的错误。求备,谋求完善齐备。在这里,周公对鲁公说:"不要遗弃自己的亲人,不要使大臣怨声载道,故交旧友没有重大错误的话,就不要遗弃,对人不要求全责备。"亲人,对己有恩,做人不能寡恩;亲人,对己有情,做人不能寡情;亲人,对己有爱,做人不能寡爱。因此,君子当不施其亲。当然,亲可以是亲人,也可以是亲近的人,还可以是乡亲。不过,儒家强调的不施其亲,不是毫无原则的亲爱,而是有原则的亲爱。如果亲人、身边人、乡亲犯下大错,定要另当别论,依规处理。

关于君子的20个关键词无法道尽君子形象。君子集万千美好于一身。可以说,《论语》也是一部学为君子之书。而学为君子,一学当是一生,没有休止符,至死方休。当然,学为君子,也让人生变得崇高,因为君子心向"道",在行道、弘道的路上求得舒心、求得快乐、求得美好。古人说:"草木有本心,何求美人折。"❸让你、我都向君子看齐吧,虽不能至,心向往之。

最后,以一首歌词《君子之风》分享给大家。

儒家君子劳而不怨,

且欲而不贪。

三畏三重三戒三变,

且敏行讷言。

素位而行随喜赞叹,

始终笃志毅坚。

---

❶ (宋)朱熹.四书集注[M].陈成国,标点.长沙:岳麓书社,2004:212.
❷ (宋)朱熹.四书集注[M].陈成国,标点.长沙:岳麓书社,2004:212.
❸ (清)彭定求.全唐诗[M].延吉:延边人民出版社,2004:322.

　　博文约礼勇改过，
　　行仁义与人为善，
　　学以致道履道坦坦，
　　从来不畏艰难。

第五讲　孝悌篇：人人要有孝悌心

我们学《论语》，不言孝悌，如何是好呢？"孝悌"是一个绕不开的主题。因此，今天分享的内容是孝悌。有一句话，我们常会听到："常存仁孝心，则天下凡不可为者，皆不忍为，所以孝居百行之先。一起邪恶念，则生平极不欲为者，皆不难为，所以淫是万恶之首。"❶但是，我们很少去想："孝"指什么、何为孝、何为悌、为什么要孝、为什么要悌。我们常言"孝悌之道"，又该如何践行孝悌之道呢？问题一箩筐，让我们一起探讨交流吧！

一、理解孝悌

何为孝呢？《说文解字》曰："孝，善事父母者。"❷《国语辞典》曰："孝，谓善事父母"。❸《古代汉语词典》曰："孝，对父母孝顺。"❹可见，孝是一个人如何处理与父母关系的行为准则。如何对待父母呢？要"善事"，要"孝顺"。需要注意的是，孝顺是顺从父母，还是顺从道呢？这是一个关乎是非曲直的问题，值得思辨一番。说来，父母生我、养我、爱我。作为子女，奉养双亲，孝敬父母，责无旁贷。但是，人活一个"理"，树活一张皮。当父亲、母亲在理得理的时候，作为子女，理应顺从父母，无可厚非，因为这时顺从父母就意味着顺从"理"。当父亲、母亲无理失理的时候，我们还该不该顺从父母呢？有识之士都应当明白，此时此事，不顺从才是好，不顺从才是孝，不顺从才是道。曾子在《曾子辑校》中曰："君子之孝也，以正致谏。"❺所以，孝是依从道对父母尽心奉养、尊敬。在这里，孝为动词。当然，"孝"也是一个名词，意

---

❶ (清)王永彬.围炉夜话[M].乙力,编译.西安：三秦出版社,2008：66.
❷ (汉)许慎.说文解字[M].(宋)徐铉,校定.北京：中华书局,2013：171.
❸ 中国大辞典编纂处.国语辞典[M].上海：商务印书馆,1947：2332.
❹ 曾林.古代汉语词典[M].成都：四川出版集团,2011：845.
❺ 曾子辑校[M].王永辉,高尚举,辑校.北京：中华书局,2017：29.

思是善事父母的道理、方法。例如,《孝经》曰:"夫孝,德之本也。"❶"孝"有时还是形容词,意思是有孝心的,如孝子。

何为悌?《说文解字》曰:"悌,善兄弟也。"❷《贾谊集》曰:"弟敬爱兄谓之悌。"❸利用《辞海》,我们可知:"悌,敬爱兄长,引申为顺从长上。"❹同样的道理,长上得理在理,则顺从长上;长上失礼无理,则不顺从,否则就是愚悌而不是真正的悌。正如《孟子·离娄章句下》曰:"中也养不中,才也养不才,故人乐有贤父兄也。如中也弃不中,才也弃不才,则贤不肖之相去,其间不能以寸。"❺《曾子辑校》中说:"兄之行若中道,则兄事之;兄之行若不中道,则养之;养之内不养于外,则是越之也;养之外不养于内,则是疏之也;是故君子内外养之也。"❻为什么要将"孝"与"悌"结合而形成"孝悌"之道呢?这又不得不分析"孝道"与"悌道"。孝道是什么?爱与敬也;悌道是什么?亦是爱与敬也。在《曾子辑校》中有:"单居离问于曾子曰:'事父母有道乎?'曾子曰:'有。爱而敬。'"❼由此可知,事父母之道,就是爱敬之道,就是孝道。也是在《曾子辑校》中有:"单居离问曰:'事兄有道乎?'曾子曰:'有。尊事之以为己望也。'"❽尊,尊敬也;事,侍奉;望,仰望。意思是,尊敬兄长,以他作为自己仰望、效法、学习的榜样。其中,也含爱也。而《国语辞典》中说:"悌,善事兄长或兄弟相善。"❾所以,事兄之道,也是爱敬之道,就是悌道。当然,孝道的对象是双亲,处理的是上、下关系,属于纵向关系;悌道的对象是兄长,处理的是左、右关系,属于横向关系。所以,《大学》曰:"孝者,所以事亲也;弟者,所以事长也。"❿总之,孝悌之道,爱敬之道也。

为什么要兴孝悌之道呢?大致而言,有如下两个理由:一是"传道"。为什么要

---

❶ 王财贵.孝弟三百千[M].北京:北京教育出版社,2012:1.
❷ (汉)许慎.说文解字[M].(宋)徐铉,校定.北京:中华书局,2013:223.
❸ (汉)贾谊.贾谊集[M].上海:上海人民出版社,1976:137.
❹ 陈至立.辞海[M].上海:上海辞书出版社,2020:4305.
❺ (宋)朱熹.四书集注[M].陈戍国,标点.长沙:岳麓书社,2004:324.
❻ 曾子辑校[M].王永辉,高尚举,辑校.北京:中华书局,2017:41.
❼ 曾子辑校[M].王永辉,高尚举,辑校.北京:中华书局,2017:39.
❽ 曾子辑校[M].王永辉,高尚举,辑校.北京:中华书局,2017:41.
❾ 中国大辞典编纂处.国语辞典[M].上海:商务印书馆,1947:770.
❿ (宋)朱熹.四书集注[M].陈戍国,标点.长沙:岳麓书社,2004:11-12.

传承"孝悌之道"?这是由"孝悌"文化本身的义理性决定的。在《论语·学而第一》中,有子曰:"其为人也孝弟,而好犯上者,鲜矣;不好犯上而好作乱者,未之有也。君子务本,本立而道生。孝弟也者,其为仁之本与!"❶一个人如果明了孝悌之道而好冒犯长上是很少见的;不好犯上而好作乱的人是没有的。君子致力于根本,根本确立,人道则滋生,孝悌是为人的根本。在此,儒家将"孝悌之道"看作为人处世的根本。试想一下,一个人对父母不孝,对兄长不悌,又如何在社会上立足生存呢?一个人如果父母都不亲近、兄长都不亲爱,他又能亲爱谁呢?一个人连父母关系、兄长关系都处理不好,又如何能在社会上、职场里处理好上下级关系、同事关系呢?在《孝经·圣治章》中,曾子曰:"不爱其亲而爱他人者,谓之悖德;不敬其亲而敬他人者,谓之悖礼。"❷孝悌之道,不止于此。孔子在《孝经·开宗明义章》中还说:"夫孝,德之本也,教之所由生也。"❸孝是一切道德的根本,是一切教化产生的原因。孔子在《孝经·广要道章》中进一步阐述了孝悌的重要价值和意义。孔子说:"教民亲爱,莫善于孝;教民礼顺,莫善于悌。"❹通过孝悌文化的教化,可以使亲人之间相互亲爱、亲近、和谐、和睦,可以使邻里之间讲道德、有礼貌、遵秩序,促进人际关系的和谐、促进社会的安定有序。通过孝悌教化,让人获得"宗族称孝焉,乡党称弟焉"的美好品德,家庭和谐、社会和顺。二是回报来源于血缘亲情的仁爱,父母给予爱,兄长也给予爱,才能让我们在温暖中健康成长。俗话说:"羊有跪乳之恩,鸦有反哺之义。"❺人生而为人,来自父母,是父母的亲骨肉,在父母的孕育中出生、成长,在父母的关爱中生活、学习,在父母的支持中成才、成功,在父母的奉献中学会坚强、奔赴征程。可以说,父母之恩,山高海深;父母之爱,日明月亮;父母之情,地久天长。《诗经·小雅·谷风之什·蓼莪》中有:"父兮生我,母兮鞠我。拊我畜我,长我育我,顾我复我,出入腹我。"❻父母之爱是那么无私、伟大、崇高。我们又为什么不回报父母之爱呢?悌道,亦是如此。因此,孝悌源于我们的情感,我们当用爱回报爱、用情回报

---

❶ (宋)朱熹.四书集注[M].陈成国,标点.长沙:岳麓书社,2004:54.
❷ 王财贵.孝弟三百千[M].北京:北京教育出版社,2012:7.
❸ 王财贵.孝弟三百千[M].北京:北京教育出版社,2012:1.
❹ 王财贵.孝弟三百千[M].北京:北京教育出版社,2012:9.
❺ 增广贤文[M].冯国超,译注.北京:商务印书馆,2015:93.
❻ 厦门市绍南文化传播有限公司.诗经[M].杭州:西泠印社出版社,2012:138.

情。总之,孝悌是道、是恩、是爱,更是情。

从孝行所达到的境界来看,孝可分为三个层次:小孝能养;中孝不辱;大孝尊亲。

小孝,是指孝敬双亲的最低层次。从孝顺所要达到的目标来看,小孝就是要从物质层面孝养双亲,保障他们的基本物质生活资料,有房住,有饭吃,有衣穿,衣服、被套等有人换洗,老有所养,老有所医,养有所靠,医有所靠,不愁吃、不愁穿、不愁住、不愁用,基本能够安稳地度过晚年。

中孝,是指孝的中等层级。在满足物质生活资料的基础上,能够照顾双亲的心理、心灵,不让父母亲因为子女某些不良的语言、行为和态度而伤心、生气、愤怒、抱怨、郁闷等,让他们心里有阳光、脸上含笑意,不悲观、不失望、不难过、不苦闷、不烦恼等。同时,也不因为自己的言行让父母亲承受来自他人的怨气、怒气、火气,使父母没有愁眉苦脸、只有眉开眼笑,情绪稳定,身心和谐。

大孝,是指孝的最高层次,在小孝、中孝的基础上让父母感到尊荣。《孝经·开宗明义章》曰:"立身行道,扬名于后世,以显父母,孝之终也。"❶可见,孝的起点在于爱己,孝的终点在于立身、行道、扬名,光耀门楣,让父母倍感荣耀、光荣。因此,一个孝子要有"老吾老,以及人之老;幼吾幼,以及人之幼"❷的博大胸怀,尽自己的全部力量为人民谋幸福、为民族谋复兴,济世安人,以身许国,心系苍生。

二、践行孝悌

如何践行孝悌之道呢?最好的办法就是努力使自己成为一个孝子,言孝子之言、行孝子之行,想孝子所想、急孝子所急、忧孝子所忧。孔子在《论语·学而第一》中说:"弟子入则孝,出则弟。"❸孔子在《论语·子罕第九》中又说:"出则事公卿,入则事父兄。"❹子夏在《论语·学而第一》中也说:"事父母,能竭其力。"❺那么,究竟如何

---

❶ 王财贵.孝弟三百千[M].北京:北京教育出版社,2012:1.

❷ (宋)朱熹.四书集注[M].陈成国,标点.长沙:岳麓书社,2004:238.

❸ (宋)朱熹.四书集注[M].陈成国,标点.长沙:岳麓书社,2004:56.

❹ (宋)朱熹.四书集注[M].陈成国,标点.长沙:岳麓书社,2004:129.

❺ (宋)朱熹.四书集注[M].陈成国,标点.长沙:岳麓书社,2004:57.

成为一名孝子呢？如何践行孝悌之道呢？

当然，孝悌不是人生的短跑，而是人生的长跑，是终生的脚步。从生死的角度而言，孝可以分为三个阶段：生时之孝、死时之孝、死后之孝。在《论语·为政第二》中，孟懿子问孝，孔子回答说："生，事之以礼；死，葬之以礼，祭之以礼。"❶可见，父母健在之时，以礼侍奉父母，即为孝；父母去世之时，以礼进行安葬，即为孝；父母去世之后，依礼进行祭祀，即为孝。

具体而言，生时，依礼尽孝。如何孝、如何悌呢？我们不妨从古人那里借一点智慧。《弟子规·入则孝》曰："父母呼，应勿缓，父母命，行勿懒；父母教，须敬听，父母责，须顺承；冬则温，夏则凊，晨则省，昏则定；出必告，反必面，居有常，业无变；事虽小，勿擅为，苟擅为，子道亏；物虽小，勿私藏，苟私藏，亲心伤；亲所好，力为具，亲所恶，谨为去；身有伤，贻亲忧，德有伤，贻亲羞；亲爱我，孝何难，亲憎我，孝方贤；亲有过，谏使更，怡吾色，柔吾声；谏不入，悦复谏，号泣随，挞无怨；亲有疾，药先尝，昼夜侍，不离床；丧三年，常悲咽，居处变，酒肉绝；丧尽礼，祭尽诚，事死者，如事生。"❷关于悌道，《弟子规·出则弟》曰："兄道友，弟道恭，兄弟睦，孝在中；财物轻，怨何生，言语忍，忿自泯；或饮食，或坐走，长者先，幼者后；长呼人，即代叫，人不在，己即到；称尊长，勿呼名，对尊长，勿见能；路遇长，疾趋揖，长无言，退恭立；骑下马，乘下车，过犹待，百步余；长者立，幼勿坐，长者坐，命乃坐；尊长前，声要低，低不闻，却非宜；进必趋，退必迟，问起对，视勿移；事诸父，如事父，事诸兄，如事兄。"❸当然，《弟子规》是一本学习如何成为孝子、如何行孝的优良教材。在生活里落实，在生活里对照，定能提升涵养、素养。为了更进一步把握孝悌文化的精髓和要求，我们要多下功夫，寻章摘句，从多方面把握孝悌文化的要义。

曾子在《曾子辑校》中说："居处不庄，非孝也；事君不忠，非孝也；莅官不敬，非孝也；朋友不信，非孝也；战阵无勇，非孝也。"❹请注意，居处，可以理解为平日的仪容举止，也可以理解为日常生活。庄，庄重，端庄；莅官，到任；战阵，战场阵地或作战、比赛的阵势。在这里，曾子认为，我们平时的仪容举止是否端庄，这是事关孝顺

---

❶ (宋)朱熹.四书集注[M].陈成国,标点.长沙:岳麓书社,2004:63.
❷ 王财贵.孝弟三百千[M].北京:北京教育出版社,2012:14-15.
❸ 王财贵.孝弟三百千[M].北京:北京教育出版社,2012:15-16.
❹ 曾子辑校[M].王永辉,高尚举,辑校.北京:中华书局,2017:35.

与否的事;我们如何处理上下级关系,这是事关孝顺与否的事;我们为官是否履职尽责,这是事关孝顺与否的事;我们和朋友交往是否诚信,这是事关孝顺与否的事;我们在战场或竞技场上是否勇敢,这是事关孝顺与否的事。

在平时的生活里,我们草率、轻浮、马虎、粗心、随便吗?庄重就是要认真对待生活,稳重、谨慎、严肃、认真。要严格按照平时礼仪落实自己的一言一行,如为人子女,居家会睡懒觉吗?为人子女,你有挑食的恶习吗?为人子女,接受长者的东西时是双手捧接吗?为人子女,在家吃饭会独开"小灶"吗?为人子女,会站立在中门吗?为人子女,衣物被子会自己整理吗?升降国旗时,你严肃庄重吗?上课听讲时,你认真用心吗?期末考试时,你左顾右盼吗?认真检点自己的言行,让自己与庄重靠拢,离庄重近一点,孝道就会近一点,端正自己的态度、语言、行为、习惯,是我们的必修课,因为我们知道,庄重即是孝。

《说文解字》曰:"君,尊也。"❶在平时的生活里,如何处理领导关系呢?是欺上瞒下,还是溜须拍马?是阿谀奉承,还是盛气凌人?是骄横跋扈,还是出言不逊?是倨傲无礼,还是没上没下、巧言令色?曾子认为,对领导不忠诚,就是不孝。在《论语·八佾第三》中,孔子说:"臣事君以忠。"❷忠,就是忠诚无私,就是尽心竭力、诚心尽力,所以对待领导要毕恭毕敬、有礼有节、以礼相待。对领导安排的工作,要认真地完成,让领导放心;遇到不懂的问题,要多向领导请示、汇报,多向领导学习,不断提升自己的工作能力和工作水平,以自己过硬的本领、出色的表现赢得认可、获得肯定。《曾子辑校》曰:"君子立孝,其忠之用,礼之贵!"❸忠诚、有礼,孝子之风也。

在曾子看来,工作不敬业,就是不孝顺,所以要敬业乐业。对待工作,要有钻研精神。干一行,要爱一行;干一行,要钻研一行;干一行,要精一行。爱岗敬业,在位谋事。在《论语·泰伯第八》中,孔子说:"不在其位,不谋其政。"❹相应地,在其位,谋其政,为官一任,就要造福一方,永远对得起自己手中的饭碗、肩上的责任、心中的良知。在岗位上兢兢业业,勤勤恳恳,积极作为,告别不作为、懒作为、慢作为、假作为、乱作为,奋勇担当,砥砺前行。在平凡的工作岗位上,埋头苦干实干,用"实"的

---

❶ (汉)许慎.说文解字[M].(宋)徐铉,校定.北京:中华书局,2013:26.
❷ (宋)朱熹.四书集注[M].陈成国,标点.长沙:岳麓书社,2004:75.
❸ 曾子辑校[M].王永辉,高尚举,辑校.北京:中华书局,2017:30.
❹ (宋)朱熹.四书集注[M].陈成国,标点.长沙:岳麓书社,2004:121.

干劲、"真"的精神和"勤"的姿态干出业绩、干出成绩、干出新绩、干出成效、干出水平、干出能力,所以孔子认为要"敬事"、要"敏事"、要干事,因为敬职即为孝。

朋友讲信。失信于朋友,就是不孝。孔子在《论语·为政第二》中说:"人而无信,不知其可也。"❶曾子在《论语·学而第一》中说:"与朋友交而不信乎?"❷子夏也在《论语·学而第一》中说:"与朋友交,言而有信。"❸《大学》曰:"与国人交,止于信。"❹除却亲情,友情为贵。友情之贵在于信任。失信于友,非孝子所为,所以朋友之间以信为贵。承诺的事就要想方设法去兑现。无法做到的事别随意许下诺言。失信于人,你有过这种教训吗?希望我们都记得孔子的教诲吧!孔子在《论语·颜渊第十二》中说:"民无信不立。"❺因为守信即为孝。

《说文解字》曰:"勇,气也。"❻战阵不勇,临阵脱逃,无勇也,也是不孝也。可见,勇敢、勇气是孝子的一种美好的品质。我们做什么事情,不要唯唯诺诺、畏畏缩缩,要自信、要大方、要勇敢、要坚强,要敢于面对挑战和困难,敢于迎难而上、敢于动真碰硬、敢于攻坚克难、敢于奋斗、敢于斗争、敢于亮剑。遇到困难就退缩,见到挑战就回头,只能是墙头草。请告诉自己,勇敢一点吧!自古英雄多磨难,从来纨绔少伟男。依曾子之见,我们知道,有勇即为孝。

具体而言,死时,依礼尽孝。该如何孝呢?简而言之,"慎终也"。朱子《四书集注》曰:"慎终者,丧尽其礼。"❼父母生养,一生操劳,死别之时,能不心伤?想想看,至亲之人死别而后,入门不得见、上堂不得见、围炉不得见、入室不得见,从此阴阳永隔,不可再见,能不悲吗?因此,孔子在《论语·八佾第三》中说:"临丧不哀,吾何以观之哉?"❽子张《论语·子张第十九》中说:"丧思哀。"❾朱子《四书集注》说:"临丧

---

❶ (宋)朱熹.四书集注[M].陈成国,标点.长沙:岳麓书社,2004:67.
❷ (宋)朱熹.四书集注[M].陈成国,标点.长沙:岳麓书社,2004:55.
❸ (宋)朱熹.四书集注[M].陈成国,标点.长沙:岳麓书社,2004:57.
❹ (宋)朱熹.四书集注[M].陈成国,标点.长沙:岳麓书社,2004:8.
❺ (宋)朱熹.四书集注[M].陈成国,标点.长沙:岳麓书社,2004:153.
❻ (汉)许慎.说文解字[M].(宋)徐铉,校定.北京:中华书局,2013:294.
❼ (宋)朱熹.四书集注[M].陈成国,标点.长沙:岳麓书社,2004:57.
❽ (宋)朱熹.四书集注[M].陈成国,标点.长沙:岳麓书社,2004:77.
❾ (宋)朱熹.四书集注[M].陈成国,标点.长沙:岳麓书社,2004:214.

以哀为本,既无其本,则以何者而观其所行之得失哉?"❶悲哀在中,悲痛在心,食不知味,身不安美。何以事亲呢?我想,唯一能做的是以礼办妥丧事,勉力而为,愿逝者入土为安。正是在此意义上,孔子在《论语·子罕第九》中说:"丧事不敢不勉。"❷尽心尽力、诚心诚意地办妥各项事宜。

具体而言,死后,依礼尽孝。该如何孝呢?简而言之,"追远也"。朱子《四书集注》曰:"追远者,祭尽其诚。"❸用今天的话来讲,就是祭祀即孝,怀着一颗恭敬心进行祭祀和缅怀。在《论语·八佾第三》中记载:"祭如在,祭神如神在。子曰:'吾不与祭,如不祭。'"❹朱子《四书集注》引程子曰:"祭先主于孝,祭神主于敬。"❺子张在《论语·子张第十九》中说:"祭思敬。"❻例如,每一年清明节,中华儿女千里迢迢回乡祭祖,以至诚至敬的心进行祭拜,寄托哀思,表达怀念,既怀念先辈的音容笑貌,又怀念先辈的喜怒哀乐;既怀念先辈的优良品德,又怀念先辈的优良作风。《礼记·祭义》曰:"思其居处,思其笑语,思其志意,思其所乐,思其所嗜。"❼《中庸》曰:"践其位,行其礼,奏其乐,敬其所尊,爱其所亲,事死如事生,事亡如事存,孝之至也。"❽

在"礼"或"理"的指导下,孝悌之道大致可以遵从以下原则把握、落实、践行,具体为竭力事亲、继承父道、色养即孝、几谏双亲、及时行孝。不过,这几个方面不能孤立地理解、看待,它们应相互联系、相互补充,目的就是以礼尽孝、以礼行孝,目的就是克除不忠不孝、愚忠愚孝,目的就是孝当竭力、忠则尽命。

(一)竭力事亲

事亲尽孝,能不能竭尽全力呢?能为而不为,不孝也;当为而不为,不孝也;可为而不为,不孝也;应为而不为,不孝也。孔子在《论语·阳货第十七》中说:"子生三

---

❶ (宋)朱熹.四书集注[M].陈戍国,标点.长沙:岳麓书社,2004:77.
❷ (宋)朱熹.四书集注[M].陈戍国,标点.长沙:岳麓书社,2004:129.
❸ (宋)朱熹.四书集注[M].陈戍国,标点.长沙:岳麓书社,2004:57.
❹ (宋)朱熹.四书集注[M].陈戍国,标点.长沙:岳麓书社,2004:73.
❺ (宋)朱熹.四书集注[M].陈戍国,标点.长沙:岳麓书社,2004:73.
❻ (宋)朱熹.四书集注[M].陈戍国,标点.长沙:岳麓书社,2004:214.
❼ 杨天宇.礼记译注[M].上海:上海古籍出版社,2004:607.
❽ (宋)朱熹.四书集注[M].陈戍国,标点.长沙:岳麓书社,2004:31.

年,然后免于父母之怀。"❶我们也是在父母的悉心照料下才能长大。父母竭尽所能给我们更好的生活,护佑我们健康成长;父母也竭尽所能,开启我们的智慧,教会我们为人处世。他们难行能行、难给能给,为了子女尽自己最多的心血、汗水、智慧和力量,竭尽所能付出爱。相应地,我们孝养双亲,也要竭尽所能,尽心尽力,尽自己最大的努力、能力来侍奉、尽孝。在《论语·里仁第四》中,孔子说:"父母在,不远游,游必有方。"❷我们出门,能向父母报告我们的行踪吗?这就是孝顺。古人说:"儿行千里母担忧。"向父母告知我们的去处,以免父母担心添愁。原壤,据说是孔子的一个故人,在《论语·宪问第十四》中,孔子批评过他,说:"幼而不孙弟,长而无述焉,老而不死,是为贼!"❸子夏在《论语·学而第一》中说:"事父母,能竭其力。"❹想想看,照顾父母尽力了吗?父母的吃穿住用关心了吗?父母的喜怒哀乐关注了吗?父母的期盼愿望关怀了吗?尽己所能,竭力事亲,力所能及,报答亲恩。

(二)继承父道

道者,道德、道义也。在儒家看来,善于继承父辈身上的优良作风、美好道德,就是孝顺,如继承家训、家教、家风等,就是一种孝道。在《论语·学而第一》中,孔子曰:"父在,观其志;父没,观其行;三年无改于父之道,可谓孝矣。"❺在《论语·里仁第四》中,孔子又曰:"三年无改于父之道,可谓孝矣。"❻可见,孔子非常注重父道的传承。当然,父道一定是正道,而不是什么歪门邪道。因此,在《四书集注》中,朱子引尹氏曰:"如其道,虽终身无改可也。如其非道,何待三年?然则三年无改者,孝子之心有所不忍故也。"❼同时,"三年无改于父之道"的孝心孝行在《论语·子张第十九》中也有体现。曾子曰:"吾闻诸夫子,孟庄子之孝也,其他可能也;其不改父之臣

---

❶ (宋)朱熹.四书集注[M].陈成国,标点.长沙:岳麓书社,2004:205.
❷ (宋)朱熹.四书集注[M].陈成国,标点.长沙:岳麓书社,2004:83.
❸ (宋)朱熹.四书集注[M].陈成国,标点.长沙:岳麓书社,2004:181.
❹ (宋)朱熹.四书集注[M].陈成国,标点.长沙:岳麓书社,2004:57.
❺ (宋)朱熹.四书集注[M].陈成国,标点.长沙:岳麓书社,2004:58.
❻ (宋)朱熹.四书集注[M].陈成国,标点.长沙:岳麓书社,2004:58.
❼ (宋)朱熹.四书集注[M].陈成国,标点.长沙:岳麓书社,2004:58.

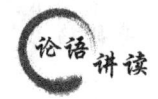

与父之政,是难能也。"❶那么,如何传承父道呢？我想,首先,作为父亲,得兴父教;其次,作为子女,得学父道、行父道、传父道。其实,继承父辈身上的优良品德,既是学习,也是孝道。想想看,父亲一辈子勤俭节约,我们是否继承了他勤俭节约的品德,从而养成勤俭节约的习惯;母亲一辈子辛勤劳作,我们是否继承了她辛勤劳作的品德,从而养成辛勤劳作的习惯。父亲一辈子诚实守信,我们是否继承了他诚实守信的品德,从而养成诚实守信的习惯;母亲一辈子乐于学习,我们是否继承了她乐于学习的品德,从而养成乐于学习的习惯。总之,传承父辈的正道、正理、正义,是一个孝子义不容辞的责任和孝行。

(三)色养即孝

在孝顺问题上,"色难"是一个特别突出的现实问题。具体而言,主要表现有:不给父母亲好脸色,横眉竖眼;不给父母亲好言语,正言厉色;不给父母亲好心态,漫不经心。总之,脸难看,话难听,愿难见。在《论语·为政第二》中,孔子曰:"色难。有事,弟子服其劳;有酒食,先生馔,曾是以为孝乎？"❷在这里,弟子,泛指年幼的人。服,从事。劳,代劳。先生,父兄之称。馔,食用。曾,竟。大致意思是,难在面色。有事情的时候,子女们帮忙代劳;当吃饭喝酒的时候,让长辈先食用。难道这就是孝道吗？在孔子的疑问中,答案自然是否定的。意在提醒各位,孝顺要克服"色难"问题,如何克服呢？答案就是"色养"。既然孝道难在容色和态度,那就改变容色和态度。简而言之,色养改变态度,用心行孝。《张居正讲评〈论语〉》曰:"事亲之际,惟是有那愉悦和婉的容色,最为难能。盖人之色,生于心者也。子于父母,必有深爱笃孝之心根于中,而后有愉悦和婉之色著于外。是凡事皆可以勉强,而色不可以伪为,所以为最难,事亲有此而后可谓之真孝也。"❸《礼记·祭义》曰:"孝子之有深爱者必有和气,有和气者必有愉色,有愉色者必有婉容。"❹可见,尽孝的一个核心的内容就是态度。恭敬的态度,让人如沐春风;傲慢的态度,让人心生苦楚。因此,在《论语·为政第二》中,孔子曰:"今之孝者,是谓能养。至于犬马,皆能有养;不敬,何以

---

❶ (宋)朱熹.四书集注[M].陈成国,标点.长沙:岳麓书社,2004:218.
❷ (宋)朱熹.四书集注[M].陈成国,标点.长沙:岳麓书社,2004:64.
❸ 陈生玺,等.张居正讲评《论语》[M].上海:上海辞书出版社,2013:17.
❹ 杨天宇.礼记译注[M].上海:上海古籍出版社,2004:612.

别乎?"❶孔子之语道出了孝养父母,当以敬为贵。如果不恭敬的话,与养狗养马没有什么区别。

(四)几谏双亲

尽孝有道,尽孝有礼,尽孝若不符合道、不符合礼,便是不孝、愚孝。因此,孝敬父母,与父母相处,几乎难免谏诤。人非圣贤,孰能无过呢?圣贤都会犯错误,更何况凡人?因此,任何父母都有可能犯错,有过失。作为子女,该怎么办?是将错就错,还是做个诤子?孔子在《论语·里仁第四》中说:"事父母几谏,见志不从,又敬不违,劳而不怨。"❷在这里,请注意,几,是细微、隐微的意思。几谏,就是采用委婉的方法进谏。《张居正讲评〈论语〉》曰:"有个进谏的道理,不可直言面诤,以伤父母之心。"❸所以,进谏要注意语言、态度、方法。朱子《四书集注》曰:"父母有过,下气怡色,柔声以谏。"❹进谏若没有取得预想的效果的话,怎么办呢?孔子说了八个字:"又敬不违,劳而不怨。"❺朱子《四书集注》曰:"谏若不入,起敬起孝,悦则复谏。"❻可见,进谏还要讲究时机,等待父母高兴时再行进谏。当然,我们还得注意场合。常言道:"扬善于公庭,隐恶于密室。"尽可能在人少的场合进行劝谏。进谏也要有耐心,如果没有足够的耐心,就更没有"悦则复谏"的多次劝言。可见,儒家讲忠讲孝,一定不是愚忠愚孝。这是很值得注意的一个地方。所以,孔子在《孝经》中说:"当不义,则子不可以不争于父,臣不可以不争于君。故当不义则争之。"❼

(五)及时行孝

在《论语·里仁第四》中,孔子说:"父母之年,不可不知也。一则以喜,一则以惧。"❽朱子《四书集注》曰:"知,犹记忆也。常知父母之年,则既喜其寿,又惧其衰,

---

❶ (宋)朱熹.四书集注[M].陈成国,标点.长沙:岳麓书社,2004:63.
❷ (宋)朱熹.四书集注[M].陈成国,标点.长沙:岳麓书社,2004:82.
❸ 陈生玺,等.张居正讲评《论语》[M].上海:上海辞书出版社,2013:52.
❹ (宋)朱熹.四书集注[M].陈成国,标点.长沙:岳麓书社,2004:82-83.
❺ (宋)朱熹.四书集注[M].陈成国,标点.长沙:岳麓书社,2004:82.
❻ (宋)朱熹.四书集注[M].陈成国,标点.长沙:岳麓书社,2004:83.
❼ 王财贵.孝弟三百千[M].北京:北京教育出版社,2012:11.
❽ (宋)朱熹.四书集注[M].陈成国,标点.长沙:岳麓书社,2004:83.

而于爱日之诚,自有不能已者。"❶人无再少年。父母之年与日俱增,不停不止。随着年岁的增加,作为子女,喜忧参半,亦喜亦忧,喜悦的是父母增寿,忧惧的是父母衰老。正因为父母之年日渐衰老,不曾稍作停留,所以尽孝当及时而行。古人说:"树欲静而风不停,子欲养而亲不待。"❷父母健在之时,尽心竭力为孝,远远胜过父母过世之后的祭拜及怀念。因此,与其父母亲去世后尽孝,不若父母亲健在时尽孝。生时不敬养,死后又何必?只有时时行孝、刻刻尽孝,方少留遗憾。

三、不孝的表现

我们试图从反面阐述孝悌之道。朱子《四书集注》引赵氏曰:"于礼有不孝者三事,谓:阿义曲从,陷亲不义,一也。家贫亲老,不为禄仕,二也。不娶无子,绝先祖祀,三也。"❸

于今而言,这"三不孝"有没有启迪意义呢?答案是肯定的。一个人如果刻意逢迎双亲而不迎合道,委曲道义而顺从双亲,当然是不孝之举。假如那样的话,我们将使父母亲陷入不义之境地。孝道,既有孝,自当要合道。不合道的举止和行为哪能算是孝顺呢?所以,孟懿子问孝时,孔子只答了两个字,那就是"无违"。因此,我们对父母的孝顺之举不是胡言乱语,不是胡作非为,而是要有"礼"的约束及规范,合礼则行,失礼则止。

说起来,儒家有"志于道"的导向传统。孔子认为,君子当喻于义,小人则喻于利。当然,这是针对一般情况而言的。因此,在一般意义上,孔子在《论语·里仁第四》中,说:"士志于道,而耻恶衣恶食者,未足与议也。"❹这是儒家理想主义的一面。儒家也有现实主义的一面,如家贫亲老,这是家情,在这种情况下还不为禄仕、不找工作的话,这是儒家所批判的。儒家认为,这是不孝的表现,因为孝养双亲就是孝。然不闻、不管、不顾父母的生养、生计,何谈"孝"呢?所以,为了孝养亲人,就得找事情做,赚钱养家。宁愿选择吃工作的苦,也绝不背弃孝悌之道。想想看,今天,社会

---

❶ (宋)朱熹.四书集注[M].陈成国,标点.长沙:岳麓书社,2004:83.
❷ 王国轩,王秀梅.孔子家语[M].北京:中华书局,2011:84.
❸ (宋)朱熹.四书集注[M].陈成国,标点.长沙:岳麓书社,2004:319.
❹ (宋)朱熹.四书集注[M].陈成国,标点.长沙:岳麓书社,2004:80.

上偶会出现"啃老族"现象。他们高不成、低不就,难以工作就业,安于啃老。在儒家看来,这就是不孝顺的具体表现。因此,每个人都当有所觉悟:绝对不能当啃老族。《诗经》曰:"不素餐兮!"❶

传统社会认为,男大当婚,女大当嫁,嫁娶之事,人之大伦,所以儒家非常重视嫁娶事宜。我们试图用逆向思维想一想:如果每个人都长大了,男的不婚、女的不嫁,都不生养子女,那么人类社会如何繁衍发展。因此,站在维系人类社会发展的高度,历史上的有识之士认为,"不娶无子",不孝也。此外,针对"无子"而言,这里的"子",是指"子女",而不是专指"儿子","无子"指没有子女。还有一层意思就是,"无子"不是没有子女,而是有子女却是不孝之徒、不法之徒、不义之徒,有子女犹如没有子女一样。在儒家看来,不娶无子,不孝也。为了使子女成长、成人、成才,家庭父辈要努力承担起家庭教育的责任,大兴家教,将家庭作为教育子女的"学校",与学校教育紧密结合,为子女的成才不断努力。

除赵岐的"不孝者三事"之外,亚圣孟子在《孟子·离娄章句下》中说过不孝的五个表现,具体为:"惰其四支,不顾父母之养,一不孝也;博弈好饮酒,不顾父母之养,二不孝也;好货财,私妻子,不顾父母之养,三不孝也;从耳目之欲,以为父母戮,四不孝也;好勇斗很,以危父母,五不孝也。"❷

我们一起具体探讨一下吧!"惰其四支。"在这里,惰是懒惰。儒家认为,一个人懒惰,不照顾父母生养,就是不孝。懒惰、不勤勉、不照顾、不负责。孟子说:"不孝也。"由此可见,儒家非常蔑视懒惰、痛恨懒惰,也时常抨击懒惰。宰予曾经睡懒觉,孔子对其破口大骂。在《论语·公冶长第五》中说:"朽木不可雕也,粪土之墙不可杇也。"❸在《论语·阳货第十七》中,孔子批判懒惰之人说:"饱食终日,无所用心,难矣哉!"❹有识之士说:"勤能补拙是良训,一分辛苦一分才。"据此而知,"懒惰即不孝",请做一个勤勉的人吧!

"博弈好饮酒。"在这里,博,赌也。《说文解字》曰:"弈,围棋也。"❺博弈可以有两

---

❶ 厦门市绍南文化传播有限公司.诗经[M].杭州:西泠印社出版社,2012:64.

❷ (宋)朱熹.四书集注[M].陈成国,标点.长沙:岳麓书社,2004:333.

❸ (宋)朱熹.四书集注[M].陈成国,标点.长沙:岳麓书社,2004:88.

❹ (宋)朱熹.四书集注[M].陈成国,标点.长沙:岳麓书社,2004:206.

❺ (汉)许慎.说文解字[M].(宋)徐铉,校定.北京:中华书局,2013:54.

种理解:一是下棋,属于一种休闲游戏;二是泛指赌博游戏。这两种解释都可通。一个人整天游手好闲,对父母的忧苦不上心、不操心、不用心,怎么谈得上孝顺呢?一个人整天沉迷于赌博,不干工作,不问父母的身心、不顾父母的孝养,又怎么谈得上孝顺呢?"好饮酒",常醉酒,伤身体,耗气血,整日醉得东倒西歪的,哪有能力、精力照顾父母之养呢?孟子说:"不孝也!"因此,孔子也以此告诫人们。他在《论语·子罕第九》中说:"不为酒困。"❶因此,一个人不能整天不务正业、游手好闲、东游西逛;不能赌博,要多多关心父母的饮食起居、嘘寒问暖。我想,这是孟子真正想表达的。

"好货财,私妻子。"喜好货利财富,偏爱妻子儿女。贪财,对父母吝啬,厚爱、偏爱妻子儿女,薄爱、不爱父母,这也是不孝顺。人都有追名逐利之心,但在追逐名利的过程中不顾父母的孝养,不闻、不管、不问,这是一种失职。俗话说:"有了媳妇忘了娘。"这是在告诫人们,不能忘了孝,不能忘了本,不能忘了根。孝敬双亲,亲爱妻子,家庭和睦,这才是孟子想说的真心话。没有父母,哪有我们?照顾好父母,才能心安理得。

"从耳目之欲。"从,是通假字,通"纵",放纵之意。放纵耳目的欲望,骄奢淫逸,让父母感到羞耻,就是不孝。《礼记·曲礼》曰:"敖不可长,欲不可从。"❷所以,我们要戒除骄奢淫逸、好逸恶劳。我们当以勤俭节约、艰苦奋斗为荣,这也是孝顺的表现。我们要多做让父母感到光荣的事情,别做让父母感到耻辱的事情,做好自己,让父母为自己自豪、骄傲,而不是羞愧、耻辱。

"好勇斗很",从儒家孝道来看,不可、不行、不孝。儒家认为,"身体发肤,受之父母,不敢毁伤"❸,这是孝道的开始。你若与人好勇斗狠,难免伤身伤生,如何算得孝道呢?所以,《曾子辑校·曾子本孝第二》曰:"孝子之事亲也,居易以俟命,不兴险行以徼幸。"❹曾子还说:"孝子不登高,不履危,痹亦弗凭,不苟笑,不苟訾,隐不命,临不指,故不在尤之中也。"❺好好珍爱自己的生命,也是孝道的表现。

---

❶ (宋)朱熹.四书集注[M].陈戍国,标点.长沙:岳麓书社,2004:129.

❷ 杨天宇.礼记译注[M].上海:上海古籍出版社,2004:1.

❸ 王财贵.孝弟三百千[M].北京:北京教育出版社,2012:1.

❹ 曾子辑校[M].王永辉,高尚举,辑校.北京:中华书局,2017:28.

❺ 曾子辑校[M].王永辉,高尚举,辑校.北京:中华书局,2017:27.

最后,讲一个关于孝道的故事吧!这个故事的主人公是闵子骞。他是孔门高足,春秋时期之人,名损,字子骞,以德行著名,被称为"笃圣"。他的德行与颜回、冉伯牛、仲弓并称,是一个名副其实的大孝子,二十四孝人物之一。在历史上流传着一个《芦衣顺母》的故事。据《千古贤文大通书》记载:"周闵损,字子骞,早丧母。父娶后母,生二子,衣以棉絮。妒损,衣以芦花。一日,父令损御车,体寒,失纼。父察知故,欲出后母。损曰:'母在,一子寒。母去,三子单。'母闻,悔改。"❶闵子骞用自己的孝行感化了继母,从此家庭和睦、生活幸福。有诗赞曰:"闵氏有贤郎,何曾怨晚娘;尊前留母在,三子免风霜。"❷在《论语·先进第十一》中,孔子赞叹曰:"孝哉闵子骞!人不间于其父母昆弟之言。"❸

此时此刻,孝道之言已尽,但孝道的功课没有完结。可以说,一个人只要活着,就要身体力行孝悌之道。想一想自己,不觉已是中年,在尽孝的路上走了多远、走得多好呢?心安理得吗?问心无愧吗?我问自己的心,好像心里有许多问号。父亲一生勤劳无怨,我学到了吗?父亲一生信守承诺,我继承了吗?母亲一生勤俭持家,我领悟了吗?母亲一生艰苦朴素,我传承了吗?我为孝道做过什么?我为工作尽职尽责吗?我待人忠信有礼吗?我让父母担忧过吗?我关心过父母的健康吗?认真想一想,我做得真是差强人意。孔子在《论语·为政第二》中说:"父母唯其疾之忧。"❹而我总是懒于锻炼身体,真是不孝啊!此外,对父母的身心健康,我也关注过少,心中有愧啊!真的,很多地方做得不好,不尽如人意。不过,我总算学会了站在父母的角度来想问题、办事情,"养儿方知父母恩"。如今,自己也成家长,养育孩子,不知不觉地体会到父母的辛苦、父母的不易、父母的期盼。父母一生忧虑、一世牵挂,儿时盼成长、青年盼成家、壮年盼立业,心心念念都在子女身上。"慈母手中线,游子身上衣,临行密密缝,意恐迟迟归。谁言寸草心,报得三春晖。"❺所以,我们要对父母好,对父母孝。当下,有一句很流行的话,说:"父母在,人生尚有来处;父母去,人生只剩归途。"希望天下父母心都有被子女看见,都有被子女理解,都有被

---

❶ 洪澜.千古贤文大通书[M].北京:气象出版社,2007:22.
❷ 洪澜.千古贤文大通书[M].北京:气象出版社,2007:22.
❸ (宋)朱熹.四书集注[M].陈成国,标点.长沙:岳麓书社,2004:141.
❹ (宋)朱熹.四书集注[M].陈成国,标点.长沙:岳麓书社,2004:63.
❺ (清)彭定求.全唐诗[M].吉林:延边人民出版社,2004:2271.

子女传承。让我们用理智认识亲情,用心灵感受亲情,用行动回报亲情。

今天,有许多子女为了生活、事业不得不背井离乡,这也是不得已而为之,但为了亲情常常打电话问候父母,逢节假日记得常回家看看。常喝家乡水,常忆高堂情,回想过来日,反哺报深恩。

父爱母爱如一首歌,歌声清脆嘹亮;血缘亲情是一条河,河水源远流长。最后,我把歌词《孝悌心》分享给大家。

孝悌心,
孝悌心,
每个人都有孝悌心,
及时孝双亲,
言行要恭谨,
敬与爱的道理,
这辈子当铭记。

孝悌心,
孝悌心,
每个人都有孝悌心,
感恩爱双亲,
行动要勤敏,
忠与礼的道理,
这辈子当铭记。

第六讲 修身篇：如何成为更好的自己

今天分享的主题是修身。俗话说："树不修，不成材；人不修，不成人。"从形体来讲，人是需要修的，头发长了要修剪，胡须长了要打整，身形胖了要减肥等。当然，修身不止于外在，更要注重内在，因为一个人是由两部分组成——外在的形体与内在的涵养。外在指肉体，如高、矮、胖、瘦等；内在指精神，如品行、道德、涵养、气质等。

修身，修养身心也。换句话说，修身，修身养心也。我现在身形微胖，曾有身边人给我建议："该减肥了，该运动了，管住嘴，迈开腿！"可见，运动、少食是修身的具体方式。在生活中，在公园里，我们如果留心，不难发现，园艺师会对花花草草进行修修剪剪，目的在于使之赏心悦目。人亦如此，有追求真善美的需求，所以不得不修养身心，成长、成人、成才。

一、修身的原理

修身的原理很简单，就是把不好的东西去掉，把"假、恶、丑"删除，把好的东西扩充，把"真、善、美"保留。孔子在《论语·颜渊第十二》中说："攻其恶，无攻人之恶。"[1]明代吕坤在《呻吟语》中说："攻己恶者，顾不得攻人之恶，若哓哓尔雌黄人，定是自治疏底。"[2]如此，就能够成为一个有修养的人，而不是浅薄的人。用儒家文化的词汇来形容的话，就是"君子"。《礼记》中说："修身，践言，谓之善行。"[3]孔子在《论语》里也讲过这样三句话，他说"修己以敬""修己以安人""修己以安百姓"[4]，令人刻骨铭心。其核心就是要修己。《大学》中记载："自天子以至于庶人，壹是皆以修身为

---

[1] (宋)朱熹. 四书集注[M]. 陈成国, 标点. 长沙：岳麓书社, 2004：158.
[2] (明)吕坤. 呻吟语[M]. 叶玉泉, 注译. 武汉：崇文书局, 2007：76.
[3] 杨天宇. 礼记译注[M]. 上海：上海古籍出版社, 2004：2.
[4] (宋)朱熹. 四书集注[M]. 陈成国, 标点. 长沙：岳麓书社, 2004：181.

本。"❶所以,修身是我们成长的根本。不修身,不成长;不修身,不成人;不修身,不成才;不修身,不成功。

既然修身如此重要,那么怎么修必须提上心来。当然,不同的人根据不同的生活经验,给出的"药方"也不尽相同。如果你遇到一个道家学者,他可能说,你可以按道家的文化修行。当然,你遇到的是儒家经典——《论语》。因此,建议你秉承儒家文化的优秀基因,修养己身,达德树己。

俗话说:"方法不对,努力白费;方法若对,事半功倍。"怎么修身?仁者见仁,智者见智,不足为怪。我认为,修身的原则、方法、技巧要实、要真,实学实修,真学真修,下真功夫而不是假把式,下实功夫而不是绣花拳,出真招、出实招,求实效、求真效。

人,外在要树形象,内在要养心灵。外在形象的塑造,衣着、容貌、言行、举止,都得讲究,不能马虎,不能忽略。不过,打造外在,可以通过礼仪培训、文化学习、健身锻炼等方式进行。更要紧的是夯实内在,修养心灵。吕坤《呻吟语》中说:"身是心当。"❷王阳明在《重修山阴县学记》中说:"夫圣人之学,心学也。"❸可见,心为一身之主,人的一言一行来自心的主导、支配。也就是说,人的思想、意识、涵养、品德等会影响一个人的动止语默。王阳明诗曰:"人人自有定盘针,万化根源总在心。却笑从前颠倒见,枝枝叶叶外头寻。"❹因此,修身关键在于修心。

心为什么要修呢?这是不得不面对的问题。王阳明说:"心也,性也,命也,一也。"❺《三字经》中说:"人之初,性本善。"❻从本原意义来说,人性本善,人心本善。那么,心为什么要修?因为人具有社会性,在成长的社会环境里难免沾染不良习气,为人欲所蔽。所以,要常常修习,在心上下"除尘"功夫,洗心去恶,沐浴去垢,涤除旧染,日新其德,执着地修习,执着地追求仁义礼智信、温良恭俭让,执着地去除怨恨恼怒烦、贪嗔痴慢疑,一生一世、一世一生。

---

❶ (宋)朱熹.四书集注[M].陈成国,标点.长沙:岳麓书社,2004:6.
❷ (明)吕坤.呻吟语[M].叶玉泉,注译.武汉:崇文书局,2007:76.
❸ (明)王守仁.王阳明全集[M].吴光,等编校.上海:上海古籍出版社,2011:286.
❹ (明)王守仁.王阳明全集[M].吴光,等编校.上海:上海古籍出版社,2011:870.
❺ (明)王守仁.王阳明全集[M].吴光,等编校.上海:上海古籍出版社,2011:283.
❻ 王财贵.孝弟三百千[M].北京:北京教育出版社,2012:28.

二、修身的范畴

当然,在现实生活中,因长期积习,我们身上心里难免会有一些问题、毛病。在此,仅列十个"魔心":懒惰心、自卑心、嫉妒心、奢侈心、贪婪心、傲慢心、愤怒心、指责心、冷漠心、虚荣心。我们的修行就是要把所有的魔心修掉,让善心呈现出来。

懒惰心与勤勉心。人的寿命,大部分不过百年。这么长的人生岁月里,你会发现,有些人名垂青史、名扬天下,而更多的人默默无闻、鲜为人知。什么原因呢?深究细挖,我们可以找到很多原因,但有一个最根本的原因就是懒惰与勤勉之别。自古以来,圣凡相较,圣贤皆勤勉,庸人常懒惰。孔子有个弟子叫宰予,他能言善辩,十分聪明。有一次,宰予白天睡懒觉,这是典型的懒惰心的表现。孔子发现后,就对他破口大骂。当然,他也是苦口婆心。孔子说:"朽木不可雕也,粪土之墙不可杇也。于予与何诛?"[1]我们常说,读书当读书的言外之意。文中之意是孔子对宰予的批评之声,不可谓不重,我们可以从孔子的言辞中有真切的感受。不过,孔子批评的是宰予不珍惜时光和他的懒惰心。文外之意是孔子期待宰予有所省悟,进而抛弃懒惰心,发起勤勉心,用心勤学,勇猛精进。孔子的良苦用心在于,勤勉而不懒惰,精进而不荒废,珍惜时日,积极有为。关于懒惰与勤勉,孔子不止一次强调。《论语》中还有一些记载,如《论语·阳货第十七》记载:"子曰:'饱食终日,无所用心,难矣哉!'"[2]整天,吃饱了、喝足了,没有事情干,这怎么可以呢?从"难矣哉"三字可以看出,孔子明确反对这样的生活状态。那么,他赞赏什么态度呢?懒惰的反面就是精进,就是勤勉。不是精进一时、勤勉一时,而是持久地保持勤勉与精进的状态。孔子的一生也是如此,可以说,孔子的一生是精进的一生、勤勉的一生。他"十有五而志于学,三十而立,四十而不惑,五十而知天命,六十而耳顺,七十而从心所欲,不逾矩。"[3]我获得的启发是,孔子的每一个人生阶段都有飞跃、有前进、有发展。孔子是怎么做到的呢?孔子曾经明明白白地表露过,说:"发愤忘食,乐以忘忧,不知老之将至云尔。"[4]这种发愤忘食、乐以忘忧,就是一种精进的状态、一种勤勉的状态。

---

[1] (宋)朱熹.四书集注[M].陈成国,标点.长沙:岳麓书社,2004:88.
[2] (宋)朱熹.四书集注[M].陈成国,标点.长沙:岳麓书社,2004:206.
[3] (宋)朱熹.四书集注[M].陈成国,标点.长沙:岳麓书社,2004:62.
[4] (宋)朱熹.四书集注[M].陈成国,标点.长沙:岳麓书社,2004:111.

孔子强调精进,痛恨懒惰。这是懒惰心的问题。

不懒惰,当勤勉。要勤勉,当好学。据此,我们当结合自己实际做出调整,养成勤勉习惯,勤奋学习。对自己深思熟虑,勤奋一天还是一周?抑或勤奋十年还是一辈子。当然,你勤奋一小时、勤奋一天、勤奋一年、勤奋十年、勤奋几十年,它的效果都不一样。如读《论语》,你读一天《论语》,别人可能感受不到。你读十天《论语》,别人也可能感受不到。但是,你读一年《论语》,别人还是能感受到你身上发生的变化,那十年呢?一定会很明显,你的行文、你的谈吐、你的气质都会发生巨大的变化,所以要持续保持勤奋的状态,持续精进。坚信,勤奋不是一时的状态,而是一个长期的过程。可以说,勤奋是一场持久战,我们今天有一个新说法,就是"终身学习",活到老、学到老。孔子曾经无比赞叹颜回勤奋,说:"语之而不惰者,其回也与!"❶这是我想跟大家分享的懒惰心和勤奋心。

自卑心与自信心。虽然自卑心不是每个人都有,但是有很多人会有一种自卑心。在生活中,常常会听到一句话:"人比人气死人,马比骡子驮不成。"自卑心理,往往是用别人的长处来比自己的短处而产生,如别人开豪车,自己却没有;别人穿着光鲜,自己穿着寒碜,自卑心就难免产生,自卑感就难免增强。如何面对自卑心理?如何克服自卑心理?矛盾总是对立统一,此消彼长的。自卑与自信亦是如此。一个人自卑,是因为过度在意自己的短处,要改变自卑,首先得认识自己的长处、找到自己的优点,发挥优点,让自信增强,自卑自然就减弱。其实,克服自卑心理,有一个更关键的要素,就是增强自信。我们要找到自信的源头,找到自己的擅长,从自身的闪光点上建立自信。当然,自卑心和自信心就像秤的两端,你的自卑心多了,自信心自然就少了;你的自信心强了,自卑心自然就弱了。心理学上,好像有一种赞美法,利用赞美法提升自信心非常有帮助。假如,某一天,某个人因为你的某种优秀表现、某项突出特长,赞美了你、赞叹了你,请千万不要忘记被人赞叹的高光时刻,最好将其写进日记,时时翻阅、时时回味,温润心灵,自信心自然增强提升。这种方法也叫阳光卡片法。只负责记录自己被欣赏、赞叹、表扬、奖励的特殊时刻。这是提升自信的一个方法。大家不妨在自己的生活里去尝试。我相信,一定会产生令人意想不到的效果。很多时候,我们不自信,是因为我们很少觉察自身具备的

---

❶ (宋)朱熹.四书集注[M].陈成国,标点.长沙:岳麓书社,2004:130.

优长,别人的赞美和表扬也被我们忽略。这难免令人遗憾。克服自卑、提升自信,如果有第二个办法的话,我想,那就是强大、柔韧我们的心。当然,心灵的强大来自我们不懈的坚持和积累,你有了丰富的积累之后,你的自信心就会增强。你的积累多一分,自信就增强一分;你的积累多十分,自信就增强十分。

我第一次开设"论语讲读"课的时候,有点心虚,心里紧张,生怕自己讲不好课程,做不好课程管理。确实,我意识到自身的不安状态,便试图调整自己、说服自己。我跟自己对话,说:"我把《论语》读了100遍。试想,选我课的已经读了100遍《论语》的学生有没有?也许有,但是不出5个。我利用读书会的方式,把《论语》从头到尾读过两遍。试想,把《论语》从头到尾逐字逐句理解、领悟、消化过两遍的学生有没有?也许有,但也不出5个。"这么一想,我开课的信心底气十足。儒家文化也是强调自信的。孔子在《论语·公冶长第五》中说:"十室之邑,必有忠信如丘者焉,不如丘之好学也。"❶孔子觉得,在"十室之邑"这个范围内,像我这样好学的没有。从中,你可以感到孔子的底气与自信。孔子在《论语·里仁第四》中说"德不孤,必有邻"❷,让我们明显地感到孔子内心深处对道德感化的自信。他相信自己,无论走到哪里,都可以点一把火,都可以感染身边的人。儒家文化的自信心,我感觉,是坚定的、一贯的。子夏在《论语·颜渊第十二》中说:"君子敬而无失,与人恭而有礼,四海之内皆兄弟也。"❸试想,子夏如果没有自信,他就讲不出"四海之内皆兄弟"。一个人如果没有自信、没有朋友,必将寸步难行。内心自信,他就敢言:走遍天下,四海之内都是兄弟。孔子也讲过一句话,说:"苟有用我者,期月而已可也,三年有成。"❹这也是他自信、乐观的表现。我觉得读《论语》可以让你的自信心爆棚,自卑心消去。我感觉,你如果学了经典,内心底气、自信越来越足,便是一种难能可贵的精神。毛泽东说:"自信人生二百年,会当水击三千里。"❺今天,我们强调道路自信、理论自信、制度自信、文化自信,我们学习传统文化,我们也要增强文化自信。中华优秀传统文化好,好在哪里?在书中,慢慢找,找到一条算一条,逐步培养自信心,

---

❶(宋)朱熹.四书集注[M].陈成国,标点.长沙:岳麓书社,2004:94.

❷(宋)朱熹.四书集注[M].陈成国,标点.长沙:岳麓书社,2004:84.

❸(宋)朱熹.四书集注[M].陈成国,标点.长沙:岳麓书社,2004:152.

❹(宋)朱熹.四书集注[M].陈成国,标点.长沙:岳麓书社,2004:163.

❺胡国强.毛泽东诗词疏证[M].重庆:西南师范大学出版社,2009:317.

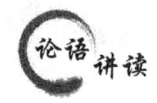

去除自卑心,踏踏实实地夯实文化基础,一步一步地提升文化自信,超越自我、点亮自我。

嫉妒心与随喜心。人心难测。嫉妒心就是一个常见的毛病和问题。通常,嫉妒心强的人,心胸狭小;随喜心强的人,心胸宽大。《三国演义》里,有一个非常有才华的人,名叫周瑜。从军事才华来说,是十分难得的军事人才。但是很遗憾,他死时很年轻,留下了六个字:"既生瑜,何生亮?"周瑜是怎么死的呢?其实就是被嫉妒心害死的。他非常嫉妒诸葛亮的才华而命丧黄泉。今天,心理健康教育大兴,我们可要时时关照自己的心灵,时常问一问自己,有没有嫉妒心理。如果有,要想方设法去除,去除嫉妒心,升起随喜心。如果别人取得成功、成就,你不能嫉妒,你应该是随喜赞叹,不是表面随喜,而是内心真真切切为他人感到高兴,只要如此,我们的心量就宽广了。《大学》有言:"人之有技,若己有之,人之彦圣,其心好之,不啻若自其口出。"❶别人如果超越你,你衷心地感到喜悦高兴,我觉得,很多老师就具备这种心态,在心里对学生说:"你来呀!你来超过我呀!你来超过历史上的古圣先贤呀!"因此,不管处境如何变化,千万要培养自己健康的随喜心态,取得成就时不忘赞叹、不忘祝福、不忘恭喜,消除嫉妒,随喜赞叹。孔子在《论语·八佾第三》中说:"居上不宽,为礼不敬,临丧不哀,吾何以观之哉?"❷孔子在《论语·阳货第十七》中还说:"宽则得众。"❸明代吕坤《呻吟语》中说:"称人之善,我有一善,又何妒焉?称人之恶,我有一恶,又何毁焉?"❹希望人人都具随喜心,宽大其心,容天下物,做大度人。

奢侈心与节俭心。查阅《现代汉语词典》:"奢侈,花费大量钱财追求过分享受。"❺"节俭,用钱等有节制;俭省。"❻奢侈与节俭代表两种不同的生活理念。中华优秀传统文化强调节俭,反对奢侈,倡导大家过一种简约的生活,而不是奢侈的生活。孔子倡导"温、良、恭、俭、让",我们不难发现,"俭"在其中。孔子还在多个场合

---

❶ (宋)朱熹.四书集注[M].陈成国,标点.长沙:岳麓书社,2004:15.
❷ (宋)朱熹.四书集注[M].陈成国,标点.长沙:岳麓书社,2004:77.
❸ (宋)朱熹.四书集注[M].陈成国,标点.长沙:岳麓书社,2004:201.
❹ (明)吕坤.呻吟语[M].叶玉泉,注译.武汉:崇文书局,2007:81.
❺ 中国社会科学院语言研究所词典编辑室.现代汉语词典[M].北京:商务印书馆,2002:1113.
❻ 中国社会科学院语言研究所词典编辑室.现代汉语词典[M].北京:商务印书馆,2002:644.

讲"节"和"俭"。在《论语·学而第一》中,孔子强调"节用而爱人"。在《论语·八佾第三》中,孔子说:"礼,与其奢也,宁俭。"在《论语·八佾第三》中,孔子批评管仲"焉得俭?"在《论语·里仁第四》中,孔子说:"以约失之者鲜矣。"在《论语·述而第七》中,孔子说:"奢则不孙,俭则固。与其不孙也,宁固。"当然,我们倡导儒家"节俭"生活理念、践行"节俭"生活理念,继承和弘扬中华优秀传统文化,古为今用,指导生活,并不过时,相当必要。道家经典《道德经》也说:"一曰慈,二曰俭,三曰不敢为天下先。"《朱子治家格言》记载:"一粥一饭,当思来处不易;半丝半缕,恒念物力维艰。"《明心宝鉴》记载:"勤俭常丰,至老不穷。"2013年10月31日,习近平总书记的《在第十八届中央纪律检查委员会第二次全体会议上的讲话》指出:"勤俭是我们的传家宝,什么时候都不能丢掉。要大力弘扬中华民族勤俭节约的优秀传统,大力宣传节约光荣、浪费可耻的思想观念,努力使厉行节约、反对浪费在全社会蔚然成风。"当然,节俭而不奢侈,不止于理念,更是行动。在生活中,我们能节约一分便节约一分,能节约十分就节约十分,绝不多花一分冤枉钱,绝不浪费一分血汗钱,去除奢侈,崇尚节俭,避免铺张浪费,过一种节俭的生活。要树立节约光荣、奢侈可耻的生活理念,珍惜物命,培育节俭心、抵制奢侈心。

贪婪心与无私心。查《现代汉语词典》可知:"贪婪,贪得无厌,不知满足。"人生一世,我们想要的东西很多,想要金钱、名望、权力等,各种需求,什么东西都想要。作为人,合理的欲望,奋力追求,努力达成,值得赞赏,但任何需求都不能无度、过度、膨胀。过度的欲望就是贪婪,不知足、不知止、不满足,不择手段获取钱财,任

---

❶ (宋)朱熹.四书集注[M].陈戍国,标点.长沙:岳麓书社,2004:56.

❷ (宋)朱熹.四书集注[M].陈戍国,标点.长沙:岳麓书社,2004:70.

❸ (宋)朱熹.四书集注[M].陈戍国,标点.长沙:岳麓书社,2004:76.

❹ (宋)朱熹.四书集注[M].陈戍国,标点.长沙:岳麓书社,2004:83.

❺ (宋)朱熹.四书集注[M].陈戍国,标点.长沙:岳麓书社,2004:115.

❻ 陈鼓应.老子注译及评介[M].北京:中华书局,1984:306.

❼ 王财贵.孝弟三百千[M].北京:北京教育出版社,2012:22.

❽ (明)范立本.明心宝鉴[M].东方出版社编辑部,注译.北京:东方出版社,2014:186.

❾ 中共中央党史和文献研究院.习近平关于注重家庭家风建设论述摘编[M].北京:中央文献出版社,2021:15.

❿ 中国社会科学院语言研究所词典编辑室.现代汉语词典[M].北京:商务印书馆,2002:1222.

意践踏社会规范,欲壑难填,贪得无厌,贪婪无度,这就是贪婪心。孔子在《论语·里仁第四》中告诫说:"放于利而行,多怨。"❶希望不要无度追逐利益,不然自取怨恨,自取其辱。贪婪结恶果,无私结善果。当然,贪婪心的反面就是无私心。无私意味着公正,也意味着不求回报。孔子在《论语·季氏第十六》中说:"丘也闻:有国有家者,不患寡而患不均,不患贫而患不安。盖均无贫,和无寡,安无倾。"❷可见,公正而没有私心,则各得其分,上下相安,也不会有倾覆之忧患。在《论语·乡党第十》里,还记载了孔子的一件无私事件:"朋友死,无所归。曰:于我殡。"❸有一个人死了,没有人负责安葬,孔子说:"让我来!"安葬一个人意味着什么?要出力、要出钱,还请人帮忙,人力、物力、财力都要投入,但孔子就这样大气地承担了。从中,我们可以感到孔子的无私心。选择贪婪还是选择无私,真的值得认真思虑。

傲慢心与恭敬心。傲慢心就是骄傲自大,恭敬心就是毕恭毕敬;傲慢心就是骄傲自满,恭敬心就是恭恭敬敬。理性告诉我们:在现实生活里,傲慢心不能有,恭敬心不能无。生活,其实是一面镜子,你对它傲慢,它对你也是如此。你对它恭敬,它对你也是如此。我喜欢说:"一分恭敬一分利益,十分恭敬十分利益。"常言道,若要人敬己,除非己敬人。你对别人傲慢,却希求别人对你恭敬,这不是南辕北辙吗?毛泽东说:"虚心使人进步,骄傲使人落后。"❹一个人若是抱着傲慢的心态、整天躺在功劳簿上,又如何能够取得进步呢?傲慢心需要每个人警惕。孔子在《论语·学而第一》中说:"敬事而信。"❺试想,一个人缺乏恭敬心,如何"敬事"?可见,没有恭敬心,要想把事情做好,根本不可能。孔子弟子子贡说:"夫子温、良、恭、俭、让以得之。"❻从子贡嘴里得知,孔子践行"恭"德。我们何不见孔子而思齐呢?有子也说:"恭近于礼,远耻辱也。"❼恭敬心还可以让我们远离耻辱。在《论语·为政第二》里,

---

❶ (宋)朱熹.四书集注[M].陈戍国,标点.长沙:岳麓书社,2004:81.

❷ (宋)朱熹.四书集注[M].陈戍国,标点.长沙:岳麓书社,2004:193.

❸ (宋)朱熹.四书集注[M].陈戍国,标点.长沙:岳麓书社,2004:138.

❹ 中共中央文献研究室.毛泽东文集:第7卷[M].北京:人民出版社,1999:117.

❺ (宋)朱熹.四书集注[M].陈戍国,标点.长沙:岳麓书社,2004:56.

❻ (宋)朱熹.四书集注[M].陈戍国,标点.长沙:岳麓书社,2004:58.

❼ (宋)朱熹.四书集注[M].陈戍国,标点.长沙:岳麓书社,2004:59.

孔子说:"临之以庄则敬。"❶可见,在上位者端庄恭敬,下属自然就端庄恭敬起来。孔子在《论语·里仁第四》中说:"事父母几谏,见志不从,又敬不违,劳而不怨。"❷可见,尽孝道,要恭敬,恭敬对待父母亲人。孔子在《论语·公冶长第五》中,揭示了晏平仲善与人交的秘密,那就是"久而敬之"❸。可见,与朋友交往,要恭敬,恭敬待人。孔子在《论语·雍也第六》中说:"敬鬼神而远之。"❹对待鬼神,也要敬而远之。在《论语·子路第十三》里,孔子对樊迟说:"执事敬。"❺孔子弟子记录孔子平日状态说:"子温而厉,威而不猛,恭而安。"❻在平日的生活里,孔子恭敬而且安详,懂得恭敬一切人、恭敬一切事、恭敬一切物,以一颗恭敬心自处、以一颗恭敬心相处,将恭敬落实于生活的方方面面、时时刻刻。总之,恭敬一切。正如孔子弟子子夏之言:"君子敬而无失,与人恭而有礼。"❼孔子强调"敬",可谓三番五次、五次三番。在《论语·卫灵公第十五》中,孔子又说:"事君,敬其事而后其食。"❽对待领导安排的工作,要兢兢业业、认认真真地完成、做好,要"敬其事"。当然,恭敬的反面是骄傲。相应地,孔子也强调"不骄"。在《论语·子路第十三》里,孔子告诫人们:"君子泰而不骄,小人骄而不泰。"❾言下之意,希望人们做一个"泰而不骄"的君子,不要做"骄而不泰"的小人。切己来说,如"敬其事",只此三字,便教我们要认真对待自己的事情、事业。作为学生,学习是天职,心不恭敬,三天打鱼两天晒网,人在教室心在外,心不在焉,得过且过,以傲慢心相对,如何学得好、学得优呢?

我们对知识、智慧,要有一个崇敬的态度,你只有心怀这种态度,才能用心学习。当然,我们对事恭敬,对人更要恭敬。每个人都有尊重和恭敬的需要,所以我们要心怀恭敬心对待一切人,你的亲人、你的室友、你的下属、你的同伴等。我们在任何场合都不需要那种傲慢心、自大心,戒骄戒躁,恭敬做人。

❶ (宋)朱熹.四书集注[M].陈成国,标点.长沙:岳麓书社,2004:67.
❷ (宋)朱熹.四书集注[M].陈成国,标点.长沙:岳麓书社,2004:82.
❸ (宋)朱熹.四书集注[M].陈成国,标点.长沙:岳麓书社,2004:90.
❹ (宋)朱熹.四书集注[M].陈成国,标点.长沙:岳麓书社,2004:102.
❺ (宋)朱熹.四书集注[M].陈成国,标点.长沙:岳麓书社,2004:165.
❻ (宋)朱熹.四书集注[M].陈成国,标点.长沙:岳麓书社,2004:116.
❼ (宋)朱熹.四书集注[M].陈成国,标点.长沙:岳麓书社,2004:152.
❽ (宋)朱熹.四书集注[M].陈成国,标点.长沙:岳麓书社,2004:191.
❾ (宋)朱熹.四书集注[M].陈成国,标点.长沙:岳麓书社,2004:168.

愤怒心与平和心。愤怒与平和是一个人的不同情绪状态。总体而言,孔子欣赏平和的心态,反对愤怒的心态。相应地,一个人的脾气、情绪要加以控制,不能动不动就发脾气、动怒。孔子只有极少数的情况发脾气。在《论语·八佾第三》记载了一件事,鲁国大夫季氏僭越而用天子之礼乐,孔子实在愤怒,说:"八佾舞于庭,是可忍也,孰不可忍也?"❶这次,孔子是真生气、真愤怒了,这是大是大非问题。但在平时生活中,孔子心平气和,不怒于心。在《论语·述而第七》中,孔子弟子记载:"子之燕居,申申如也,夭夭如也。"❷我非常喜欢一句话:"有本事有功夫的人,喜怒不形于色。"在我看来,喜怒不形于色,可以做两种理解:一种是他心中有喜怒,但不表现出来;另一种是他心中压根就没有喜和怒,这种人就更值得敬佩。孔子在《论语·学而第一》中说:"人不知而不愠,不亦君子乎?"❸不愠,不含怒,不生气,别人不理解,不火冒三丈,不暴跳如雷,善于控制自己的情绪,难道不是君子之风吗? 相应地,平心静气、心平气和、心如止水,是一种可贵的情绪状态。我们读《论语》、读孔子,在读的过程里觉察自己、控制自己,别让坏情绪影响自己,以平和心自处、以平和心相处,以平和心面对生活中的纷纷扰扰,以平和心给他人带来抚慰与幸福,以平和心给他人扫去忧郁与悲伤,让自己的情绪亲近温良恭俭让、远离怨恨恼怒烦,拒绝愤怒,平心待人。

指责心与反思心。生活中,常听人言:"都是你的错!"其实,这就是指责心的表现。指责,指责别人;反思,反思自己;指责心,推过于人;反思心,观过于己。儒家认为,要多一些反思心,少一些指责心。反思自己,求得进步;指责他人,徒增恩怨。我们彼此少一点指责,多一点理解,多一点反思,对我们的人际关系、性情修养都会有所裨益。《论语·学而第一》记载曾子的反思习惯,说:"吾日三省吾身:为人谋而不忠乎? 与朋友交而不信乎? 传不习乎?"❹每天多次反省自己,我们也可对照曾子之语,每天反思自己的一言一行、一举一动是否得体、是否失误、是否中正平和,有则改之,无则加勉。在《论语·里仁第四》中,孔子也说:"见贤思齐焉,见不贤而内自省

---

❶ (宋)朱熹. 四书集注[M]. 陈成国,标点. 长沙:岳麓书社,2004:69.
❷ (宋)朱熹. 四书集注[M]. 陈成国,标点. 长沙:岳麓书社,2004:107.
❸ (宋)朱熹. 四书集注[M]. 陈成国,标点. 长沙:岳麓书社,2004:54.
❹ (宋)朱熹. 四书集注[M]. 陈成国,标点. 长沙:岳麓书社,2004:55.

也。"❶常常反观自己,见人长处,学人长处,思己短处,补己短处,不徒羡人而甘自弃,不徒责人而忘自责。自责,检视自己、审视自己、检查自己、反思自己,向内看,看行为、看作风、看是非、看善恶,严以律己,宽以待人,时时处处事事都自重、自省、自警、自励,增强自律观念,培养友爱精神。孔子说:"吾未见能见其过而内自讼者也。"❷可见,内自讼者,悔悟深切,改之必矣。在《论语·卫灵公第十五》中,孔子说:"躬自厚而薄责于人,则远怨矣。"❸朱子在《四书集注》中说:"责己厚,故身益修,责人薄,故人易从。"❹所以,我们要多责备自己,多宽容别人。多反思,努力使自己进步成长;少指责,努力使自己的人际关系和谐融洽。关注自己、反省自己,不指责别人,懂得宽容、懂得检点,改掉指责的毛病,求得自己的提升。正如明代吕坤在《呻吟语》中说:"只尽日点检自家,发出念头来果是人心?果是道心?出言行事果是公正?果是私曲?自家人品自家定了几分,何暇非笑人?又何敢喜人之誉己耶?"❺

冷漠心与关怀心。我们学习《论语》,学习传统文化,如果越学越是变得冷漠了,那可能你是没有学到儒家文化的精髓,最起码你曲解、误解、不解孔子。我曾在很多场合分享过,孔子的第一理念是"仁","仁"是什么意思呢?就是去关怀人、去关爱人,"仁者爱人"❻。所以,"仁者爱人"就是一种关怀心,它的反面就是冷漠心。儒家文化最根本的就是希望你扩充自己内心的仁爱,多一些关怀,多传递温暖,"老吾老,以及人之老,幼吾幼,以及人之幼"❼,把这种关怀心由近及远逐渐扩大,去掉冷漠心,提升关怀心。我觉得,这是儒家的最基本的态度。"仁者,爱人",就是引导你去关怀人、关心人,关心他人的疾苦、冷暖、好恶。当然,关怀从自我开始,关爱自己、关爱亲友、关爱师长、关爱同伴、关爱同胞,关爱这个世界。

有一首歌叫《我在贵州等你》,谱曲者张超因为热爱家乡贵州,所以为宣传贵州旅游创作了这首歌曲,大受欢迎。在张超身上,我们可以感到他内心充满着对家乡

---

❶ (宋)朱熹.四书集注[M].陈成国,标点.长沙:岳麓书社,2004:82.

❷ (宋)朱熹.四书集注[M].陈成国,标点.长沙:岳麓书社,2004:93.

❸ (宋)朱熹.四书集注[M].陈成国,标点.长沙:岳麓书社,2004:187.

❹ (宋)朱熹.四书集注[M].陈成国,标点.长沙:岳麓书社,2004:187.

❺ (明)吕坤.呻吟语[M].叶玉泉,注译.武汉:崇文书局,2007:87.

❻ (宋)朱熹.四书集注[M].陈成国,标点.长沙:岳麓书社,2004:331.

❼ (宋)朱熹.四书集注[M].陈成国,标点.长沙:岳麓书社,2004:238.

的关怀与热爱。孔子在《论语·学而第一》中说的"泛爱众"①,就是一种关怀心的体现。在《论语·乡党第十》中记载了这样一件事:"厩焚。子退朝,曰:'伤人乎?'不问马。"②我们也深切地感到孔子浓浓的关怀情、关怀意、关怀心。让我们告别冷漠心,向孔子学习,给赖以生存的这个世界送出温暖、表达关怀。

虚荣心与真诚心。虚荣心强的人虚荣、矫饰、虚假、造作、虚浮,爱炫耀,贪图荣耀,羡慕财利。孔子在《论语·述而第七》中批判地说:"亡而为有,虚而为盈,约而为泰,难乎有恒矣。"③当然,虚伪不是真诚,真诚不是虚伪,一正一反,互为反义。一个人应抛弃虚荣心,修炼真诚心,至真至诚,自始至终。《说文解字》曰:"诚,信也。"④《说文解字》又曰:"信,诚也。"⑤朱子在《四书集注》中说:"信者,言之有实也。"⑥孔子在《论语·为政第二》中说:"人而无信,不知其可也。"⑦不诚不信,孔子都感叹"不知其可"。在《论语·八佾第三》中还载有体现孔子祭祀先祖之诚意的内容,具体如下:"祭如在,祭神如神在。子曰:'吾不与祭,如不祭。'"⑧孔子"如在"之诚,值得用心玩味、细心琢磨。孔子在《论语·公冶长第五》中说:"朋友信之。"⑨朋友间要讲究诚信、真诚。周敦颐在《通书》说:"诚者圣人之本。"⑩孔子在《论语·卫灵公第十五》中批判说:"巧言乱德。"⑪朱子注解说:"巧言,变乱是非。"⑫想一想,混淆是非的语言哪有真诚心呢? 常言道:"别打肿脸充胖子!"它在提醒人们,别爱慕虚荣,做人当真诚一点、朴素一点,以诚待人,真心实意,诚心诚意,以一颗真诚心行事、做人,诚恳、诚朴、诚实、诚挚。如果人与人之间多一点真诚、少一点虚伪,那么我相信社会将变得

---

① (宋)朱熹. 四书集注[M]. 陈成国,标点. 长沙:岳麓书社,2004:56.
② (宋)朱熹. 四书集注[M]. 陈成国,标点. 长沙:岳麓书社,2004:137.
③ (宋)朱熹. 四书集注[M]. 陈成国,标点. 长沙:岳麓书社,2004:113.
④ (汉)许慎. 说文解字[M]. (宋)徐铉,校定. 北京:中华书局,2013:47.
⑤ (汉)许慎. 说文解字[M]. (宋)徐铉,校定. 北京:中华书局,2013:46.
⑥ (宋)朱熹. 四书集注[M]. 陈成国,标点. 长沙:岳麓书社,2004:56.
⑦ (宋)朱熹. 四书集注[M]. 陈成国,标点. 长沙:岳麓书社,2004:67.
⑧ (宋)朱熹. 四书集注[M]. 陈成国,标点. 长沙:岳麓书社,2004:73.
⑨ (宋)朱熹. 四书集注[M]. 陈成国,标点. 长沙:岳麓书社,2004:93.
⑩ 李敖. 周子通书·张载集·二程集[M]. 天津:天津古籍出版社,2016:5.
⑪ (宋)朱熹. 四书集注[M]. 陈成国,标点. 长沙:岳麓书社,2004:189.
⑫ (宋)朱熹. 四书集注[M]. 陈成国,标点. 长沙:岳麓书社,2004:189.

更加温暖和谐、生活将变得更加美好幸福。

修心就是修出道心、修出善心，修去魔心、修去恶心。有位哲人讲过，我们内心之中住着两个人：一个是天使，一个是魔鬼。修心就是把内心的魔鬼去掉，存天理就行了；修心就是把人欲去掉，灭人欲就行了。懒惰心与勤勉心、自卑心与自信心、嫉妒心与随喜心、奢侈心与节俭心、贪婪心与无私心、傲慢心与恭敬心、愤怒心与平和心、指责心与反思心、冷漠心与关怀心、虚荣心与真诚心，这十对矛盾，前者为恶，后者为善，我们如何为善去恶，求得突破与成长呢？我想，还得在实实在在的生活实践里一点点、一步步地磨炼，在世上磨、在事上磨，艰难困苦，玉汝于成，在实践中成长，不断开拓人生的崭新境界。

三、修身的方法

其实，《论语》一书中，也具体讲了一些关于修身的方法。我们简单地讲一下这些方法，希望大家在生活实践中用得上、起作用。

（一）反求诸己

《论语》记载："君子求诸己，小人求诸人。"[1]今天，有一个词叫"责任"。作为一个儒家文化的学习者与践行者，必须强调责任，以仁为己任，不推脱责任，不逃避责任，考虑更多的是如何承担责任。在生活和工作里，如果出现毛病或者差错，首先认真查找自身存在的问题，严于责己、严于问己，深刻反省，直面问题，敢于担当，认真改进、提高、完善。比如，我们学习《论语》半年了，有进步吗？有收效吗？查找自己原因，反求诸己：是不是自己不努力？是不是自己不用心？是不是自己不专注？是不是自己不敬业？是不是自己不重视？是不是自己没有下功夫？是不是自己懒惰？孔子说："执德不弘，信道不笃，焉能为有？焉能为亡？"[2]自己执德不弘，自己信道不笃，自己不用心、不专心、不上心、不重视、常忽视、常轻视，能学好吗？如果你执德弘、信道笃，能不进步吗？我想，孔子都会赞叹你，为你的付出点赞、为你的进步点赞。

---

[1] （宋）朱熹．四书集注[M]．陈成国，标点．长沙：岳麓书社，2004：188．
[2] （宋）朱熹．四书集注[M]．陈成国，标点．长沙：岳麓书社，2004：214．

(二)敏事慎言

敏事,就是勤勉地做事;慎言,就是说话要谨慎,三思而后言。我们要改造世界,要勤勉地做事;我们要改造自己,也要勤勉地做事。做一个行动力强的人,不做言语的巨人、行动的矮子,勤勤恳恳、兢兢业业,求真务实,开拓进取,过勤勉的生活,干实在的事情,不夸夸其谈,不游手好闲,不好吃懒做,敬业乐业,干事敏事。直到人生暮年,我们能自豪地说:"我认真活过。"马克思说:"哲学家们只是用不同的方式解释世界,而问题在于改变世界。"❶让我们做行动派,不停地做事,把自己变成一个很勤奋的人。孔子也是做过很多事。说起来,孔子是在一个单亲家庭里长大的孩子,三岁时,父亲过世,跟他母亲生活。孔子后来回忆,说:"吾少也贱,故多能鄙事。"❷今天,我依然深深地佩服孔子的多才多艺,文、行、忠、信、礼、乐、射、御、书、数,多有才啊!我想,他也是通过不停地做事,让自己成长起来的。后来,孔子删《诗》《书》,定《礼》《乐》,赞《周易》,作《春秋》,也是做事。所以,我觉得人生的智慧要从做事中领悟、升华。慎言,不是不说,而是谨言,因为一言可以兴邦,一言可以丧邦,不得不谨慎对待。俗话说"病从口入,祸从口出",当引以为戒也。敏于事、慎于言,不是一句空话,值得铭记并践行。

(三)独立思考

我始终觉得,修身不能缺少思维方面的板块和内容,这就是独立思考能力。心理学上有一种"从众心理",别人怎么走,就有人不假思索地跟着走,这是一种有趣的社会现象,但是儒家文化不提倡"从众",它提倡思考、体察。孔子也说过,所有人喜欢我,我要思考思考;所有人不喜欢我,我也要思考思考。亚圣孟子曾说:"自反而缩,虽千万人,吾往矣!"❸如果自我反省、自我思考之后,理直气壮、无愧于心的话,对方即使有千军万马,我也勇往直前,决不退缩。孔子说:"学而不思则罔,思而不学则殆。"❹我们看到了思的力量,感受到独立思考的价值和意义。

---

❶ 余源培,吴晓明.马克思主义哲学经典文本导读:上卷[M].北京:高等教育出版社,2005:142.
❷ (宋)朱熹.四书集注[M].陈成国,标点.长沙:岳麓书社,2004:125.
❸ (宋)朱熹.四书集注[M].陈成国,标点.长沙:岳麓书社,2004:258.
❹ (宋)朱熹.四书集注[M].陈成国,标点.长沙:岳麓书社,2004:65.

（四）与人为善

孟子非常推崇一个人，就是大舜，舜原来也是一个普通人，但他善于与人为善，不停地学习别人的好处、别人的长处、别人的真善美，最后登上天子之位。其实，我们学什么东西，就要学习他人的优点、长处，夯实自己、提升自己、优化自己，与人为善，见贤思齐。孔子说："见贤思齐焉，见不贤而内自省也。"[1]见人好处、学人好处，是修身的一个好方法。明代的吕坤《呻吟语》中说："世人喜言无好人，此孟浪语也。今且不须择人，只于市井稠人中聚百人而各取其所长，人必有一善，集百人之善，可以为贤人。人必有一见，集百人之见，可以决大计。恐我于百人中未必人人高出之也，而安可忽匹夫匹妇哉？"[2]学人之长、补己之短，不停歇，不止步，活到老、学到老、行到老。在《中庸》一文中，孔子赞叹颜回善于与人为善，说："回之为人也，择乎中庸，得一善，则拳拳服膺而弗失之矣。"[3]让我们学会学习、学会成长，与人为善，集众家之长，不断超越自我。

（五）勇于改过

过，错也。面对过错，不同的人有不同的方法。君子敢于正视自己的过错，并且勇于改过。小人则是相反，掩盖、掩饰自己的过失。儒家赞叹君子，勇于面对自己、敢于正视过失。儒家认为，"观过"是君子与小人的分水岭。孔子在《论语·里仁第四》中说："人之过也，各于其党，观过，斯知仁矣。"[4]君子勇改过，小人常掩过。子夏在《论语·子张第十九》中说："小人之过也必文。"[5]文，掩饰也。孔子在《论语·学而第一》中描述君子，说："过则勿惮改。"[6]

有人研究企业经营之道，研究失败、研究过错。这是一种逆向思维，从失败与过错中领悟成功的道理。这正是勇于改过的表现。做君子还是做小人，考验着每一个人的格局、气度、心胸，常观己过、常思己过、常改己过，向君子的目标出发。

---

[1]（宋）朱熹.四书集注[M].陈成国,标点.长沙:岳麓书社,2004:82.
[2]（明）吕坤.呻吟语[M].叶玉泉,注译.武汉:崇文书局,2007:84.
[3]（宋）朱熹.四书集注[M].陈成国,标点.长沙:岳麓书社,2004:25.
[4]（宋）朱熹.四书集注[M].陈成国,标点.长沙:岳麓书社,2004:80.
[5]（宋）朱熹.四书集注[M].陈成国,标点.长沙:岳麓书社,2004:215.
[6]（宋）朱熹.四书集注[M].陈成国,标点.长沙:岳麓书社,2004:57.

(六)严以律己

儒家对"律己"是十分重视的。孔子在《论语·里仁第四》中讲:"以约失之者,鲜矣。"❶由此可见,约束自己的重要意义。孔子在《论语·颜渊第十二》中还强调"克己复礼"的重大意义。他说:"克己复礼为仁。一日克己复礼,天下归仁焉。"❷可见,"克己复礼"是实现"仁"的方法和路径。孔子进一步提出了"律己"的条目:"非礼勿视,非礼勿听,非礼勿言,非礼勿动。"❸约束自己,一言一行、一举一动都要符合礼的规范。孔子甚至认为,对自己"下手"要狠一点,对别人"下手"要轻一点。因此,孔子在《论语·卫灵公第十五》中说:"躬自厚而薄责于人。"❹对自己不能心太软,对别人也不能心太硬,严以律己,宽以待人。

(七)躬身实践

马克思说:"一步实际运动要比一打纲领更重要。"❺这说明:只有行动,才能改变。如果我们只是在心里想而不采取行动,那就是空想,一定要在行动中落实。著名诗人陆游说:"纸上得来终觉浅,绝知此事要躬行。"❻结合《论语》,试想一下,孔子说"学而时习之"❼,在这里"时习"不是行动与实践吗?孔子说"行有余力"❽,这里的"行"不是行动与实践吗?子夏说"事父母,能竭其力"❾,这里的"竭力"不是行动与实践吗?孔子说"敏于事"❿,这里的"敏于事"不是行动与实践吗?孔子说"君子欲讷于言而敏于行"⓫,这里的"敏于行"不是强调行动与实践吗?孔子说:"我非生而

---

❶ (宋)朱熹.四书集注[M].陈成国,标点.长沙:岳麓书社,2004:83.
❷ (宋)朱熹.四书集注[M].陈成国,标点.长沙:岳麓书社,2004:150.
❸ (宋)朱熹.四书集注[M].陈成国,标点.长沙:岳麓书社,2004:150.
❹ (宋)朱熹.四书集注[M].陈成国,标点.长沙:岳麓书社,2004:187.
❺ 马克思恩格斯全集:第19卷[M].北京:人民出版社,1963:13.
❻ 张永鑫,刘桂秋.陆游诗词选译[M].成都:巴蜀书社,1990:233.
❼ (宋)朱熹.四书集注[M].陈成国,标点.长沙:岳麓书社,2004:54.
❽ (宋)朱熹.四书集注[M].陈成国,标点.长沙:岳麓书社,2004:56.
❾ (宋)朱熹.四书集注[M].陈成国,标点.长沙:岳麓书社,2004:57.
❿ (宋)朱熹.四书集注[M].陈成国,标点.长沙:岳麓书社,2004:59.
⓫ (宋)朱熹.四书集注[M].陈成国,标点.长沙:岳麓书社,2004:59.

知之者,好古,敏以求之者也。"❶这里的"敏以求之"不是强调行动与实践吗?孔子说:"躬行君子,则吾未之有得。"❷这里的"躬行"不是强调行动与实践吗?孔子说"出则事公卿,入则事父兄"❸,这里的"事公卿"与"事父兄"不是行动与实践吗?实践出真知。让我们在躬身实践中长才干,不当温室里的花朵,要经风雨、见世面、强筋骨。生命不息,行动不止;生命不息,实践不止。《荀子》说:"学至乎没而后止也。"❹相应地,躬身实践也是长久的,直到生命的完结。

(八)温良恭俭

温良恭俭,这是一个理念,也是一个标准。生活中,我们说话做事,符不符合这样的理念,符不符合这样的标准,"是"就去行动,"不是"就要打住、刹车。刘备临死前,对他的儿子刘禅作政治交代,说:"勿以恶小而为之,勿以善小而不为。"❺我想进一步说:"勿以善小而不言,勿以恶小而言之。"我们的言行是否可以遵循"温良恭俭"理念、标准?我们为人处世可否从"温良恭俭"得到启发?答案是肯定的。孔子在《论语·卫灵公第十五》中说:"群居终日,言不及义,好行小慧,难矣哉!"❻常言道:"有理不在声高。"这也是提醒我们遵循"温良恭俭"的必要性吧!

说一千,道一万,修身要在生活中落实。在日常生活里,我们不仅要关注自己的语言、自己的行为,更要关注自己的内心世界,让心光明起来、让心灿烂起来、让心阳光起来,日日学、日日新、日日修、日日鲜。汤之《盘铭》曰:"苟日新,日日新,又日新。"❼希望你通过自己切实的修养功夫,德业双修,日臻美好。

最后,分享一首歌词《不辜负我们的情缘》:

> 我们相识以后,
>
> 从此就多了忧愁!

---

❶ (宋)朱熹.四书集注[M].陈成国,标点.长沙:岳麓书社,2004:111.
❷ (宋)朱熹.四书集注[M].陈成国,标点.长沙:岳麓书社,2004:115.
❸ (宋)朱熹.四书集注[M].陈成国,标点.长沙:岳麓书社,2004:129.
❹ 张觉.荀子译注[M].上海:上海古籍出版社,2012:6.
❺ (明)范立本.明心宝鉴[M].东方出版社编辑部,注译.北京:东方出版社,2014:3.
❻ (宋)朱熹.四书集注[M].陈成国,标点.长沙:岳麓书社,2004:187.
❼ (宋)朱熹.四书集注[M].陈成国,标点.长沙:岳麓书社,2004:7.

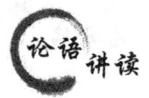

心念在这论语讲读课堂,
求圣贤智慧依旧。
敏于事讷于言,
身必修躬行实践。
我祝愿同人温良恭俭、
寡尤寡悔先行其言。

还记得我,
承诺过不会让你虚度这时间。
愿你铭记,
恭自厚而薄责于人则远怨。
志士任重而道远,
依于仁力求与人为善。
我在用心体悟:
仁义礼智——儒者的观点。
感悟生活,
见贤思齐、反求诸己的真言,
写好修身的诗篇,
不辜负我们的情缘!

第七讲　教育篇：不负教育的使命

常言道："百年大计，教育为本。教育大计，教师为本。"孔子作为至圣先师，无人不知，无人不晓，是千古名师。那么，我们该从孔子身上汲取哪些教育智慧呢？《学记》有云："虽有嘉肴，弗食不知其旨也。虽有至道，弗学不知其善也。"❶想汲取孔子的教育智慧，让我们从《论语》中领悟一番吧！

一、教者，当是一个善学者

孔子，作为一名教师，就是一位善学者。他从一个无名小卒变成"国老"、从一个卑微之士变成"礼仪"专家、从默默无闻到名满天下的博学者，都是因为好学、善学。在《论语·学而第一》中，孔子总结自己的学习心得，说："学而时习之，不亦说乎？"❷在《论语·述而第七》中，孔子说："述而不作，信而好古，窃比于我老彭。"❸同样在《论语·述而第七》中，孔子还说："我非生而知之者，好古，敏以求之者也。"❹在《论语·述而第七》中，孔子还说："发愤忘食，乐以忘忧，不知老之将至云尔。"❺在《论语·公冶长第五》中，孔子说："十室之邑，必有忠信如丘者焉，不如丘之好学也。"❻

那么，为什么学、学什么、怎么学等问题，孔子有独特的思考和看法。

为什么学？学习的目的究竟是什么？孔子认为，学习的目的就是要"学达三知"。"三知"，具体为知命、知礼、知言。孔子在《论语·尧曰第二十》中说："不知命，无以为君子也。不知礼，无以立也。不知言，无以知人也。"❼一个人若知命、知礼、

---

❶ 高时良.学记[M].北京：人民教育出版社，2016：5.
❷ （宋）朱熹.四书集注[M].陈戍国，标点.长沙：岳麓书社，2004：54.
❸ （宋）朱熹.四书集注[M].陈戍国，标点.长沙：岳麓书社，2004：106.
❹ （宋）朱熹.四书集注[M].陈戍国，标点.长沙：岳麓书社，2004：111.
❺ （宋）朱熹.四书集注[M].陈戍国，标点.长沙：岳麓书社，2004：111.
❻ （宋）朱熹.四书集注[M].陈戍国，标点.长沙：岳麓书社，2004：94.
❼ （宋）朱熹.四书集注[M].陈戍国，标点.长沙：岳麓书社，2004：223.

知言的话，就是一个合格的社会栋梁之材，这也是一个君子的必备要素。所以，孔子也教自己的孩子伯鱼，让他学诗、学礼。孔子说："不学诗，无以言；不学礼，无以立。"这也成为儒家诗礼传家传统的起源。

孔子认为，学习的目的就是学以致用。在《论语·子路第十三》中，孔子说："诵《诗》三百，授之以政，不达；使于四方，不能专对：虽多，亦奚以为？"❶学而不用不是目的，也达不到目的。可见，儒家有很强的务实性学习态度。学习了，就要应用，在应用中检验学习的成效、实效。

子夏认为，学习的目的就是学以致道。《论语·子张第十九》中，子夏说："百工居肆以成其事，君子学以致其道。"❷道，指法则、规律，犹如今天所言的"真理"。君子学习的目的就是"道"。记得西方有一位哲人说："吾爱吾师，吾更爱真理。"这与子夏之见不谋而合。在《论语·里仁第四》中，孔子还说："朝闻道，夕死可矣。"❸可见儒家对道的执着追求，为了道，死而无憾。

孔子认为，学习的目的就是除弊去害。在《论语·阳货第十七》中，孔子曾经对子路说："好仁不好学，其蔽也愚；好知不好学，其蔽也荡；好信不好学，其蔽也贼；好直不好学，其蔽也绞；好勇不好学，其蔽也乱；好刚不好学，其蔽也狂。"❹本来，仁、知、信、直、勇、刚等是一个人所希望具备的良好素养。但是，如果没有学习、没有智慧，就会带来极大弊端。《冻僵的蛇和农夫》就给了我们莫大的启示："农夫把一条冻僵的蛇放进怀里，温暖那蛇，但那蛇舒展身体后，却缠住农夫的手咬了致命的一口，咬死了那个曾经热心帮助它的人。农夫临死时说了句值得铭记的话：'我怜悯邪恶之徒，理应受这样的恶报。'"❺因此，学习是除弊去害的最佳方式。

孔子还认为，学习的目的就是为己之学。在《论语·宪问第十四》中，孔子说："古之学者为己，今之学者为人。"❻"为己"就是充实自己、提升自己、改变自己，让自己变得强大、优秀，以便更好地服务于人。所以，学习不是为了炫耀、装饰，而是为

---

❶ (宋)朱熹.四书集注[M].陈成国，标点.长沙：岳麓书社，2004：162.
❷ (宋)朱熹.四书集注[M].陈成国，标点.长沙：岳麓书社，2004：215.
❸ (宋)朱熹.四书集注[M].陈成国，标点.长沙：岳麓书社，2004：80.
❹ (宋)朱熹.四书集注[M].陈成国，标点.长沙：岳麓书社，2004：202.
❺ [古希腊]伊索.伊索寓言[M].王焕生，译.北京：人民文学出版社，2008：294.
❻ (宋)朱熹.四书集注[M].陈成国，标点.长沙：岳麓书社，2004：176.

自己学,为自己而奋斗,为自己的国家、民族奋斗。

综合而言,学习的目的系统是我们每个人都应该思索和面对的问题。思不深、思不明,则学不切、学不勤。我们学习是为了什么,学习的目的系统又是什么。每一个学习者、善学者都得想一想,给自己一个努力、勤奋、善学、乐学的理由。我想,带着目的学与没有目的学,差之毫厘、谬以千里,结果往往大相径庭,我们都不得不用心思索。

目的很明确,内容更讲究。那么,孔子传授给弟子们的内容有哪些呢?那就是文、行、忠、信。《论语·子张第十九》中,子夏曰:"博学而笃志!"❶那么,"博学"究竟要学什么呢?《论语·述而第七》记载:"子以四教:文、行、忠、信。"❷学习历代文献典籍、社会生活实践、对事情的忠诚、对人际的信用。针对文献,孔子在《论语·述而第七》中说:"我非生而知之者,好古,敏以求之者也。"❸在此,我们知道,孔子也学习传统文化,善于从历史文献中汲取智慧,善于向书本学习,善于向历史上的大圣大贤借智慧。在《论语·述而第七》中,孔子还说:"加我数年,五十以学《易》,可以无大过矣。"❹

目的内容既明,当言为学理念、态度和方法。孔子的为学理念是什么?我认为是"学而不厌"。孔子喜欢学习、善于学习,一生学习、一世不厌。用今天的话来讲,孔子就是终身学习的典型代表,活到老,学到老。《论语·述而第七》中,孔子说:"默而识之,学而不厌,诲人不倦,何有于我哉?"❺同样在《论语·述而第七》中,孔子曾说:"发愤忘食,乐以忘忧,不知老之将至云尔。"❻孔子爱学、善学的形象跃然纸上。正是因为孔子爱学、善学、不厌学,所以孔子的人生境界一步步走向伟岸、崇高。在《论语·为政第二》中,孔子说:"吾十有五而志于学,三十而立,四十而不惑,五十而知天命,六十而耳顺,七十而从心所欲,不逾矩。"❼

---

❶ (宋)朱熹.四书集注[M].陈戍国,标点.长沙:岳麓书社,2004:215.
❷ (宋)朱熹.四书集注[M].陈戍国,标点.长沙:岳麓书社,2004:112.
❸ (宋)朱熹.四书集注[M].陈戍国,标点.长沙:岳麓书社,2004:111.
❹ (宋)朱熹.四书集注[M].陈戍国,标点.长沙:岳麓书社,2004:110.
❺ (宋)朱熹.四书集注[M].陈戍国,标点.长沙:岳麓书社,2004:106.
❻ (宋)朱熹.四书集注[M].陈戍国,标点.长沙:岳麓书社,2004:111.
❼ (宋)朱熹.四书集注[M].陈戍国,标点.长沙:岳麓书社,2004:62.

关于学习态度。孔子在《论语·为政第二》中说:"知之为知之,不知为不知,是知也。"❶用今天的话来讲,就是实事求是的学习态度,不用不懂装懂,诚实、端正。孔子也注意到兴趣爱好对学习的巨大帮助,在《论语·雍也第六》中说:"知之者不如好之者,好之者不如乐之者。"❷因此,培养兴趣、发现自己,爱学、乐学会让我们在学习的道路上越走越远、越行越幸运。

方法是路径。孔子认为,学习有方法系统。根据《论语》,我们大概可以列举如下一些方法。

学而时习。习,不是单单温习书本。习,有实践的意思。要时常学习实践,在实践中领悟、巩固学习成果,如学游泳,不是只看《游泳运动身体训练指南》,而是要真正进入游泳池,在学习泳姿的过程中领悟游泳的秘诀。

温故知新。在《论语·为政第二》中,孔子说:"温故而知新,可以为师矣。"❸我们学习心理学都知道,人会有遗忘。如果我们没有温故的学习习惯,今日所得也许明日便忘却,所以要常常温故才能巩固所学。

学思结合。在《论语·为政第二》中,孔子说:"学而不思则罔,思而不学则殆。"❹孔子强调思与学要紧密结合,不然劳而无功,只是徒劳而已。孔子在《论语·卫灵公第十五》中说:"吾尝终日不食,终夜不寝,以思,无益,不如学也。"❺《荀子》亦有言:"吾尝终日而思矣,不如须臾之所学也。"❻唯有学与思结合,学习才能取得成效。

勤学好问。在《论语·八佾第三》中记载:"子入太庙,每事问。"❼从这个细节,我们真切地感到孔子的好学态度,不懂就问,有疑问就问。我们常说,圣人无常师。这也是孔子谦虚求学、不懂就问的一个方面。另外,在《论语·公冶长第五》中,孔子说:"敏而好学,不耻下问。"❽可见,善问也是学习的有效方法,可以向尊者问、向卑

---

❶ (宋)朱熹.四书集注[M].陈成国,标点.长沙:岳麓书社,2004:66.
❷ (宋)朱熹.四书集注[M].陈成国,标点.长沙:岳麓书社,2004:101.
❸ (宋)朱熹.四书集注[M].陈成国,标点.长沙:岳麓书社,2004:65.
❹ (宋)朱熹.四书集注[M].陈成国,标点.长沙:岳麓书社,2004:65.
❺ (宋)朱熹.四书集注[M].陈成国,标点.长沙:岳麓书社,2004:190.
❻ 张觉.荀子译注[M].上海:上海古籍出版社,2012:2.
❼ (宋)朱熹.四书集注[M].陈成国,标点.长沙:岳麓书社,2004:74.
❽ (宋)朱熹.四书集注[M].陈成国,标点.长沙:岳麓书社,2004:89.

者问,善问才善学,凡事多问几个为什么。

博闻多识。在《论语·述而第七》中,孔子说:"盖有不知而作之者,我无是也。多闻择其善者而从之,多见而识之,知之次也。"❶孔子强调,学习要多闻、博闻、多见、多识。同样,在《论语·述而第七》中,孔子说:"默而识之……何有于我哉?"❷这里的"默而识之"也是博闻多识的一个体现。在《论语·为政第二》中,孔子也说:"多闻阙疑,慎言其余,则寡尤,多见阙殆,慎行其余,则寡悔。言寡尤,行寡悔,禄在其中矣。"❸可见,多闻多见是很好的学习方法。

见贤思齐。在《论语·里仁第四》中,孔子说:"见贤思齐焉,见不贤而内自省也。"❹一个人要善于学习他人的长处,取人之长,补己之短,也要善于内省反思,自觉抵制不良习气。

切磋实践。儒家强调,朋友在一起,就要多多交流学问,探讨启发,相互促进。在《论语·学而第一》中,孔子说:"有朋自远方来,不亦乐乎?"❺在《论语·子路第十三》中,孔子说:"朋友切切、偲偲。"❻同时,儒家还强调,要多落实、多实践、多行动。在《论语·述而第七》中,孔子说:"躬行君子,则吾未之有得。"❼孔子当然是谦虚地表达自己。不过,我们看到了"躬行","躬行"二字就是要求实践、行动、落实。

二、教者,当是一个因材者

因材施教是孔子教育思想的精华。因材施教让每个人都得到充分的发展,适性扬才,随性点化。例如,在《论语·为政第二》中,孟懿子、孟武伯、子游、子夏都提出了同样的问题,即"问孝",孔子的回答却各有不同。孔子根据平时了解观察发现,子游孝养双亲,只满足于饮食供养,但失于敬,对父母双亲缺乏敬意。所以,孔

---

❶ (宋)朱熹.四书集注[M].陈戍国,标点.长沙:岳麓书社,2004:113.
❷ (宋)朱熹.四书集注[M].陈戍国,标点.长沙:岳麓书社,2004:106.
❸ (宋)朱熹.四书集注[M].陈戍国,标点.长沙:岳麓书社,2004:66.
❹ (宋)朱熹.四书集注[M].陈戍国,标点.长沙:岳麓书社,2004:82.
❺ (宋)朱熹.四书集注[M].陈戍国,标点.长沙:岳麓书社,2004:54.
❻ (宋)朱熹.四书集注[M].陈戍国,标点.长沙:岳麓书社,2004:168.
❼ (宋)朱熹.四书集注[M].陈戍国,标点.长沙:岳麓书社,2004:115.

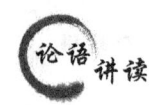

子对子游说:"今之孝者,是谓能养,至于犬马,皆能有养,不敬,何以别乎?"❶在孝养双亲方面,孔子发现,子夏容易犯一个毛病,就是他对待父母亲时缺少温润之色,没有和颜悦色。孔子看在眼里、记在心里,并没有及时指出,待子夏问孝时,孔子才对他说:"色难。有事,弟子服其劳;有酒食,先生馔,曾是以为孝乎?"❷孟懿子,鲁国大夫仲孙氏,也称孟孙,是当时鲁国三家权臣(孟孙、叔孙和季孙)之一。根据朱子《四书集注》记载,当时三家权臣都僭越礼仪,不守礼节,所以当孟懿子向孔子"问孝"时,孔子说:"无违。"孟武伯就是孟懿子之子,是一个典型的"官二代",因为生于富贵之家、长于逸乐之地,容易致疾而引起亲人的忧愁,所以孔子跟他说:"父母唯其疾之忧。"稍作分析,孔子的回答应对各因其材,对象不同,回答不同。又如,在《论语·先进第十一》中记载:"子路问:'闻斯行诸?'子曰:'有父兄在,如之何其闻斯行之?'冉有问:'闻斯行诸?'子曰:'闻斯行之。'公西华曰:'由也问闻斯行诸,子曰有父兄在;求也问闻斯行诸,子曰闻斯行之。赤也惑,敢问。'子曰:'求也退,故进之;由也兼人,故退之。'"❸子路和冉有两人性格不同、脾气不一样,孔子能够根据他们的性格特点进行有针对性的指导、点拨,不得不令人赞叹,这就是孔子高明的"因材施教"智慧。综上所述,因材是施教的前提、基础、条件,若不因其材,教育效果必将大打折扣,甚至无济于事,所以因材者务必要走进学生、走向学生,了解学生、亲近学生,和学生打成一片,站在学生中间,尽可能多地搜集学生的兴趣、爱好、特长、性格、生活习惯、为人态度、做事能力等各方面的信息,在综合、全面了解的基础上因其材、施其教、促其长。苏霍姆林斯基在《给父母的建议》中说:"我之所以喜爱自己的教师职业,正是因为教育工作的内容,就是在了解学生秉性的基础上精雕细刻,使他成才。我的工作总是从了解学生开始。我小心翼翼地走进学生的内心世界,轻轻触动它的各个角落,力求在最隐秘的部位发现学生心灵中善的、符合人性的东西,发现它的天赋和才能。"❹

---

❶ (宋)朱熹.四书集注[M].陈成国,标点.长沙:岳麓书社,2004:63.
❷ (宋)朱熹.四书集注[M].陈成国,标点.长沙:岳麓书社,2004:64.
❸ (宋)朱熹.四书集注[M].陈成国,标点.长沙:岳麓书社,2004:145.
❹ [苏]苏霍姆林斯基.给父母的建议[M].武汉:长江文艺出版社,2021:189.

三、教者，当是一个乐教者

乐，快乐也。乐教者也是一个善教者，因为善教，所以快乐。诚然，乐教者就是要热心教育事业、热爱教育教学、热衷教书育人，喜欢和学生打交道，是一个快乐的行者，有热情、有激情、有感情、有技巧、有奉献，并且在教育的过程中干得开心、干得快乐，有满满的获得感、幸福感和成就感。孔子曾在《论语·述而第七》中自述："默而识之，学而不厌，诲人不倦，何有于我哉？"❶在孔子的教师生涯里，没有不耐烦、没有厌倦、没有职业倦怠，从"诲人不倦"这四个字中，我们看到了孔子热爱学生、热心教育的由衷态度。孔子将自己的爱挥洒在教育学生上，目光聚焦于学生，关注落实于学生。在《论语·学而第一》中，孔子教育他的弟子们，说："弟子入则孝，出则弟，谨而信，泛爱众，而亲仁。行有余力，则以学文。"❷在《论语·述而第七》中，孔子说出了自己的忧虑，其实，这也是孔子对学生的忧虑。他说："德之不修，学之不讲，闻义不能徙，不善不能改，是吾忧也。"❸在孔子的忧虑中，我们同样感到深沉的教师之爱，心心念念，坚定有力，将自己的满腔热情倾注于学生。孔子还希望将自己的全部智慧传承给学生，不遗余力，毫无保留，没有丝毫隐瞒。在《论语·述而第七》中，孔子说："二三子以我为隐乎？吾无隐乎尔。吾无行而不与二三子者，是丘也。"❹孔子为教育而奉献的无私精神，今天依然是激励无数教育者前行的伟大精神力量，干着、爱着、奉献着、快乐着。这在《论语·先进第十一》中得到生动体现。孔子与弟子子路、曾晳、冉有、公西华在一起，开启了他的教育教学工作。孔子首先抛出了话题："如或知尔，则何以哉？"❺子路因为比较冲动，率先说出了自己的想法：希望自己可以在国家军事方面有所建树。孔子笑他。接着，冉有、公西华、曾点都把自己的想法和盘托出。而孔子只点赞了曾点的想法。曾点说："莫春者，春服既成，冠者五六人，童子六七人，浴乎沂，风乎舞雩，咏而归。"❻孔子为什么笑子路赞曾

---

❶（宋）朱熹.四书集注[M].陈戍国，标点.长沙：岳麓书社，2004：106.
❷（宋）朱熹.四书集注[M].陈戍国，标点.长沙：岳麓书社，2004：56.
❸（宋）朱熹.四书集注[M].陈戍国，标点.长沙：岳麓书社，2004：106.
❹（宋）朱熹.四书集注[M].陈戍国，标点.长沙：岳麓书社，2004：112.
❺（宋）朱熹.四书集注[M].陈戍国，标点.长沙：岳麓书社，2004：147.
❻（宋）朱熹.四书集注[M].陈戍国，标点.长沙：岳麓书社，2004：147.

点呢？其实，子路、冉有、公西华的志向，不可谓不大。他们都立志为国家发展贡献力量，只是侧重点不同而已。子路侧重于"有勇"，意在军事定国；冉求侧重于"足民"，意在经济富国；公西华侧重于"宗庙之事"，意在以礼治国。他们三人的志向，孔子听在心里，却用一种特殊的表情独贬子路，不是笑他理想小，而是笑他鲁莽、容易冲动，不懂得谦虚礼让。孔子点赞曾点，是因为曾点描绘的是一幅盛世春游图景，春天里人们三五成群，洗澡、吹风、唱歌、回家，这是非常和谐美好的生活景象，必定是最理想的社会才能达到的，这也符合孔子对理想社会的期许。此外，曾点还有"功成不必有我"的广阔心胸，所以孔子用了这样一句话表达了自己的态度和主张，他说："吾与点也。"而孔子对其他两个弟子的发言没有评论、没有褒贬，显示了孔子高超的教学艺术和教学水平。

四、教者，当是一个示范者

我们常说："学高为师，身正为范。"教育者就是一个示范者，为学生做示范、为教育树形象。《说文解字》曰："教，上所施下所效也。"❶孔子在《论语·颜渊第十二》中说："子帅以正，孰敢不正？"❷孔子在《论语·子路第十三》中也说："其身正，不令而行。"❸教育当是如此。教师首先要端正自己的行为，一言一行、一举一动、一心一念都得体端庄。要求学生要养成守时的习惯，教师首先得有守时的素养；要求学生要敬畏课堂，教师首先要对课堂心存敬畏；要求学生恭敬有礼，教师首先就要做一个恭敬有礼的人。总之，教师是先行者、先觉者，是学生心中的标杆。"只许州官放火，不许百姓点灯"的教学效果是难尽人意的。教师只有用自己的行动影响学生的行动，用自己的身教影响学生的行为，用自己的情感、态度、价值观影响学生的情感、态度、价值观，才是有效的，也才可能是高效的。在《论语·颜渊第十二》中，孔子曾对季康子说："子欲善，而民善矣。君子之德风，小人之德草，草上之风，必偃。"❹在此，我想将它化用在教育上，说："子欲善，而生善矣。教师之德风，学生之德草，草

---

❶（汉）许慎.说文解字[M].（宋）徐铉,校定.北京：中华书局,2013：64.
❷（宋）朱熹.四书集注[M].陈成国,标点.长沙：岳麓书社,2004：156.
❸（宋）朱熹.四书集注[M].陈成国,标点.长沙：岳麓书社,2004：162.
❹（宋）朱熹.四书集注[M].陈成国,标点.长沙：岳麓书社,2004：157.

上之风,必偃。"因此,一个教者要相信身教的力量、要相信行教的力量,重视身教,结合言教,教书育人,立德树人。苏霍姆林斯基在《给父母的建议》中说:"我们做父母的,最重要的,是用自己的行为教育影响孩子,这是我们应该永远记住的。"❶我想,这也是一个教育者应该永远记住的。不管你信不信,作为教师,我们的一言一行都会影响学生,或大或小、或好或坏。

五、教者,当是一个启发者

孔子是提出启发式教学的第一人。在《论语·述而第七》中,孔子说:"不愤不启,不悱不发。举一隅不以三隅反,则不复也。"❷这就是启发式教学的源头。如何理解启发式教学呢?查《辞海》可知:"启发,指点别人,使有所领悟。"❸什么时候启发呢?这事关启发的时机。孔子认为,愤悱之时就是进行启发式教育的最佳时刻。什么是"愤""悱"?朱子《四书集注》曰:"愤者,心求通而未得之意;悱者,口欲言而未能之貌。"❹可见,进行启发式教学的时机至关重要,不愤之时不启,不悱之时不发。这就要求老师要善于观察、把握,要有耐心,待学生愤悱之时再进行启发、引导、解惑,才能达到理想的教育效果。而这个理想的教育效果就是"举一隅不以三隅反"。简而言之,启发式教学要达到"举一反三"的良好效果。我们可以简要梳理一下,启发式教学的核心是时机,即对学生"愤悱"时刻的把握。为了把握教育最佳时机,老师要有耐心,不要急于求成。比如,孔子作为千古名师,他没有"好为人师"的习惯,善于进行启发式教学,知道子夏、子游、孟武伯等的弱点,但没有急于指出,而是等待他们提出相关问题时才给予针对性的启发和点拨。当然,孔子对启发的时机或者教育的时机把握得总是那么及时、准确,善于抓住各种机会对弟子进行教育。在《论语·宪问第十四》中记载:子贡正在评论别人的短长。孔子就提醒子贡

---

❶ [苏]苏霍姆林斯基.给父母的建议[M].武汉:长江文艺出版社,2021:20.
❷ (宋)朱熹.四书集注[M].陈成国,标点.长沙:岳麓书社,2004:108.
❸ 陈至立.辞海[M].上海:上海辞书出版社,2020:3424.
❹ (宋)朱熹.四书集注[M].陈成国,标点.长沙:岳麓书社,2004:108.

说:"赐也贤乎哉?夫我则不暇。"❶《说文解字注》曰:"贤,劳也,谓事多而劳也。"❷子贡口才好,喜欢发言,但是当子贡评论别人时,孔子及时提醒子贡说:"子贡啊!你怎么这么多事呢?我才没有这个闲工夫呢!"孔子通过委婉的方式教育子贡少说话、少谈论别人的是非长短,以免引来祸患。俗话说"祸从口出",我们不得不谨慎说话。还有,在《论语·公冶长第五》中记载,宰予白天还在睡懒觉,孔子当即批评说:"朽木不可雕也,粪土之墙不可杇也。"❸他希望宰予克服懒惰、珍惜时间,敏于行、谨于言。总而言之,要搞好教育工作,就要寻找突破口,把握时机,愤悱之时耐心开导,时然后言、时然后教、时然后启、时然后发。

六、教者,当是一个引导者

教师要善于引导学生,善于唤醒学生,激发学生的兴趣,引导学生在德、智、体、美、劳方面不断发展,积极当好引导者的角色,担负引导者的责任。在《论语·八佾第三》中:"子夏问曰:'巧笑倩兮,美目盼兮,素以为绚兮。何谓也?'子曰:'绘事后素。'曰:'礼后乎?'子曰:'起予者商也!始可与言《诗》已矣。'"❹我们先作基本的解释。巧,美好之意;巧笑,是指美好的笑容。倩是一个形容词,也是"美好"的意思。盼,指眼睛黑白分明。其中,第一个"素"意思为本来的,第二个"素"意思为本色、白色;绚,美丽。绘事,指绘画之事。后素,根据不同理解,可有两种解释:一种解释为"后于素也"。朱子《四书集注》曰:"《考工记》曰:'绘画之事后素功。'谓先以粉地为质,而后施以五采,犹人有美质,而后可加文饰。礼必以忠信为质,犹绘事必以粉素为先。"❺另一种解释为在众色间敷以白色。《十三经古注》曰:"凡绘画,先布众色,然后以素分布其间,以成其文,喻美女虽有倩盼美质,亦须礼以成之。"❻若是第一种解释,绘事后素说明绘画要先有素白的底色,然后才可以进行绘画;若是第二种解释,

---

❶ (宋)朱熹.四书集注[M].陈成国,标点.长沙:岳麓书社,2004:178.
❷ (清)段玉裁.说文解字注[M].北京:中华书局,2013:282.
❸ (宋)朱熹.四书集注[M].陈成国,标点.长沙:岳麓书社,2004:88.
❹ (宋)朱熹.四书集注[M].陈成国,标点.长沙:岳麓书社,2004:71.
❺ (宋)朱熹.四书集注[M].陈成国,标点.长沙:岳麓书社,2004:71.
❻ (汉)郑玄,等.十三经古注[M].北京:中华书局,2014:1961.

绘事后素说明绘画要先临形,然后再加素色。两种解释都强调要先什么,后什么。一个人要先有内在实质,再加以外在修饰,才是最好。因此,这两种解释都不影响对文义的整体把握。起,启发。本章大致情况如下:子夏问孔子:"美丽的笑容,分明的眼神,本来就是美。这句话是什么意思呢?"孔子说:"绘事后素。"子夏说:"礼在仁义之后吗?"孔子说:"子夏,启发我啊!可以开始与你谈《诗经》了。"相对而言,将仁义或忠信与礼仪比较,仁义或忠信为一个人内在的本质,礼仪是外在的行为表现。孔子所说的"绘事后素"强调了内在决定外在,仁内礼外、仁先礼后,重本质、重内在,是孔子的核心观点。当然,在这里,我们理解了孔子之意,也看到了孔子对子夏的引导,他先高度评价和赞赏子夏的观点,然后进一步勉励指引子夏开启《诗经》的学习。孔子对子夏的赏识、引导很及时,也得其时。作为一名教师,能不能像孔子一样,很细心地发现学生身上的闪光点,将它挖掘出来,让学生在老师的赏识、引导下不断进步成长呢?古人说:"天生我材必有用。"我想说,天生我材必有长处,天生我材必有优点,天生我材必有闪光点。我们能不能发现学生身上的光呢?我们能不能捕捉学生身上的亮呢?激励他、表扬他、肯定他、引导他,多看看学生的好处、长处,少指责学生的短处,少批评学生的不足,多指引、多赞赏,多为学生的成长提供一种精神力量,相信着、期待着、鼓舞着、前进着。总之,用欣赏的眼光看学子,以期待的目光与学子沟通、交流,让我们在平时的教学里不断地寻寻觅觅吧!在寻觅之中,去发现每一个学生的闪光点,并指引他走向德、智、体、美、劳全面发展的成长之道。

七、教者,当是一个平等者

平等,于教育而言,也不可或缺。孔子在《论语·卫灵公第十五》中说:"有教无类。"❶类,种类。朱子《四书集注》说:"人性皆善,而其类有善恶之殊者,气习之染也。故君子有教,则人皆可以复于善,而不当复论其类之恶矣。"❷在朱子看来,人性都是一样的,都是"性善",而人之所以有善恶之别,只是因为后天的习染,通过教育教化,可以恢复人性本善。可见,朱子是从善恶角度来解释类别的。《张居正讲评

---

❶ (宋)朱熹.四书集注[M].陈戍国,标点.长沙:岳麓书社,2004:191.
❷ (宋)朱熹.四书集注[M].陈戍国,标点.长沙:岳麓书社,2004:191.

〈论语〉》曰:"'人性虽同,而气禀或异。其中有智的,有愚的;有贤的,有不肖的,种种不齐。然君子之心,惟欲使人人皆复于善而后已。'智的,愚的,贤的,不肖的,都是一般样教训化导他,何尝分别等类,而有所拣择于其间呢? 盖天地无弃物,圣人无弃人,故尧舜之世,比屋可封;文武之民,遍为尔德,亦有教无类之一验也。"❶可见,张居正是从智商差别来解释类别的。皇侃《论语义疏》曰:"人乃有贵贱,同宜资教,不可以其种类庶鄙而不教之。教之则善,无本类之也。"❷可见,皇侃是从贵贱角度来解释类别的。钱穆《论语新解》曰:"人有差别,如贵贱、贫富、智愚、善恶之类。惟就教育言,则当因地因材,掖而进之,感而化之,作而成之,不复有类。"❸这句话意思为,只有教育没有类别,不分贵贱、贫富、智愚、善恶等差别。这就是孔子典型的教育平等观。孔子在《论语·述而第七》中也说:"自行束修以上,吾未尝无诲焉。"❹孔子的"有教无类"思想在当时具有伟大的开创性意义。他收徒讲学,打破了以往"学在官府"的教育状态,开启了平民化教育的先河,使许多贫寒子弟通过教育改变人生命运。然而,理解容易落实难。在如今的教育事业中,教师在贯彻平等上是否存在瑕疵? 对待学生,我们能做到一视同仁吗? 我们如何避免"戴有色眼镜"看学生呢? 确实,教育的平等、公平等问题值得每一位师者思索。不过,作为一名教师,应记得,以平等心待人、待学生是最朴素的教育素养,不能只关注成绩好的少数学生,要关注所有学生,因为任何一名学生都应该被关注,也都值得关注。

八、教者,当是一个有志者

如果教师善于引导学生树立理想、确定目标,那么首先自己应该是一个有志者、有梦者。如果教师没有梦想,却要引导学生树立理想,那么也是缺少说服力的。因此,教师当怀着梦想而教,而不是怀着利益而教。教师也应该是追梦者。只有这样去面对学生,引领学生立志,才能变得更加深刻有力。孔子说:"吾十有五而志于学。"可见,十五岁的时候,孔子就已经确立了一个坚定的志向。在《论语·里仁第

---

❶ 陈生玺,等. 张居正讲评《论语》[M]. 上海:上海辞书出版社,2013:257-258.
❷ (南朝)皇侃. 论语义疏[M]. 高尚榘,校点. 北京:中华书局,2013:415.
❸ 钱穆. 论语新解[M]. 北京:生活·读书·新知三联书店,2002:423.
❹ (宋)朱熹. 四书集注[M]. 陈成国,标点. 长沙:岳麓书社,2004:108.

四》中，孔子说："苟志于仁矣，无恶也。"❶在《论语·述而第七》中，孔子说："志于道。"❷朱子《四书集注》曰："盖学莫先于立志，志道，则心存于正而不他。"❸孔子引导学生们立志，并希望他们"志于仁"或"志于道"。当然，孔子也常常与弟子们谈论"立志"的话题。在《论语·公冶长第五》中，孔子和他的弟子颜回、子路在一起聊天，聊天的核心主题就是"志向"。孔子作为老师，首先就开门见山地问："为什么不聊一聊你们的志向呢？"子路说："愿意将我的车马、轻暖的皮衣和朋友们共享，坏了也没有什么怨恨。"颜回说："愿意不夸耀自己的好处，不夸耀自己的功劳。"子路问孔子说："想听一听您的志向。"孔子说："老者安之，朋友信之，少者怀之。"❹朱子《四书集注》曰："老者养之以安，朋友与之以信，少者怀之以恩。"❺孔子也非常注重志向的坚定性，志向立定之后，必定要有坚定不移之心去坚守自己的志向。在《论语·子罕第九》中，孔子说："三军可夺帅也，匹夫不可夺志也。"❻孔子还强调，若志于道，则心也当定于道，志在哪里，心就要安放在哪里，关注点就落在哪里，不能心猿意马，不能志与心分离。总之，孔子希望专注于求道，以道为行动的方向、目标、任务，不能既要求道，又要获利。因此，孔子在《论语·里仁第四》中说："士志于道，而耻恶衣恶食者，未足与议也。"❼此外，儒家还强调，一个人如果选择了"求道"之路，就要学会与坚韧、勤勉、有恒为伍，不能贪图安逸、好逸恶劳。正是在此意义上，孔子在《论语·宪问第十四》中说："士而怀居，不足以为士矣。"❽一个读书人志于道却怀居，那么他便失去了"士"的本色，也就不是真正的"士"了。"士"的人生一定是自强不息的征程，不曾有半点松懈，因为士以仁为自己的重大使命，终生执着追求。曾子在《论语·泰伯第八》中说："士不可以不弘毅，任重而道远。仁以为己任，不亦重乎？死而后已，不亦远乎？"❾朱子《四书集注》曰："非弘不能胜其重，非毅无以致其远……一

---

❶ (宋)朱熹.四书集注[M].陈成国,标点.长沙:岳麓书社,2004:79.
❷ (宋)朱熹.四书集注[M].陈成国,标点.长沙:岳麓书社,2004:107.
❸ (宋)朱熹.四书集注[M].陈成国,标点.长沙:岳麓书社,2004:107.
❹ (宋)朱熹.四书集注[M].陈成国,标点.长沙:岳麓书社,2004:93.
❺ (宋)朱熹.四书集注[M].陈成国,标点.长沙:岳麓书社,2004:93.
❻ (宋)朱熹.四书集注[M].陈成国,标点.长沙:岳麓书社,2004:131.
❼ (宋)朱熹.四书集注[M].陈成国,标点.长沙:岳麓书社,2004:80.
❽ (宋)朱熹.四书集注[M].陈成国,标点.长沙:岳麓书社,2004:169.
❾ (宋)朱熹.四书集注[M].陈成国,标点.长沙:岳麓书社,2004:119.

息尚存,此志不容少懈。"❶苏霍姆林斯基在《给父母的建议》中说:"理想使人变得无比坚强,无比勇敢。"❷作为新时代的教育者,我们有没有问过自己:我的理想是什么;我的教育理想是什么;每天在埋头教学的时候,有没有抬头仰望教育星空,想想为什么而教。诗人流沙河在《理想》中说:"理想是石,敲出星星之火;理想是火,点燃熄灭的灯;理想是灯,照亮夜行的路;理想是路,引你走向黎明。"❸作为一个教育者,请树立一个梦想吧!我相信,一个有梦想的教师与一个没有梦想的教师相比,其人生成绩大不相同,可以说,有天壤之别。但愿各位同人,在平凡的教育岗位上,在美好的春天里,播下梦想的种子,或大或小,对其悉心照料、耕耘灌溉。我想,到了金秋时节,梦想的种子一定会结出梦想之果。当然,教育不能一蹴而就,需要耐心栽培。

九、教者,当是一个博学者

常言道:要给学生一碗水,教师要有一潭水。这"一潭水",就要求教师要知识渊博,既广大又精微。简而言之,教者当如孔子,是一个学识丰富的人。在《论语·八佾第三》中,孔子说:"周监于二代,郁郁乎文哉!吾从周。"❹如何理解这句话呢?"监"是一个通假字,古同"鉴",意思是借鉴、参考。二代,指夏、商两代。郁郁,指文采兴盛。文,礼乐制度。从,顺从。整句话的意思是,周朝的礼乐制度借鉴了夏、商二代,文采多么兴盛啊!我依从周代的礼乐制度。孔子明确表达了自己的学习主张。根据《周礼》,我们知道,"六艺"是周朝贵族教育体系的核心内容,孔子通过自己的努力学习,系统掌握了"六艺"并加以传授。据《史记·孔子世家》记载:"孔子以诗书礼乐教,弟子盖三千焉,身通六艺者七十有二人。"❺孔子弟子具备"六艺",孔子功不可没。那么,"六艺"具体指什么?"礼、乐、射、御、书、数"。在前孔子时代,系统精通六艺者,不知是否有?孔子无常师,通过自己强大的学习力,集百般武艺于一

---

❶ (宋)朱熹.四书集注[M].陈成国,标点.长沙:岳麓书社,2004:119.
❷ [苏]苏霍姆林斯基.给父母的建议[M].武汉:长江文艺出版社,2021:177.
❸ 流沙河.流沙河诗存[M].成都:四川人民出版社,2019:116.
❹ (宋)朱熹.四书集注[M].陈成国,标点.长沙:岳麓书社,2004:73.
❺ 二十四史·史记[M].北京:中华书局,2009:1560.

身,是名副其实的博学者。在《论语·述而第七》中,孔子说:"游于艺。"❶在这里,艺当然指"六艺"了。如果不精通,何敢言"游"? 就如游泳,一个人根本就不会游,一定没有自信说"游泳",最多说"学游泳"罢了。此外,根据《论语·子罕第九》记载:"达巷党人曰:'大哉孔子! 博学而无所成名。'子闻之,谓门弟子曰:'吾何执? 执御乎? 执射乎? 吾执御矣。'"❷在这里,党指古代地方组织,以五百家为一党。"达巷"这个地方的一个人说孔子:"好伟大啊! 学问渊博,但又没有什么专长使他成名。"其实,这个人不了解孔子,不知道孔子学问之大,才会如此说。其实,根据孔子谦虚的回应内容,我们可以知道,孔子博学是真。但是,孔子的专长不是某"一艺",而是"六艺"。孔子的博学就是如此。新时代的教师要不要博学呢?一定要! 要像孔子一样,成为一名博学者。只有学问渊博、能力超强,才能更好地驾驭教学、驾驭课堂、教育学生、服务学生。没有扎实的学识、没有过硬的本领,要想成为一名好老师,简直难于上青天。

十、教者,当是一名守望者

守望,不是消极应对,而是积极劳作、培养、护佑,怀着责任感和使命感,立足三尺讲台,坚定地守望着学生成长、成才、成人,因为他敬畏自己的职责,相信教育是改变人生的伟大力量。孔子在《论语·阳货第十七》中说:"性相近也,习相远也。"❸可见,人与人之间与生俱来的天性是很相近的,只是学习使人与人之间的差别变大而已。可见,学习、教育具有强大的改造力量。孔子还说:"唯上智与下愚不移。"❹孔子认为,只有"上智"和"下愚"这两种人不可改变。其言外之意是,除了"上智"和"下愚"这两种人,其余的人都可以通过教育改变命运。我深以为然。例如子路,本出身贫微,因拜师孔门,接受教育,学有所得,学有所成,成了名士。又如曾子,虽生性迟钝,然踏实求学,著书立说,成为历史上著名的思想家。于今,我们都很熟悉的"大眼睛女孩"苏明娟,她是一个典型的"80后",农民家庭出身,曾获得中国青少年

---

❶ (宋)朱熹.四书集注[M].陈戍国,标点.长沙:岳麓书社,2004:107.
❷ (宋)朱熹.四书集注[M].陈戍国,标点.长沙:岳麓书社,2004:124.
❸ (宋)朱熹.四书集注[M].陈戍国,标点.长沙:岳麓书社,2004:199.
❹ (宋)朱熹.四书集注[M].陈戍国,标点.长沙:岳麓书社,2004:200.

发展基金会的资助上学读书,后来考入安徽大学,毕业后进入银行系统工作,曾荣获2018年全国向上向善好青年称号。可以说,教育改变了苏明娟的人生命运,教育为她美好幸福的生活奠基。今天的教育依然是许多学子改变命运的绝佳途径。我想说,既然站在教育岗位上,就要执着守望,守望花开,守望幸福。让我们在持续的劳作中深情守望吧!教书育人、立德树人,不负初心,苦干实干,报效家国。

孔子在《论语·尧曰第二十》中说:"不知命,无以为君子也。"❶据此,我也想说:"不知教育使命,无以为教师也;不负教育使命,有以为教师也!"此时此刻,让我分享孔子关于教育的十句名言吧!

"言必信,行必果。"❷

"听其言而观其行。"❸

"吾见其进也,未见其止也。"❹

"女为君子儒,无为小人儒。"❺

"中人以上,可以语上也;中人以下,不可以语上也。"❻

"君子博学于文,约之以礼,亦可以弗畔矣夫!"❼

"逝者如斯夫!不舍昼夜。"❽

"君子成人之美,不成人之恶,小人反是。"❾

"可与言而不与之言,失人;不可与言而与之言,失言。知者不失人,亦不失言。"❿

"人能弘道,非道弘人。"⓫

---

❶ (宋)朱熹.四书集注[M].陈戍国,标点.长沙:岳麓书社,2004:223.

❷ (宋)朱熹.四书集注[M].陈戍国,标点.长沙:岳麓书社,2004:166.

❸ (宋)朱熹.四书集注[M].陈戍国,标点.长沙:岳麓书社,2004:88.

❹ (宋)朱熹.四书集注[M].陈戍国,标点.长沙:岳麓书社,2004:130.

❺ (宋)朱熹.四书集注[M].陈戍国,标点.长沙:岳麓书社,2004:99.

❻ (宋)朱熹.四书集注[M].陈戍国,标点.长沙:岳麓书社,2004:101.

❼ (宋)朱熹.四书集注[M].陈戍国,标点.长沙:岳麓书社,2004:103.

❽ (宋)朱熹.四书集注[M].陈戍国,标点.长沙:岳麓书社,2004:129.

❾ (宋)朱熹.四书集注[M].陈戍国,标点.长沙:岳麓书社,2004:156.

❿ (宋)朱熹.四书集注[M].陈戍国,标点.长沙:岳麓书社,2004:185.

⓫ (宋)朱熹.四书集注[M].陈戍国,标点.长沙:岳麓书社,2004:189.

最后,分享一首歌词给大家,名为"教育改命,多多努力":

论语讲读的课堂,
相待方式不一样。
学习氛围共同打造,
富而后教不可忘。
牢记民主开放,
因材施教乃智慧光芒,
启发教学是教育力量。
见贤思齐大意义,
身教言传、有教无类,
上智下愚不迁移,
书写教育的传奇。
无论贫贱富贵,
不可轻视教育命题。
轻轻告诉自己:
教育改命,多多努力。

第八讲　交际篇：向孔子学交际

每一个人都不是孤岛，总是与他人、社会发生千丝万缕的联系。因此，交际便成为人们社会生活的重要组成部分。在《孟子》一书中，万章问："敢问交际何心也？"❶孟子曰："恭也。"❷那么，"交际"一词是什么意思呢？朱子《四书集注》曰："交际，谓人以礼仪币帛相交接也。"❸《辞海》中说，交际，泛指"人与人的往来应酬"❹。在上述两种定义中，朱子对"交际"的定义给交际行为定了性，为交际行为做了规范，毕竟交际属于礼仪行为，所以交际必须守礼、遵礼、讲礼。《辞海》对"交际"的定义偏重交际的形式，是人与人之间的往来、应酬。上述定义都有道理，各有侧重，但还不够全面，没有体现交际的一些基本特征，如交际场景、交际效果等。我想，交际，既然是与人打交道，就一定有交际双方，即交际者与交际对象；交际，既然是发生在人与人之间，就一定有交际媒介，即交际语言；交际，既然是人与人之间的交流、互动过程，一定有交流的时空、场景；交际，既然是人与人之间的交流，应该有交际效果。因此，对于交际，我们可以这样理解：为了一定的目的，在特定的时空中，交际者利用语言、行为等表达方式与交际对象进行的思想、情感、信息等的交流互动过程。今天，我们结合《论语》和孔子来讨论交流"交际"话题，希望能给你带来一些启发。

一、孔子的交际圈

今天，很流行"圈"的说法，如生活圈、工作圈、社交圈、朋友圈。我们也根据《论语》来理一理孔子的交际圈。生活在春秋战国时期的孔子，一生颠沛流离，走过很

---

❶ (宋)朱熹. 四书集注[M]. 陈成国, 标点. 长沙：岳麓书社, 2004：352.

❷ (宋)朱熹. 四书集注[M]. 陈成国, 标点. 长沙：岳麓书社, 2004：352.

❸ (宋)朱熹. 四书集注[M]. 陈成国, 标点. 长沙：岳麓书社, 2004：353.

❹ 陈至立. 辞海[M]. 上海：上海辞书出版社, 2020：2095.

多地方,见过很多阶层的人物,交际圈不可谓不广也。

从交际地域来看,孔子到过卫国的一个城市,名叫仪,在《论语·八佾第三》中有记载:"仪封人请见。"❶孔子到过卫国的匡地,《论语·子罕第九》记载:"子畏于匡。"❷孔子到过陈国,《论语·公冶长第五》记载:"子在陈。"❸孔子到过蔡国,《论语·先进第十一》中,子曰:"从我于陈、蔡者,皆不及门也。"❹孔子到过齐国,《论语·述而第七》记载:"子在齐闻韶,三月不知肉味。"❺孔子到过"互乡",《论语·述而第七》记载:"互乡难与言。"❻孔子到过"达巷",《论语·子罕第九》记载:"达巷党人曰。"❼孔子曾居"阙党",《论语·宪问第十四》记载:"阙党童子将命。"❽孔子到过武城,《论语·阳货第十七》记载:"子之武城。"❾孔子到过楚国,《论语·微子第十八》记载:"楚狂接舆歌而过孔子。"❿据上可知,孔子的交际范围很广,到过鲁国的许多地方,还去过几个国家,具体有陈国、卫国、齐国、楚国等。

从交际阶层来看,孔子的交际对象有各种各样的阶层,上至国君,下至凡夫、不知名者。具体,我们来看一下,主要有哪些交际对象。

我们先看看孔子在卫国时,见过哪些人物。根据《论语》记录显示,孔子在卫国见过卫灵公。虽然两人见面,但谈得很不愉快。在《论语·卫灵公第十五》中,卫灵公问陈于孔子,孔子对曰:"俎豆之事,则尝闻之矣;军旅之事,未之学也。"⓫可见,卫灵公关心军事,而孔子只愿意谈及礼仪,二人兴致不同,结局注定不欢而散。这次交际之后,孔子很郁闷,也很失望。于是,他迅速地启程离开了卫国。在这里,孔子也深刻地感受到,卫灵公其实就是一个无道昏君。

---

❶ (宋)朱熹.四书集注[M].陈戍国,标点.长沙:岳麓书社,2004:77.
❷ (宋)朱熹.四书集注[M].陈戍国,标点.长沙:岳麓书社,2004:125.
❸ (宋)朱熹.四书集注[M].陈戍国,标点.长沙:岳麓书社,2004:92.
❹ (宋)朱熹.四书集注[M].陈戍国,标点.长沙:岳麓书社,2004:140.
❺ (宋)朱熹.四书集注[M].陈戍国,标点.长沙:岳麓书社,2004:109.
❻ (宋)朱熹.四书集注[M].陈戍国,标点.长沙:岳麓书社,2004:113.
❼ (宋)朱熹.四书集注[M].陈戍国,标点.长沙:岳麓书社,2004:124.
❽ (宋)朱熹.四书集注[M].陈戍国,标点.长沙:岳麓书社,2004:182.
❾ (宋)朱熹.四书集注[M].陈戍国,标点.长沙:岳麓书社,2004:200.
❿ (宋)朱熹.四书集注[M].陈戍国,标点.长沙:岳麓书社,2004:209.
⓫ (宋)朱熹.四书集注[M].陈戍国,标点.长沙:岳麓书社,2004:183.

在卫国时,孔子还见过卫灵公的夫人——南子。南子的名声很不好,她请见孔子,孔子还是去见了她。后来,子路还很生气。在《论语·雍也第六》中记载:"子见南子,子路不说。夫子矢之曰:'予所否者,天厌之!天厌之!'"❶

在卫国时,孔子与卫国大夫王孙贾有过对话和交流。《论语·八佾第三》中,王孙贾问曰:"与其媚于奥,宁媚于灶,何谓也?"子曰:"不然。获罪于天,无所祷也。"❷在卫国,孔子还与仪封人、宁武子、棘子成、公子荆、蘧伯玉、荷蒉者等有过交流。

我们再看看孔子在齐国的交际情况。在齐国时,孔子与齐景公有过交际交流。在《论语·颜渊第十二》中有:"齐景公问政于孔子,孔子对曰:'君君,臣臣,父父,子子。'公曰:'善哉!信如君不君,臣不臣,父不父,子不子,虽有粟,吾得而食诸?'"❸在《论语·微子第十八》中有:"齐景公待孔子曰:'若季氏,则吾不能,以季、孟之间待之。'曰:'吾老矣,不能用也。'孔子行。"❹孔子还高度评价齐国大夫晏子。在《论语·公冶长第五》中,孔子说:"善与人交,久而敬之。"❺

在鲁国,孔子与鲁哀公、鲁定公有过交际交流。《论语·为政第二》中,鲁哀公问曰:"何为则民服?"❻在《论语·子路第十三》中,鲁定公问:"一言而可以兴邦,有诸?"❼孔子还与季康子、孟懿子等权臣有过交际交流。在《论语·为政第二》中,有"孟懿子问孝"❽的记载。《论语·为政第二》中,季康子问:"使民敬,忠以劝,如之何?"❾孔子还与鲁太师、季子然、达巷党人等有交际交流。

孔子在陈国与陈司败有过交际交流;在楚国时,与叶公、楚狂接舆有过交际交流。

从上述可见,孔子的交际地域范围广,不止于一国;人员层次复杂,有高官贵族,有平民百姓,当然还有一些学生。梳理孔子的交际圈,只是想向各位确认一个

---

❶ (宋)朱熹.四书集注[M].陈戍国,标点.长沙:岳麓书社,2004:103.

❷ (宋)朱熹.四书集注[M].陈戍国,标点.长沙:岳麓书社,2004:73.

❸ (宋)朱熹.四书集注[M].陈戍国,标点.长沙:岳麓书社,2004:155.

❹ (宋)朱熹.四书集注[M].陈戍国,标点.长沙:岳麓书社,2004:208.

❺ (宋)朱熹.四书集注[M].陈戍国,标点.长沙:岳麓书社,2004:90.

❻ (宋)朱熹.四书集注[M].陈戍国,标点.长沙:岳麓书社,2004:66.

❼ (宋)朱熹.四书集注[M].陈戍国,标点.长沙:岳麓书社,2004:164.

❽ (宋)朱熹.四书集注[M].陈戍国,标点.长沙:岳麓书社,2004:63.

❾ (宋)朱熹.四书集注[M].陈戍国,标点.长沙:岳麓书社,2004:67.

事实:孔子拥有丰富的交际历史和交际经历。我想,从孔子身上或者儒家学派这里,一定能够学到一些关于交际的知识和智慧。

二、交际的基础

根据《论语》内容,我认为,"知言"是交际的基础,因为不知言,便不知人,不知人,就无法分辨一个人的道德品行,如好与坏、正与邪、善与恶、忠信与奸诈等。在《论语·尧曰第二十》中,孔子说:"不知言,无以知人也。"❶朱子《四书集注》说:"言之得失,可以知人之邪正。"❷因此,与人打交道,要善于捕捉口头语言信息和体态语言信息,从中分析、判断、思考此人是否值得交往交际。在《论语·颜渊第十二》中,孔子说:"夫达也者,质直而好义,察言而观色,虑以下人,在邦必达,在家必达。"❸这里的"察言",就是察口头语言;观色,就是观体态语言。而交际就要注意察言观色,有察言观色的能力。在《论语·季氏第十六》中,孔子说:"言未及之而言,谓之躁,言及之而不言,谓之隐,未见颜色而言,谓之瞽。"❹可见,知言是交际必须具备的一个能力。不知言,不知人,何以交际? 知言,当交则交;若不知言,当交时,不交;不当交时,又交,这是一种极不明智的行为。不知人,交际质量、交际效果也必将大打折扣。据此也可以看出:孔子认为,交际要有所辨别,近交贤友、远离佞人。在《论语·季氏第十六》中,孔子说:"益者三友,损者三友。友直,友谅,友多闻,益矣;友便辟,友善柔,友便佞,损矣。"❺在孔子看来,要多交三种朋友,交正直的朋友、交真诚的朋友、交博学多识的朋友;要远离三种朋友,远离阿谀奉承的朋友、远离表里不一的朋友、远离花言巧语的朋友。交益友,近仁德,所以曾子在《论语·颜渊第十二》中说:"君子以文会友,以友辅仁。"《孟子·万章章句下》中说:"不挟长,不挟贵,不挟兄弟

---

❶ (宋)朱熹.四书集注[M].陈戍国,标点.长沙:岳麓书社,2004:223.
❷ (宋)朱熹.四书集注[M].陈戍国,标点.长沙:岳麓书社,2004:223.
❸ (宋)朱熹.四书集注[M].陈戍国,标点.长沙:岳麓书社,2004:157.
❹ (宋)朱熹.四书集注[M].陈戍国,标点.长沙:岳麓书社,2004:196.
❺ (宋)朱熹.四书集注[M].陈戍国,标点.长沙:岳麓书社,2004:195.
❻ (宋)朱熹.四书集注[M].陈戍国,标点.长沙:岳麓书社,2004:159.

而友。友也者,友其德也,不可以有挟也。"❶孔子在《论语·学而第一》中说:"主忠信,无友不如己者。"❷可见,孔子主张多交忠信之友,而忠信是一个人的优秀品德,交友、交德。孔子还说过,交友、交仁。在《论语·卫灵公第十五》中,孔子说:"工欲善其事,必先利其器。居是邦也,事其大夫之贤者,友其士之仁者。"❸孔子将"交友,交仁人"视为一个仁者的具体表现。

当然,孔子在"知言"方面,确实有深刻的体会。《论语·微子第十八》中记载:"齐人归女乐,季桓子受之,三日不朝,孔子行。"❹在这里,孔子见季桓子接受了齐国赠送的女乐,多日不理朝政,就辞职离开了,很坚决。可见,孔子察言观色的能力很强,见机而作,见微知著,有"一叶知秋"之感。孔子离开卫国,也是"知言"的表现。卫灵公和孔子,一个愿谈军事,一个愿谈礼仪,话不投机,无比失望。依此,孔子离开了卫国。《论语·微子第十八》中记载:"齐景公待孔子曰:'若季氏,则吾不能,以季、孟之间待之。'曰:'吾老矣,不能用也。'孔子行。"❺在齐景公的言语中,孔子感到实现自己心中的理想与抱负无望,所以选择离开了。

总之,交际要知言,进而知人,择善人交、择贤人交、择忠信之友,察言观色,进退自如。正如孔子在《孔子家语·六本》中所言:"与善人居,如入芝兰之室,久而不闻其香,即与之化矣;与不善人居,如入鲍鱼之肆,久而不闻其臭,亦与之化矣。"❻交直谅之士,进己德、增己智,长此以往,不止不息。

三、交际的原则

交际不是交一些狐朋狗友,而是有所选择,交其人,得其人而交。因此,交际作为人的一种社会性活动,要讲求一定的交际质量。我相信,每个人都希望自己实现高质量交际。为此,交际要遵循一定的原则,以实现自己的高效交际交流。

---

❶ (宋)朱熹.四书集注[M].陈戍国,标点.长沙:岳麓书社,2004:351.
❷ (宋)朱熹.四书集注[M].陈戍国,标点.长沙:岳麓书社,2004:57.
❸ (宋)朱熹.四书集注[M].陈戍国,标点.长沙:岳麓书社,2004:185.
❹ (宋)朱熹.四书集注[M].陈戍国,标点.长沙:岳麓书社,2004:209.
❺ (宋)朱熹.四书集注[M].陈戍国,标点.长沙:岳麓书社,2004:208.
❻ 王国轩,王秀梅.孔子家语[M].北京:中华书局,2011:198.

（一）真诚原则

真诚是交际的一个重要原则。没有真诚，交际就充斥着虚假、虚伪，自然也就缺失交际的价值和意义。孔子也始终以真诚为交际交流的基本原则。孔子有一个弟子，名叫子夏，他以文学见长，其才华与子游并称。在《论语·先进第十一》中记载："文学：子游，子夏。"[1]虽子夏文学有余，但"意其远者大者或昧焉"[2]。所以，在《论语·雍也第六》中，孔子真诚地对子夏说："女为君子儒，无为小人儒。"[3]在《论语·卫灵公第十五》中，孔子说："君子贞而不谅。"[4]这里，"贞"也有真诚之意。孔子强调，一个人要正直、真诚而不固执。《中庸》有言："诚者，天之道也；诚之者，人之道也。"[5]因为真诚，孔子非常反对花言巧语、甜言蜜语。孔子认为，巧言令色的人仁德是很少的。李瑞环在《学哲学 用哲学》中说："待人诚诚恳恳，说话实实在在，才能听到真诚、坦率的肺腑之言。"[6]可见，与人打交道，不能虚情假意、装腔作势、敷衍了事、拿腔拿调、忸怩作态，做人真诚一点、交际真诚一点，以诚动人、以诚交际。

（二）礼仪原则

孔子依礼交际，进退得体，言说有礼，行事有道。在《论语·乡党第十》中记载了孔子交际的风度、风采。书中有言："朝，与下大夫言，侃侃如也；与上大夫言，誾誾如也。君在，踧踖如也。与与如也。君召使摈，色勃如也，足躩如也。揖所与立，左右手。衣前后，襜如也。趋进，翼如也。宾退，必复命曰：'宾不顾矣。'入公门，鞠躬如也，如不容。立不中门，行不履阈。过位，色勃如也，足躩如也，其言似不足者。摄齐升堂，鞠躬如也，屏气似不息者。出，降一等，逞颜色，怡怡如也。没阶，趋，翼如也。复其位，踧踖如也。执圭，鞠躬如也，如不胜。上如揖，下如授。勃如战色，足蹜蹜，如有循。享礼，有容色。私觌，愉愉如也。"[7]当然，要遵礼仪原则，就得懂

---

[1] （宋）朱熹. 四书集注[M]. 陈戍国，标点. 长沙：岳麓书社，2004：140.

[2] （宋）朱熹. 四书集注[M]. 陈戍国，标点. 长沙：岳麓书社，2004：100.

[3] （宋）朱熹. 四书集注[M]. 陈戍国，标点. 长沙：岳麓书社，2004：99.

[4] （宋）朱熹. 四书集注[M]. 陈戍国，标点. 长沙：岳麓书社，2004：191.

[5] （宋）朱熹. 四书集注[M]. 陈戍国，标点. 长沙：岳麓书社，2004：35.

[6] 李瑞环. 学哲学 用哲学[M]. 北京：中国人民大学出版社，2005：624.

[7] （宋）朱熹. 四书集注[M]. 陈戍国，标点. 长沙：岳麓书社，2004：133-134.

礼、守礼、遵礼。总之,非礼不交际,交际必以礼。在《论语·阳货第十七》中,孔子与阳货之间的交际往来就是礼仪原则的具体体现。一个明事理的人必然以礼作为自己交际交流的规范,非礼勿视、非礼勿听、非礼勿言、非礼勿动。

(三)宽容原则

交际者对交际对象要懂得宽容、宽恕,严格要求自己、宽容他人。在《论语·子路第十三》中,孔子说"赦小过"❶,这就是一种宽容。在《论语·卫灵公第十五》中,孔子说:"躬自厚而薄责于人,则远怨矣。"❷责己厚而责人薄,这就是一种宽容。在《论语·阳货第十七》中,孔子说:"恭、宽、信、敏、惠。"❸而"宽"就是指宽容。在《论语·卫灵公第十五》中,孔子说:"小不忍,则乱大谋。"❹这里的"忍",自有宽容之心在。从上可见,与人交际,心眼不能太狭小,要心胸开阔,有雅量,若肚子里装不下一根稻草,别人是不愿意与这种人交际的,所以平时交际,当大气、大度、大量,克服小家子气,和气迎人,宽厚对人。古有"唾面自干"的典故,讲的就是宽容。今天,如果受到别人指责批评几句,哪怕你合理,也不必太在意,因为我们要有一颗宽容的心。李瑞环在《学哲学 用哲学》中说:"求同真心实意,存异体谅包容。"❺让我们学会宽容对人吧!

(四)平等原则

交际最忌讳"狗眼看人低",最忌讳戴"有色眼镜"。交际要懂得平等待人,不因人的身份、地位、财富、权势等悬殊而区别对待,要一视同仁、恭敬对方、尊重对方、待人和气、对人和善。俗话说,浇花浇根,交人交心。用一颗平等的心处理交际关系,绝不是阿谀奉承的嘴脸,也不是低三下四的语气,更不是盛气凌人的姿态,也不是欺软怕硬的面孔、恃强凌弱的态度,就是一颗平等心,相互往来,不卑不亢,尊重他人,礼敬对方。在《论语·学而第一》中,子贡说:"夫子温、良、恭、俭、让以得之。

---

❶ (宋)朱熹.四书集注[M].陈戍国,标点.长沙:岳麓书社,2004:160.

❷ (宋)朱熹.四书集注[M].陈戍国,标点.长沙:岳麓书社,2004:187.

❸ (宋)朱熹.四书集注[M].陈戍国,标点.长沙:岳麓书社,2004:201.

❹ (宋)朱熹.四书集注[M].陈戍国,标点.长沙:岳麓书社,2004:189.

❺ 李瑞环.学哲学 用哲学[M].北京:中国人民大学出版社,2005:633.

夫子之求之也,其诸异乎人之求之与?"❶可见,孔子的交际是"温、良、恭、俭、让",而不是颐指气使,其中蕴含平等待人的交际秘诀,恭敬而不傲慢,温和而不做作,平等地对待。正是在此意义上,孔子高度评价了齐国大夫晏婴的交际之道,说:"晏子善于和别人交往,相交越久,越尊敬别人。"在《论语·公冶长第五》中,孔子还说:"巧言,令色,足恭,左丘明耻之,丘亦耻之。匿怨而友其人,左丘明耻之,丘亦耻之。"❷王通曰:"以势交者势倾则绝;以利交者利穷则散,故君子不与也。"❸李瑞环在《学哲学 用哲学》中说:"对显贵不阿谀奉承,对平民不小瞧慢待。"❹让我们学会以平等心处理交际关系吧! 平等相待,自如往来。

(五)信用原则

信用是交际的一个重要原则。无信用,不交际。缺乏信用,交际无果。若你失信于人,也将无法取得他人的信任。因此,人与人之间、朋友与朋友之间,都是以信用为本。在《论语·学而第一》中,曾子曰:"与朋友交而不信乎?"❺同样在本篇中,孔子多次强调"信":要"敬事而信",要"谨而信""主忠信";子夏强调,与朋友交,要"言而有信";有子强调:"信近于义,言可复也。"在《论语·为政第二》中,孔子说:"人而无信,不知其可。"在《论语·公冶长第五》中孔子说:"朋友信之。"❻在《论语·述而第七》中说:"子以四教:文、行、忠、信。"❼可见,孔子将"信"作为孔门四科之一教授给学生,这也体现了孔子对"信"的重视。在《论语·颜渊第十二》中,孔子说:"自古皆有死,民无信不立。"❽《论语·子路第十三》中,孔子说:"上好信,则民莫敢不用情。"❾在《论语·卫灵公第十五》中,孔子说:"言忠信,行笃敬,虽蛮貊之邦行矣。"❿在本篇

---

❶ (宋)朱熹.四书集注[M].陈戍国,标点.长沙:岳麓书社,2004:58.
❷ (宋)朱熹.四书集注[M].陈戍国,标点.长沙:岳麓书社,2004:93.
❸ 文中子中说译注[M].郑春颖,译注.哈尔滨:黑龙江人民出版社,2002:118.
❹ 李瑞环.学哲学 用哲学[M].北京:中国人民大学出版社,2005:633.
❺ (宋)朱熹.四书集注[M].陈戍国,标点.长沙:岳麓书社,2004:55.
❻ (宋)朱熹.四书集注[M].陈戍国,标点.长沙:岳麓书社,2004:93.
❼ (宋)朱熹.四书集注[M].陈戍国,标点.长沙:岳麓书社,2004:112.
❽ (宋)朱熹.四书集注[M].陈戍国,标点.长沙:岳麓书社,2004:153.
❾ (宋)朱熹.四书集注[M].陈戍国,标点.长沙:岳麓书社,2004:161.
❿ (宋)朱熹.四书集注[M].陈戍国,标点.长沙:岳麓书社,2004:184.

中,孔子还说:"君子义以为质,礼以行之,孙以出之,信以成之。"❶在《论语·阳货第十七》中,孔子说:"恭、宽、信、敏、惠。"❷从孔子的论述来看,信是做人之本,也是行事之本、交际之本。诚信做人,诚信交际,言必信,行必果,是一个人应该具备的美好品德。今天,在社会主义核心价值观中,"诚信"是其基本内容之一。可见,从古至今,"诚信"二字价值连城。可以说,诚信是我们交际活动的基本底线,内诚于心,外信于人,讲信修睦,取信于人。因此,要从日常交际做起,用良好的诚信品质打造我们独特的个人名片。

四、交际的技巧

人只要活着,就要有交际。如何在交际中得心应手,除了遵循一定的交际原则,还需掌握一定的交际技巧。不然,交际很难顺利,更难取得如期效果。一般而言,在交际活动中要注意场合、时机、对象、用语、形象等。

(一)场合

不同的场合、场景,交际言行定当有所区别。俗话说:"十里不同风,百里不同俗,千里不同情。"交际也要考虑具体实际,不同的场景、场合采取相应的交际表达。《论语·乡党第十》记载:"孔子于乡党,恂恂如也,似不能言者。其在宗庙朝廷,便便言,唯谨尔。"❸可见,孔子在乡党的时候,交际行为表现出温和恭敬的样子,好像不能说话一样。孔子在宗庙朝廷的时候,说话清晰、流畅、有条理,只是很谨慎。想想看,在很严肃的工作场所,能不谨慎吗?在邻里乡亲中间,能不温和吗?交际就要注意场合。在庄严的时候,就不能随意;在庄严的场所,就不能随便。例如,参加丧礼,别人表情都很严肃,充满哀戚之情,而你在那像一个小丑一样,嬉皮笑脸,这岂不是很失礼吗?临丧要哀,这就是交际场合要注意的。如果某地发生一次事故,别人都充满怜悯之情,而你在那里幸灾乐祸,这不是很无礼吗?总之,交际要分清场合,举止得体,语言、动作、表情等都得留心,绝不可掉以轻心。常言道:"到什么山

---

❶(宋)朱熹.四书集注[M].陈成国,标点.长沙:岳麓书社,2004:187.

❷(宋)朱熹.四书集注[M].陈成国,标点.长沙:岳麓书社,2004:201.

❸(宋)朱熹.四书集注[M].陈成国,标点.长沙:岳麓书社,2004:133.

上唱什么歌。"说的就是场合。见了失意人,少说风凉话,多安慰,别显摆;见了得意人,多说祝福话,多欣赏,别冷漠。做一个明眼的交际达人。

(二)时机

机不可失,时不再来。交际也要讲究时机,在恰当的时间干恰当的事、说恰当的话。我们常说:"过了这个村,就没有那个店。"这也是提示人们时机的重要性。孔子在《论语·学而第一》中强调:"使民以时。"❶这里的"时",就是时机,指恰当的时间。在《论语·述而第七》中,孔子说:"不愤不启,不悱不发。"❷不在愤悱之时,不进行启发。这里也强调时机的重要性,未到愤悱之时,启发不妙;过了愤悱之时,启发也不妙。只有愤悱之时,启发才能收到举一反三的良好效果。在《论语·八佾第三》中,孔子说:"成事不说,遂事不谏,既往不咎。"❸这里,成事,指已成之事;遂事,指势在必行的事;既往,指已经过去的事情。咎,怪罪,处分。孔子认为,已成的事多说无益,因为已经错过了时机;已经确定势在必行的事,多说也无益,也已经错过商议、讨论的时机;陈年往事就更不去追究了。在《论语·宪问第十四》中记载:孔子向公明贾打听卫国的大夫公叔文子,说:"公叔文子真的不言不笑不取吗?"公明贾对孔子说出了公叔文子的交际秘诀,说:"夫子时然后言,人不厌其言;乐然后笑,人不厌其笑;义然后取,人不厌其取。"❹这里的"时",就是恰当的时机、时间。我们交际时要善于把准时机,在正确的、恰当的时间里干正确的事情,如去参加婚礼,向对方道贺、赠礼,应在见面之初时赠送;找人办事,当别人正在忙的时候,就得稍等待一下,不能冒失行事;约定见面时间,就得努力按规定时间赴约;吃饭时间、睡眠时间不拜访客人;他人正在谈话时,不能插嘴。在《论语·宪问第十四》中,孔子说:"邦有道,危言危行;邦无道,危行言孙。"❺可见,孔子还强调,交际要注意社会所处的大背景、大时代。总之,交际要得其时,因时而动,与时偕行,与时俱进。学如孔子,做一名行之时者。

---

❶ (宋)朱熹.四书集注[M].陈戍国,标点.长沙:岳麓书社,2004:56.

❷ (宋)朱熹.四书集注[M].陈戍国,标点.长沙:岳麓书社,2004:108.

❸ (宋)朱熹.四书集注[M].陈戍国,标点.长沙:岳麓书社,2004:75.

❹ (宋)朱熹.四书集注[M].陈戍国,标点.长沙:岳麓书社,2004:173.

❺ (宋)朱熹.四书集注[M].陈戍国,标点.长沙:岳麓书社,2004:170.

(三)对象

交际对象不同,相应的交际言行也应有所不同。在《论语·乡党第十》中记载:"见齐衰者,虽狎,必变。见冕者与瞽者,虽亵,必以貌。"❶在平时的生活中,我们也应当如此。与老者交际,当敬之;与少者交际,当慈之;与朋友交际,当信之;与残疾人交际,更要格外尊敬之。在《论语·颜渊第十二》中,司马牛向孔子问:"什么是仁?"孔子知道,司马牛多言而躁。因此,孔子据此而说:"仁者,其言也讱。"❷孔子充分考虑了交际交流的对象——司马牛。当然,我们在日常交际中,更要关注交际对象的姓名、职业、职称、职务、职衔等,在交际活动中准确掌握对方的姓名、职业、职称、职务、职衔等身份信息,准确称呼对方,如李校长、张律师、王警官、高医生、刘教授,或者小李、小张等。称呼要得体,不能得罪于人,不能失礼于人,不能失敬于人。因此,在交际中,不能犯低级错误,不能张冠李戴,不能侮辱、歧视他人。《孟子·离娄章句上》曰:"恭者不侮人。"❸

(四)用语

交际要注意语言的恰当使用,使交际高效高质量。孔子在使用语言方面,特别有心得。《论语·卫灵公第十五》中,孔子说:"辞,达而已矣。"❹朱子《四书集注》说:"辞,取达意而止,不以富丽为工。"❺可见,交际要有一定的语言表达能力,要能运用语言准确地传达自己的思想、观点、主张。有一个案例:有一名高中生,他对化学比较感兴趣,学得还算不错。一次,这位高中生到农村游走,可能是为了调研。因为口渴,他就寻思到一农户家要水喝。而农户家只有老大娘在家。这位学生对老大娘说:"你家有H_2O吗?我想要点!"这话使老大娘一头雾水,不知他到底要什么。可见,语言交际是一门艺术。孔子在《论语·雍也第六》中说:"中人以上,可以语上也;中人以下,不可以语上也。"❻因此,交际要使用合适的语言,让人听得懂、听得

---

❶ (宋)朱熹.四书集注[M].陈戍国,标点.长沙:岳麓书社,2004:138.
❷ (宋)朱熹.四书集注[M].陈戍国,标点.长沙:岳麓书社,2004:151.
❸ (宋)朱熹.四书集注[M].陈戍国,标点.长沙:岳麓书社,2004:316.
❹ (宋)朱熹.四书集注[M].陈戍国,标点.长沙:岳麓书社,2004:192.
❺ (宋)朱熹.四书集注[M].陈戍国,标点.长沙:岳麓书社,2004:192.
❻ (宋)朱熹.四书集注[M].陈戍国,标点.长沙:岳麓书社,2004:101.

明、听得入心。孔子还认为,交际应该注意使用共通的标准语言,这样才能便于相互往来和交流。在《论语·述而第七》中记载:"子所雅言:《诗》《书》。执礼,皆雅言也。"❶我们今天有普通话与方言之别,若你在自己土生土长的地方使用方言还可交际交流,但是当你走出家乡再用方言交际交流就不合时宜了,必须学会使用普通话交际交流。在国外,要学会用外语交流。此外,在交际时,还需多多使用敬语、礼貌用语,既体现对对方的尊重,也体现自我的交际修养。在《论语·季氏第十六》中记载:"邦君之妻,君称之曰夫人,夫人自称曰小童;邦人称之曰君夫人,称诸异邦曰寡小君;异邦人称之,亦曰君夫人。"❷关于称呼,还有很多学问,如初次见面之人,若要问他的姓名,则说"贵姓、台甫";若称呼别人的父亲,则说"令尊";称呼别人的母亲,则说"令堂";称呼别人的儿子,则说"令郎或公子";称呼别人的女儿,则说"令爱或者女公子"等。另外,礼貌用语也很多,如初次见面时,则说"久闻大名";表示欢迎时,则说"欢迎光临";征求意见时,则说"有何高见";得到帮助时,则说"万分感谢";送别离开时,则说"一路顺风";请求原谅时,则说"请多包涵"等。总之,多使用敬语,多使用礼貌语言。今天,在日常生活里,请多用"十字"礼貌用语:"请、您好、谢谢、对不起、再见"。总之,交际要讲语言文明,使用文明用语,不讲粗话、脏话、废话。当然,使用语言要谨慎,要言行相顾,不能言过其实,更不能巧言令色,不能夸夸其谈,更不能搬弄是非。在《论语·里仁第四》中,孔子说:"古者言之不出,耻躬之不逮也。"❸在《论语·宪问第十四》中,孔子说:"君子耻其言而过其行。"❹总而言之,交际活动中,要言之有理、言之有物、言之有情、言之有意,不言则已,一言则中。言不妄发,行不妄为,让语言在交际中展现应有的力量。

(五)形象

交际要注意打造自己的形象,包括仪表、仪容、仪态等。根据《现代汉语词典》所载:"仪表,人的外表(容貌、姿态、风度等)。"❺在交际活动中,要注意打扮自己,使

---

❶ (宋)朱熹.四书集注[M].陈成国,标点.长沙:岳麓书社,2004:111.
❷ (宋)朱熹.四书集注[M].陈成国,标点.长沙:岳麓书社,2004:198.
❸ (宋)朱熹.四书集注[M].陈成国,标点.长沙:岳麓书社,2004:83.
❹ (宋)朱熹.四书集注[M].陈成国,标点.长沙:岳麓书社,2004:177.
❺ 中国社会科学院语言研究所词典编辑室.现代汉语词典[M].北京:商务印书馆,2002:1483.

衣着得体、容貌得体、仪表得体，如衣着要干净整洁。《弟子规》中说："衣贵洁，不贵华，上循分，下称家。"❶不过，着装要注意一些细节，如着装大小合适自己的体型；着装颜色、款式符合自己的职业、肤色、年龄等特点。孔子就非常注意穿衣问题。《论语·乡党第十》记载："君子不以绀緅饰，红紫不以为亵服。当暑，袗絺绤，必表而出之。缁衣，羔裘；素衣，麑裘；黄衣，狐裘。亵裘长，短右袂。必有寝衣，长一身有半。狐貉之厚以居。去丧，无所不佩。非帷裳，必杀之。羔裘玄冠不以吊。吉月，必朝服而朝。"❷可见，穿衣是一门学问。

俗话说："人靠衣装马靠鞍。"我们该怎样打扮自己，使自己如孔子一样衣着得体呢？今天，有识之士提出了"TPO原则"和"三色原则"。"TPO"原则，即将时间（Time）、地点（Place）、场合（Occasion）作为考虑如何着装的三大因素，将穿着、饰品、配件等根据时间、地点、场合进行适当的搭配和打扮。将衣服穿出时尚感、季节感、情景感，注意色彩搭配，注意款式得体。一般而言，一个人身上的着装搭配，颜色尽量少。因此，有人提出着装搭配的"三色原则"，即在正式场合，含外套、衬衣、领带、腰带、袜子等在内，一身上下，不能超过三个颜色，给人一种整洁、大方、和谐之美感。仪容主要指"人的外貌"。整洁仪容，就是要打理外在形象，如美容美发，保持头发干净，发型美观，面部整洁，不留长鼻毛，手部清洁，给人一种舒适的感觉。仪态指人的姿态和风度。俗话说："站有站相，坐有坐相。"举止不轻浮、不忸怩，稳重端庄，自然大气。在公共场所，不高声喧哗，走路步履稳健，路上不长谈，不随地吐痰等。

五、朋友之间的交际

人生天地间，不能无朋友。俗话说："在家靠父母，出门靠朋友。"朋友是人生路上的知己，是一笔非常宝贵的精神财富。唐代大诗人李白说："桃花潭水深千尺，不及汪伦送我情。"❸孔子说："有朋自远方来，不亦乐乎？"❹那么，如何处理朋友之间的

---

❶ 王财贵.孝弟三百千[M].北京：北京教育出版社，2012：16.
❷ （宋）朱熹.四书集注[M].陈成国，标点.长沙：岳麓书社，2004：135.
❸ （清）彭定求.全唐诗[M].吉林：延边人民出版社，2004：966.
❹ （宋）朱熹.四书集注[M].陈成国，标点.长沙：岳麓书社，2004：54.

交际往来呢？除了上述内容以外，朋友之间的交际相处还得念好"四字经"，即"道""善""德""理"，以道相交、以善相劝、以德相处，以理相助。

（一）以道相交

道者，道合也，志同道合，志趣相投。古人说："同门曰朋，同道曰友。"那么，交朋友就是要结交志同道合的人、志趣相投的人、爱好相仿的人。孔子在《论语·卫灵公第十五》中说："道不同，不相为谋。"❶在《论语·颜渊第十二》中，曾子说："以文会友，以友辅仁。"❷只有共同的兴趣爱好，才能让彼此的友谊之路长远。在孔子的交际中，孔子结识了鲁国乐师挚，他们之间的相处令人遐想无穷、美妙无限。在《论语·泰伯第八》中，孔子曰："师挚之始，《关雎》之乱，洋洋乎盈耳哉。"❸闭目想想，孔子和师挚在一起的场景和画面一定充满快乐愉悦吧！

（二）以善相劝

朋友有劝勉之责。在《论语·子路第十三》中，孔子说："朋友切切偲偲。"❹朱子《四书集注》说："切切，恳到也。偲偲，详勉也。"❺朋友之间就要真心实意地劝勉向真、善、美的方向发展进步。在《论语·颜渊第十二》中，孔子说："忠告而善道之，不可则止，无自辱焉。"❻朋友之间要以善相劝，忠告善道，不要自取其辱。在《论语·里仁第四》中，子游曰："事君数，斯辱矣；朋友数，斯疏矣。"❼可见，以善相劝，还不能过于烦琐、啰嗦，否则朋友之间也会疏远。其实，"事不过三"，当你向朋友劝言三次，朋友却油盐不进时，不用待他疏远你，你也应该疏远他了。当然，规劝朋友要有一定的方式、方法。有识之士总结了规劝朋友的七个要素：一是基础。规劝的基础是信任。如果朋友之间信任值很低，那最好就别规劝了。在《论语·子张第十九》中，

---

❶（宋）朱熹．四书集注[M]．陈戍国，标点．长沙：岳麓书社，2004：192．
❷（宋）朱熹．四书集注[M]．陈戍国，标点．长沙：岳麓书社，2004：159．
❸（宋）朱熹．四书集注[M]．陈戍国，标点．长沙：岳麓书社，2004：121．
❹（宋）朱熹．四书集注[M]．陈戍国，标点．长沙：岳麓书社，2004：168．
❺（宋）朱熹．四书集注[M]．陈戍国，标点．长沙：岳麓书社，2004：168．
❻（宋）朱熹．四书集注[M]．陈戍国，标点．长沙：岳麓书社，2004：159．
❼（宋）朱熹．四书集注[M]．陈戍国，标点．长沙：岳麓书社，2004：84．

子夏说:"君子信而后劳其民,未信,则以为厉己也;信而后谏,未信,则以为谤己也。"[1]没有信任基础,他还以为你是诽谤他。另外,没有信任的话,你说的任何话他都将信将疑,谏与不谏区别不大。二是存心。你的出发点是什么?你的出发点一定是为了他好。若只是为了侮辱他、讽刺他,那就偏离了劝谏的价值和意义。三是场合。规劝朋友,要注意场合。人都好面子,不能在大庭广众之下规劝朋友,最好在私下进行规劝,在人越少的场合越好。四是时机。规劝朋友的时机有一定的讲究。如果朋友正处在心烦意乱的时候,你去规劝,毫无进展。最好在朋友心平气和的时候,促膝交谈,效果会好一些。五是态度。规劝朋友,态度也很重要。你若横眉冷对,再好的意见,朋友也听不进去。最好以柔和、温和、心平气和的态度好言好语相劝。六是语言。利用恰当的、通俗易懂的语言,让对方能听得懂、理解得透彻。七是心性。对朋友,有耐心,用心多多沟通,动之以情、晓之以理,但不烦琐,也不必几次三番,一次、两次足矣。

(三)以德相处

朋友之间以心相待,相互信任,互帮互助,见贤思齐,取长补短,保持一定距离。当然,朋友之间难免也发生不快、分歧。怎么办?其实,有的朋友可能只能陪伴某一段路程,或长或短,能够长久陪伴的朋友毕竟还是少数。在《论语·子罕第九》中,孔子说:"可与共学,未可与适道;可与适道,未可与立;可与立,未可与权。"[2]可见,有的朋友可与其共学但不可适道,有的朋友可与其适道但不可共同创立事业,有的朋友可与其共同创立事业但不可与权。人生的不同阶段,我们可能会结交不同的知己。

(四)以理相助

人生在世,长足百年。谁的人生不是充满风风雨雨呢?谁的人生是一帆风顺呢?因此,当朋友遇到困难的时候,如果有能力,当然要伸出友谊之手,以理相助,克服困难,渡过难关。在《论语·公冶长第五》中,子路说:"愿车马、衣轻裘,与朋友

---

[1] (宋)朱熹. 四书集注[M]. 陈成国,标点. 长沙:岳麓书社,2004:216.
[2] (宋)朱熹. 四书集注[M]. 陈成国,标点. 长沙:岳麓书社,2004:132.

共,敝之而无憾。"❶在《论语·乡党第十》中记载:"朋友死,无所归,曰:'于我殡。'朋友之馈,虽车马,非祭肉,不拜。"❷孔子的交友之道就是如此,以理相助,以义相交。当然,朋友之间相助不一定只是金钱,可以是一个温暖的微笑、一双有力的手、一番鼓励、一条信息等,都可以是相助的道义所在。

　　朋友是人生的必备书,也是必读书。结交朋友,从此人生路上就不再孤独,因为有情、有信、有爱、有温暖。在这里,分享一个故事,故事的名字就是《朋友》。❸具体如下:

　　公元前四世纪,在意大利,有一个名叫皮斯阿司的年轻人冒犯了国王。皮斯阿司被判绞刑,在某个法定的日子要被处死。

　　皮斯阿司是个孝子,在临死之前,他希望能与远在百里之外的母亲见最后一面,以表达他对母亲的歉意,因为他不能为母亲养老送终了。他的这一要求被告知了国王。国王感其诚孝,决定让皮斯阿司回家与母亲相见,但条件是皮斯阿司必须找到一个人来替他坐牢,否则他的这一愿望只能是镜中花水中月。这是一个看似简单其实近乎不可能实现的条件。有谁肯冒着被杀头的危险替别人坐牢,这岂不是自寻死路?但茫茫人海中,就有人不怕死,而且真的愿意替别人坐牢,他就是皮斯阿司的朋友达蒙。

　　达蒙住进牢房以后,皮斯阿司回家与母亲诀别。人们静静地看着事态的发展。日子如水,皮斯阿司也没有回来的迹象。人们一时间议论纷纷,都说达蒙上了皮斯阿司的当。行刑日是个雨天,当达蒙被押赴刑场之时,围观的人都在笑他愚蠢,那真叫愚不可及,幸灾乐祸的大有人在。但刑车上的达蒙不但面无惧色,反而有一种慷慨赴死的豪情。

　　追魂炮被点燃了,绞索也已经挂在达蒙的脖子上。有胆小的人吓得紧闭双眼,他们在内心深处为达蒙深深地惋惜,并痛恨那个出卖朋友的小人皮斯阿司。

　　但是,就在这千钧一发之际,在林地的风雨中,皮斯阿司飞奔而来,他高喊着:"我回来了!我回来了!"

---

❶ (宋)朱熹.四书集注[M].陈戍国,标点.长沙:岳麓书社,2004:93.
❷ (宋)朱熹.四书集注[M].陈戍国,标点.长沙:岳麓书社,2004:138.
❸ 张健鹏,蒋光宇.上帝的笑[M].北京:当代世界出版社,2001:233-234.

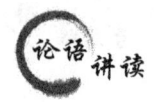

这真是世间最最感人的一幕，大多数人都以为自己在梦中，但事实不容怀疑。这个消息宛如长了翅膀，很快便传到了国王的耳中。国王闻听此言，也以为这是痴人说梦。

国王亲自赶到刑场，他要亲眼看一看自己优秀的子民。最终，国王万分喜悦地为皮斯阿司松了绑，并亲口赦免了他的罪。

可见，朋友之间只需两个字就够了，那就是"信任"。信任是金，信任是银，信任是人世间最珍贵最美好的东西，值得我们每个人珍惜拥有。

古人说："山河不足重，所重在知己。"❶交际是为了多多结交君子良朋。让我们听一听子张的交际心得吧！在《论语·子张第十九》中，子张说："君子尊贤而容众，嘉善而矜不能。我之大贤与，于人何所不容；我之不贤与，人将拒我，如之何其拒人也？"❷让我们在交际中，学会尊重、学会宽容、学会赞叹、学会同情，不傲慢、不轻浮、不轻狂。愿你岁月波澜有人陪，敬我余生悲欢有人听！

最后，分享一首歌词，名叫"交友之歌"：

> 四海之内皆兄弟，
> 朋友数斯疏矣。
> 善与人交久而敬之，
> 朋友信之切切偲偲。
> 以文会友友谅友直，
> 以友辅仁朋友多识。
> 忠告而善道之、不可则止，
> 尊贤容众嘉善自矜持。

---

❶ (清)彭定求.全唐诗[M].吉林：延边人民出版社，2004：3014.
❷ (宋)朱熹.四书集注[M].陈戌国，标点.长沙：岳麓书社，2004：214.

第九讲　管理篇:管理在人

管理是什么？诺贝尔经济学奖获得者、美国著名管理学家赫伯特·西蒙认为："管理过程就是决策的过程。"❶东方管理学派著名学者胡祖光、朱明伟在《东方管理学导论》中说："管理就是组织人力与物力以实现正式组织的目标的过程。"❷根据上面的定义可以肯定,管理离不开人。没有人,就无法决策;没有人做事,就无法提供服务;而没有人提供服务,当然也就无法实现组织目标。因此,人是管理系统中最核心的因素。从管理的角度而言,管理得其人,则管理成;管理失其人,则管理败。在《三国演义》里,刘备三顾茅庐,请得大才诸葛亮出山辅佐,才有后来的三分天下。

而《论语》一书,就是一部关注人、关注管理的小百科全书,其中蕴含着丰富的管理思想。让我们聚焦管理中的重要因素——人,从中获取一些管理的智慧和力量。

一、重人

儒家高度重视人、重视人才,并将人才看作事业兴衰的重要因素。在《论语·泰伯第八》中记载:"舜有臣五人而天下治。武王曰:'予有乱臣十人。'孔子曰:'才难,不其然乎？唐、虞之际,于斯为盛。有妇人焉,九人而已。三分天下有其二,以服事殷。周之德,其可谓至德也已矣。'"❸

我们先仔细理解一下这段文字。舜有臣下五人而天下大治。根据注解,我们知道,这五人具体为禹、稷、契、皋陶、伯益,这五位大臣可谓一圣四贤,他们与舜一起致力于天下太平。周武王说:"我有治臣十人。"据朱子《四书集注》注解,我们可以知道,这十人具体为"周公旦、召公奭、太公望、毕公、荣公、太颠、闳夭、散宜生、南

---

❶ [美]赫伯特·西蒙.管理行为[M].杨砾,韩春立,徐立,译.北京:北京经济学院出版社,1988:10.
❷ 胡祖光,朱明伟.东方管理学导论[M].上海:上海三联书店,1998:3.
❸ (宋)朱熹.四书集注[M].陈成国,标点.长沙:岳麓书社,2004:123.

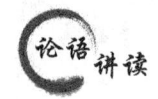

宫适,其一人为文母。刘侍读以为子无臣母之义,盖邑姜也。九人治外,邑姜治内"❶。孔子说:"人才难得,难道不是这样吗?唐尧、虞舜之际,人才最为兴盛。武王十位治臣中,有一位妇人,只有九位而已。周文王三分天下有其二,仍然以强服侍弱,向商纣称臣。周朝的道德,可以说是最高尚的了。"在孔子看来,人才难得,因而也更显示了人才的重要性,舜的时代因有贤臣五人,武王时代因有贤臣十人,才造就了天下大治的良好局面。舜与武王都是因为得其才而兴盛。

诸葛亮说:"亲贤臣,远小人,此先汉所以兴隆也;亲小人,远贤臣,此后汉所以倾颓也。"❷习近平总书记强调:"人才是衡量一个国家综合国力的重要指标。国家发展靠人才,民族振兴靠人才。"❸因此,在管理中,一定要重视人、重视人才,重视培养、团结、引领、成就人才,充实壮大人才队伍,不断增强人才效能。

二、识人

亚圣孟子曾经说过:"观水有术,必观其澜!"❹其实,观人也有术、观人也有道。我们看一下,孔子如何观人、识人。在《论语·为政第二》中,孔子说:"视其所以,观其所由,察其所安,人焉廋哉?"❺孔子的话是什么意思呢?在这里,请注意,"以"是"行为"的意思。由,是"缘由"的意思。安,心所喜乐。廋,藏匿。孔子的意思是,要识别一个人,就要注视他的行为,观察他行为的缘由、动机,考察他会为什么而安乐。这样的话,他还如何隐藏呢?可见,识别一个人,要了解他的行为、办事能力如何、办事水平如何,是想干事、能干事,还是懒于干事、不能干事,重点考察他的工作态度、本领、能力。识别一个人,要了解他行为背后的动机,他做事的目的是什么,是为了一己私利,还是为了服务大众,动机是善还是恶、是好还是坏、是正还是邪,重点考察他的思想道德。识别一个人,要了解他的所安所乐,他的心安于何处,又

---

❶ (宋)朱熹.四书集注[M].陈成国,标点.长沙:岳麓书社,2004:123.

❷ (三国)诸葛亮.诸葛亮集[M].段熙仲,闻旭初,编校.北京:中华书局,2014:5.

❸ 宋岩.习近平出席中央人才工作会议并发表重要讲话[EB/OL].(2021-09-28)[2022-02-10].http://www.gov.cn/xinwen/2021-09/28/content_5639868.htm?platform=win&version=2.5.40020.452.

❹ (宋)朱熹.四书集注[M].陈成国,标点.长沙:岳麓书社,2004:392.

❺ (宋)朱熹.四书集注[M].陈成国,标点.长沙:岳麓书社,2004:64.

乐于何处，有什么爱好，有什么目标追求，重点考察他的爱好追求。在孔子看来，从行为、动机、志趣等三个方面识人比较可靠。

关于识人，孔子还提出了"观人观过"的办法，认为一个人对待错误的不同态度、办法是区分君子与小人的一个重要方式。君子会正视自己的错误，勇于改正；小人会掩盖自己的错误，惧怕改正。因此，在《论语·里仁第四》中，孔子说："人之过也，各于其党，观过，斯知仁矣。"❶孔子"观过知仁"的识人术，也在子贡和子夏的语录中得到印证。子夏在《论语·子张第十九》中说："小人之过也必文。"❷子贡在《论语·子张第十九》中说："君子之过也，如日月之食焉；过也，人皆见之；更也，人皆仰之。"❸不过，值得注意的一点，犯错不是认定一个人是否优劣的标准。因为常干事的人干得多，相应地犯错的概率就更大、更多，而不干事的人却找不出一点半点错误。但是，对犯错的态度一定能体现一个人的道德。可见，识人，不能简单粗暴地认为，不犯错的人就优秀，犯错的人就不优秀，要全方位地考察，从而给出更科学合理的判断。

关于识人，孔子还提出"听其言而观其行"的办法。这是孔子在生活实践中领悟出来的一条识人之道。在《论语·公冶长第五》中记载："宰予昼寝。子曰：'朽木不可雕也，粪土之墙不可圬也！于予与何诛？'子曰：'始吾于人也，听其言而信其行；今吾于人也，听其言而观其行。于予与改是。'"❹也许，宰予平时长于口才，能言善辩。但是，当他白天还睡觉时，孔子很生气。同时，他也从宰予身上获得智慧：听其言而信其行，不靠谱，还是要听其言而观其行。今天，在管理工作中，我们不能只是听汇报，还要实地察看，因为只听汇报有盲点，可能是弄虚作假、华而不实、说而不做。因此，孔子提出将"听其言"与"观其行"相结合，从谈吐中解读和识别一个人，从行为中解读和识别一个人，多走进他的工作、生活、学习等具体的社会环境和人文环境，调查、观察、研究，从实实在在的"行"中去精准识别人才，不唯书、不唯上，只唯"实"，讲究实际、尊重实际、强化实际，一切以实际为重。孔子提出，不主观怀疑、不主观臆断、不主观猜测。在《论语·宪问第十四》中，孔子说："不逆诈，不亿

---

❶（宋）朱熹. 四书集注[M]. 陈戍国，标点. 长沙：岳麓书社，2004：80.
❷（宋）朱熹. 四书集注[M]. 陈戍国，标点. 长沙：岳麓书社，2004：215.
❸（宋）朱熹. 四书集注[M]. 陈戍国，标点. 长沙：岳麓书社，2004：218.
❹（宋）朱熹. 四书集注[M]. 陈戍国，标点. 长沙：岳麓书社，2004：88.

不信。抑亦先觉者,是贤乎!"❶如何理解孔子的话呢?在这里,逆,是"预先"的意思;诈,是"欺骗"的意思。亿,是一个通假字,通"臆",是"臆测、预料"的意思。不信,就是"没有信用,不讲诚信"。抑,是文言连词,表转折。先觉,表示事先察觉。孔子说:"不预先怀疑别人欺诈,不臆断别人不讲信用,但是能够及早察觉、发现,这样的人就是贤者了。"因此,在识人的过程中,首先不要戴有色眼镜看人,要力求冷静、客观地看人。在《论语·子罕第九》中记载,孔子明确提出要杜绝以下这四种毛病:毋意、毋必、毋固、毋我,即不自以为是、不唯我独尊、不凭空猜测、不拘泥固执。尽量克服主观性因素,尽量靠近客观性因素,多注重调查研究,多注重客观实际,不能坐井观天,更不能闭门造车,不能异想天开,更不能固执己见。习近平总书记说:"调查研究是谋事之基、成事之道。没有调查,就没有发言权,更没有决策权。"❷识人亦是如此。

三、用人

用人不当与用人得当,事关管理工作的目标实现、得失成败。若得其人,事业成,目标现;若失其人,事业毁,目标难。因此,用人是管理系统无法回避的重要工作。我们要学会用合适的人去办合适的事,而用什么人、举荐什么人、如何用人,我们不得不认真面对。

用什么人呢?孔子认为,用人当用贤人,任人唯贤,知人善任,杜绝任人唯亲。在《论语·为政第二》中:"哀公问曰:'何为则民服?'孔子对曰:'举直错诸枉,则民服;举枉错诸直,则民不服。'"❸请注意,错,是通假字,通"措",措者,置也,是放置的意思。《说文解字》曰:"枉,邪曲也。"❹鲁哀公问了孔子这样一个问题:"怎样做才能让老百姓服从?"孔子的回答很坚定干脆。孔子说:"把正直的人推举上来,放在邪曲的人之上,老百姓就服从了;把邪曲的人推举上来放在正直的人之上,老百姓就

---

❶ (宋)朱熹.四书集注[M].陈成国,标点.长沙:岳麓书社,2004:178.

❷ 中共中央党史和文献研究院、中央"不忘初心、牢记使命"主题教育领导小组办公室.习近平关于"不忘初心、牢记使命"论述摘编[M].北京:党建读物出版社,2019:211.

❸ (宋)朱熹.四书集注[M].陈成国,标点.长沙:岳麓书社,2004:66.

❹ (汉)许慎.说文解字[M].(宋)徐铉,校订.北京:中华书局,2013:114.

不服。"因此，要得民心，推举正直的人很重要。管理之道也是如此。举荐那些正直的人、公正的人，举荐那些贤能的人来担当大任、重任，管理就能得心应手，事业就能越来越兴旺。

类似的问题，在《论语·颜渊第十二》中也有记载："樊迟问仁，子曰：'爱人。'问知，子曰：'知人。'樊迟未达，子曰：'举直错诸枉，能使枉者直。'樊迟退，见子夏，曰：'乡也吾见于夫子而问知，子曰：举直错诸枉，能使枉者直，何谓也？'子夏曰：'富哉言乎！舜有天下，选于众，举皋陶，不仁者远矣。汤有天下，选于众，举伊尹，不仁者远矣。'"❶从管理的视角看，知人曰智，而"举直错诸枉，能使枉者直"正是知人的具体体现，也是管理工作中知人用人的正确导向。想想看，知而不用，有何意义？其后果也许比不知还糟糕呢！在这里，子夏的补充解释，让人更加明了，选人就应该效法舜和商汤，要最广泛、最大范围、最大限度地选拔人才，致力于将最优秀的人才选举出来，予以重用。舜有天下，选于众而不是选于独或者选于少，所以皋陶被选举出来了；汤有天下，选于众而不是选于独或者选于少，所以伊尹被推举出来了。可见，选人用人，要广泛撒网、广纳英才，将有道德、有能力的人选拔出来，将想干事、能干事的人选拔出来，用德才兼备的人。正所谓"我劝天公重抖擞，不拘一格降人才"。

举荐什么人？上文也有涉及，必须举荐正直的人，举荐贤能的人，举荐德才兼备的人，举贤才。在《论语·子路第十三》中："仲弓为季氏宰，问政。子曰：'先有司，赦小过，举贤才。'仲弓曰：'焉知贤才而举之？'子曰：'举尔所知。尔所不知，人其舍诸？'"❷可见，要想干好管理工作，"举贤才"是工作的重中之重。将那些贤才提拔起来，设官分职，将职权制度化，赦免贤才的小过错，各有其职、各司其职，从而实现管理通顺、事业兴隆的良好局面。

如何用人呢？孔子认为，用人当用人之长，因人而用、因材而用，人尽其才、才尽其用，不能求全责备、吹毛求疵。在《论语·子路第十三》中，孔子说："君子易事而难说也。说之不以道，不说也；及其使人也，器之。小人难事而易说也。说之虽不

---

❶ (宋)朱熹．四书集注[M]．陈戍国，标点．长沙：岳麓书社，2004：158.
❷ (宋)朱熹．四书集注[M]．陈戍国，标点．长沙：岳麓书社，2004：160.

以道,说也;及其使人也,求备焉。"❶这里,相信你已经注意到了,君子使用人才,"器之";小人使用人才,"求备"。器,指一个人的度量、才干;备,是指"完备"。我们知道:"金无足赤,人无完人。"我们使用人才不应该像小人那样,希望别人是"万金油",什么都能干,百般挑剔,求全责备,因为这是不切实际的想法。我们应该像君子使用人才那样,量才而用,用人长处,发挥别人的长处。值得指出的是,不能是非颠倒,不能用人之短,不能用人之缺。据此可得,用对人才,才得其用,真人才也,这是管理用人之道;相反,用错人才,才失其用,真庸才也,这是管理失人之道。要做好管理工作,务必全面做好用人工作。

四、贤才

何谓贤才?《国语辞典》曰:"才德之士。"❷也就是德才兼备的人。贤才具体有哪些体现呢?

(一)尚节用

孔子在《论语·学而第一》中说:"道千乘之国,敬事而信,节用而爱人,使民以时。"❸在这里,孔子认为,管理一个拥有千辆兵车的国家,务必要节用、节减、节省、节约用度,让物得其用、物尽其用,不伤财物。朱子《四书集注》曰:"盖侈用则伤财,伤财必至于害民,故爱民必先于节用。"❹因此,要充分珍惜爱惜,节用毋奢,珍惜物品价值。管理不节俭,容易造成铺张浪费,必然招来病垢。正是在此意义上,孔子明确批评历史上著名的经济学家、哲学家、政治家、军事家管仲。在《论语·八佾第三》中,孔子批评管仲气量狭窄、不尚节俭,"子曰:'管仲之器小哉!'或曰:'管仲俭乎?'曰:'管氏有三归,官事不摄,焉得俭?'"❺同样,在《论语·述而第七》中,孔子曰:

---

❶ (宋)朱熹.四书集注[M].陈戍国,标点.长沙:岳麓书社,2004:167.
❷ 中国大辞典编纂处.国语辞典[M].上海:商务印书馆,1947:2662.
❸ (宋)朱熹.四书集注[M].陈戍国,标点.长沙:岳麓书社,2004:56.
❹ (宋)朱熹.四书集注[M].陈戍国,标点.长沙:岳麓书社,2004:56.
❺ (宋)朱熹.四书集注[M].陈戍国,标点.长沙:岳麓书社,2004:76.

"奢则不孙,俭则固,与其不孙也,宁固。"[1]在奢侈与节俭之间,孔子选择节俭。仔细想来,管理中,当然要涉及人力、物力、财力方面的工作,如果没有节用意识,事情注定会很糟糕。常言道:要开源,要节流。其实,节流也是一种开源。唐代诗人李商隐说:"历览前贤国与家,成由勤俭破由奢。"[2]这充分说明了奢的害处和俭的益处。所以,我们要学会精打细算、节俭办事。

(二)尚公平

管理不公平,难得服人心。管理工作要有一杆公平公正的秤和一颗公平公正的心。处事不公、管理不公、怨声四起、怨声载道,势必影响安定团结、发展稳定。当然,尚公平,不是吃大锅饭,工多工少一个样,功多功少一个样,干多干少一个样,干与不干一个样,这绝对不是公平。多劳多得、少劳少得、不劳不得,这是公平的一个导向。做管理工作,必须公平、公正、公义。具体怎么办?还得做具体细致的研究。在《论语·里仁第四》中,孔子曰:"君子之于天下也,无适也,无莫也,义之与比。"[3]义,就是正义,没有公平,显然不合正义。孔子在《论语·季氏第十六》中说:"不患寡而患不均,不患贫而患不安。"[4]这说明了缺失公平的危害是巨大的。小而言之,它会挫伤工作的积极性;大而言之,它会影响事业的和谐稳定发展。总之,公平机制有利于激励人们谋事干事成事,公平缺失,危害严重,不可不重视,能公平处理的事绝不能含糊。

(三)尚集思

集思,是集思广益的"集思"。尚集思,就是要崇尚集体的智慧、崇尚集体的思考。做管理工作,就要善于集思广益,最广泛地听取意见、建议,由于一个人的智慧是有限的,而集中集体的智慧可以弥补个人的主观性偏差。因此,做好管理工作,要善于倾听集体的意见,要善于向集体学习,集中集体的智慧,依靠集体的力量,才能做好管理工作的各个环节、各项事宜。在《论语·为政第二》中,子张学干禄。子

---

[1] (宋)朱熹.四书集注[M].陈成国,标点.长沙:岳麓书社,2004:115.
[2] (清)彭定求.全唐诗[M].吉林:延边人民出版社,2004:3353.
[3] (宋)朱熹.四书集注[M].陈成国,标点.长沙:岳麓书社,2004:80.
[4] (宋)朱熹.四书集注[M].陈成国,标点.长沙:岳麓书社,2004:193.

曰:"多闻阙疑,慎言其余,则寡尤,多见阙殆,慎行其余,则寡悔。言寡尤,行寡悔,禄在其中矣。"❶在此,孔子为子张"支着",多闻多见,只有这样,说话才能少犯错,做事才能少犯错。在管理过程中,你多闻了吗?你多见了吗?多走访、多调研,了解各方,密切联系,办正确的事,正确地办事。

(四)本领强

俗话说:"没有金刚钻,不揽瓷器活。"管理工作涉及面宽、涉及面广,没有练就一身本领,很难做好管理工作。因为事业要靠本领成就、事业的辉煌要靠本领奠基、事业的发展要靠本领书写,所以管理人才不但道德素养要过硬,而且工作本领要高强。在《论语·里仁第四》中,孔子曰:"不患无位,患所以立。不患莫己知,求为可知也。"❷管理工作者也要时时刻刻忧患自己的工作能力,以过硬的管理技能胜任管理岗位,确保管理见效益、见实效、见真效。在《论语·为政第二》中,孔子说:"君子不器。"❸管理工作者就是要像君子一样,多才多艺,有本领、有担当。总而言之,管理工作者需要具备许多能力,如沟通能力、决策能力、用人能力、技术能力、领导能力、思考能力、激励能力、执行能力等。本领是硬杠杠,没有本领,管理难为。

(五)做表率

搞好管理工作要有率先垂范的精神,要身先士卒,当先锋,做表率。在《论语·为政第二》中:"季康子问:'使民敬、忠以劝,如之何?'子曰:'临之以庄则敬;孝慈则忠;举善而教不能则劝。'"❹在这里,季康子的问题值得琢磨,他问:"怎样做,才能使民众忠诚、劝勉为善。"可见,季康子问的重点在于"使",使民众如何如何。而孔子的回答更是点中管理工作的要害之处。孔子说:"你面对民众的时候容貌庄严,民众就会尊敬你;你自己上孝于亲、下慈于民,老百姓自然会忠诚于你;你在举荐任用方面能选贤举能,而教化不能者,民众则会劝勉从善。"管理也是如此,一切都得从"你自己"做起,要当先行者,做好表率,当好先锋,身体力行,做好榜样。一个家庭、

---

❶ (宋)朱熹. 四书集注[M]. 陈戍国,标点. 长沙:岳麓书社,2004:66.
❷ (宋)朱熹. 四书集注[M]. 陈戍国,标点. 长沙:岳麓书社,2004:81.
❸ (宋)朱熹. 四书集注[M]. 陈戍国,标点. 长沙:岳麓书社,2004:65.
❹ (宋)朱熹. 四书集注[M]. 陈戍国,标点. 长沙:岳麓书社,2004:67.

一个公司、一个企业的领导者、管理者不身先士卒、当表率、作模范的话,又指望谁呢? 想想看,我不做谁做? 我不干谁干? 见事就躲、见事就逃、见事就往后退的人,是无法做好管理工作的。在《论语·子路第十三》中有:"子路问政。子曰:'先之,劳之。'请益。曰:'无倦。'"❶为政如此,管理也是如此。管理工作者当先己之劳,然后劳其同事。只有这样,你的下属同事才会劳而不怨。可见,管理者还应当是一个实干者、务实者、躬行者,持之以恒地去行动、劳作,不懈怠、不松散。

(六)人际和

一个好的管理者既要敢于得罪人,更要敢于团结人、善于团结人,不能当好好先生。在《论语·阳货第十七》中,孔子说:"乡原,德之贼也。"❷对懒惰、混光阴的人不能手软,必须有切实的办法进行整治。当然,管理工作者更要学会团结人,团结一切可以团结的力量,以便顺利推进工作。《孟子·公孙丑章句下》有言:"天时不如地利,地利不如人和。"❸因此,管理工作要重视人的因素,要善于团结人。在《论语·八佾第三》中:"定公问:'君使臣,臣事君,如之何?'孔子对曰:'君使臣以礼,臣事君以忠。'"❹可见,一个管理工作者要以礼行事,对下要以礼相待,忠诚正直;对上也以礼相待,忠诚正直。只有这样,上无愧于领导的信任,下无愧于下属的信任,也对得起自己的良心。因此,管理工作者不能无缘无故地得罪人,要有情有义地团结人,以礼团结、以道团结、以志趣团结、以关怀团结、以同理心团结,动之以情、晓之以理、导之以行。此外,人际和还要求管理者要讲信誉、守信用。一个管理者没有信用,根本无法实现管理效能。在《论语·颜渊第十二》中:"子贡问政,子曰:'足食,足兵,民信之矣。'子贡曰:'必不得已而去,于斯三者何先?'曰:'去兵。'子贡曰:'必不得已而去,于斯二者何先?'曰:'去食。自古皆有死,民无信不立。'"❺可见,信用、信任是管理的基石。失去信任、没有信任,管理工作就无法进行。一个管理工作者就应如此,重信誉、讲信用,不失信于人,以信立身行事,凡出言,信为先,重承诺,一诺

---

❶ (宋)朱熹.四书集注[M].陈戌国,标点.长沙:岳麓书社,2004:160.
❷ (宋)朱熹.四书集注[M].陈戌国,标点.长沙:岳麓书社,2004:203.
❸ (宋)朱熹.四书集注[M].陈戌国,标点.长沙:岳麓书社,2004:271.
❹ (宋)朱熹.四书集注[M].陈戌国,标点.长沙:岳麓书社,2004:75.
❺ (宋)朱熹.四书集注[M].陈戌国,标点.长沙:岳麓书社,2004:153.

千金,诚信待人,建立和谐稳定的人际关系网络。因此,无论什么时候,一名管理工作者不要随意承诺,要时刻铭记:"'诚信'二字值千金。"

(七)明分工

一个家庭、一个公司、一个企业,甚至一个区域,管理涉及的事务繁多复杂,但一个人没有三头六臂,所以分工就成为管理的重要内容。一个管理者要懂得分工协作,不能眉毛胡子一把抓,乱作一团,要明晰各自的工作职责、权限和使命。正是在此意义上,孔子在《论语·泰伯第八》中强调:"不在其位,不谋其政。"❶换言之,在其位就要谋其政,在其位就要谋其事。在其位而不谋其政、在其位而不谋其事,工作不肯干、不愿干,都是失职。在《论语·宪问第十四》中,曾子也说:"君子思不出其位。"❷意思是君臣、上下、大小都各司其职。在《论语·颜渊第十二》中记载:"齐景公问政于孔子。孔子对曰:'君君,臣臣,父父,子子。'公曰:'善哉!信如君不君,臣不臣,父不父,子不子,虽有粟,吾得而食诸?'"❸这里,孔子之意不在等级制度,而在于各级岗位的职责和使命。想想看,假如一个企业,领导不履行领导的职责,属下不履行属下的职责,君不君,臣不臣,那么这个企业如何发展;假如一个家庭,家长不履行家长的职责,子女不履行子女的职责,那么这个家庭如何能有生机。因此,一个管理工作者要懂得分工,使各自在岗位上履行职权、承担责任。权责不明、分工不明,都是管理工作的失职。因此,要善于授权,也要善于追责问责,确保管理工作健康有序推进。

(八)果达艺

《论语·雍也第六》中:"季康子问:'仲由可使从政也与?'子曰:'由也果,于从政乎何有?'曰:'赐也可使从政也与?'曰:'赐也达,于从政乎何有?'曰:'求也可使从政也与?'曰:'求也艺,于从政乎何有?'"❹大家已经注意到,在从政方面,孔子谈及子路的果敢、子贡的通达、冉求的多才。当然,我们在理解的时候,注意互文的修辞

---

❶ (宋)朱熹.四书集注[M].陈戍国,标点.长沙:岳麓书社,2004:121.
❷ (宋)朱熹.四书集注[M].陈戍国,标点.长沙:岳麓书社,2004:177.
❸ (宋)朱熹.四书集注[M].陈戍国,标点.长沙:岳麓书社,2004:155.
❹ (宋)朱熹.四书集注[M].陈戍国,标点.长沙:岳麓书社,2004:98.

手法,意思是从政需要三个方面的才华:果、达、艺。其实,管理工作者也需要具有果、达、艺等方面的才能。因为果敢,所以善于决策,没有拖泥带水,不会犹豫不决、不会优柔寡断、不会瞻前顾后;有的就是果断干练,有的就是雷厉风行。因为通达,所以很少犯错误,当然也就减少失误,有效地提高管理效率,从而收获成效。因为多艺,所以能办成许多别人办不到、办不成、办不好的事。同是一件事,不同的人办理,其结果有可能会差距很大。有才的人办理,可能就成功了,圆满收官。无才的人办理,可能就失败了,以失败告终。可见,管理工作要果敢,要善于杀伐决断,抓住时机成事;要通达,要善于通晓事理,不违事理成事;要多艺,要善于增长才干,依靠本领成事。当然,果、达、艺不是简单的口号,而是现实的需要。今天,社会呼唤高层次人才、各行各业呼唤复合型人才,就是果、达、艺的一种体现。若打开网页浏览,你会发现,社会对复合型人才的需求是如此强烈,如"企业呼唤一专多能的复合型人才""全媒体时代呼唤复合型人才""国家旅游文化发展呼唤复合型人才""交叉创新呼唤复合型人才"等。管理工作者,就当果、达、艺,就当是复合型人才。

(九)心胸广

一个管理者小肚鸡肠、心胸狭窄,如何成事呢?管仲作为历史上著名的政治家,孔子都批评他"气量狭小"。可见,一个人、一个管理工作者,一定要有宽广的心胸与气度。俗话说:"将军额上能跑马,宰相肚里能撑船。"讲的就是要大心量、大肚量。有一副对联说:"大肚能容,容天下难容之事;笑口常开,笑天下可笑之人。"作为管理者,不嘲讽他人、不讥笑他人,但要容人、忍人,气量宽宏,胸怀博大。古人说:"量小非君子,无度不丈夫。"在《论语·八佾第三》中,孔子曰:"居上不宽,为礼不敬,临丧不哀,吾何以观之哉?"❶居上,如果心胸不开阔,孔子都嗤之以鼻,态度鲜明。管理者也是如此。在《论语·述而第七》中,孔子说:"君子坦荡荡,小人长戚戚。"❷朱子《四书集注》引程子曰:"君子坦荡荡,心广体胖。"❸在《论语·阳货第十七》中,孔子说:"宽则得众。"❹所以,相应地,管理工作者就要有气度、气量、气魄,雅量

---

❶ (宋)朱熹.四书集注[M].陈戍国,标点.长沙:岳麓书社,2004:77.

❷ (宋)朱熹.四书集注[M].陈戍国,标点.长沙:岳麓书社,2004:116.

❸ (宋)朱熹.四书集注[M].陈戍国,标点.长沙:岳麓书社,2004:116.

❹ (宋)朱熹.四书集注[M].陈戍国,标点.长沙:岳麓书社,2004:201.

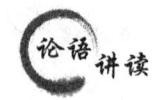

容人,包容他人。正如李瑞环在《辩证法随谈》中说:"要胸襟开阔,平心静气,听得进不同意见。要懂得真理不是哪个人的专利,别人讲话即使有错也要让人家把话讲完。要求大同存小异,孔子曰,大德不逾闲,小德出入可也。"❶在《论语·子路第十三》中,孔子还说:"无欲速,无见小利,欲速,则不达;见小利,则大事不成。"❷可见,管理工作者还不能急功近利,不能因小失大,要有长远眼光,要站得高,才能看得远。

(十)干学改

一个优秀的管理工作者,要勤于干事、善于干事,想干事、能干事、肯干事、会干事。孔子多次提及,要敏于行、敏于事,不要消极怠工、影响工作。在《论语·尧曰第二十》中,孔子说:"慢令致期谓之贼。"❸慢令,轻慢上司的命令;致期,到期。孔子的意思是,开始时怠慢工作,后来又突然限期,这就叫贼。因此,干管理工作,要勤敏,不能贪图享乐、贪图安逸、贪图享受。在《论语·微子第十八》中记载:"齐人归女乐,季桓子受之,三日不朝。孔子行。"❹季桓子接受了齐国赠送的女乐,贪图享乐,怠于朝政,多日不理。孔子就辞职不干了。

一个优秀的管理工作者要勤于学习,利用闲暇学习,增长学识才干、提高工作本领。一个只知干事不知学习的管理工作者必然会陷入一种事务主义,能力、学识、见解都很难得到提高。孔子特别重视学习,儒家特别重视学习。孔子说:"不学诗,无以言,不学礼,无以立。"孔子也说,要"博学于文,约之以礼"。孔子的弟子子夏在《论语·子张第十九》中说:"仕而优则学,学而优则仕。"❺管理工作者也是如此,管而优则学,学而优则管,在管理中学习,在学习中增长才干。因此,管理工作者不能只干事、不学习,不能沦为一个彻头彻尾的事务主义者。

一个优秀的管理工作者,既要勤于学习,更要知错能改、知不足能改,而一个惧怕改正错误的管理工作者难以获得进步、求得认可、取得支持。孔子在《论语·学而

---

❶ 李瑞环.辩证法随谈[M].北京:中国人民大学出版社,2007:361.

❷ (宋)朱熹.四书集注[M].陈戍国,标点.长沙:岳麓书社,2004:165.

❸ (宋)朱熹.四书集注[M].陈戍国,标点.长沙:岳麓书社,2004:222.

❹ (宋)朱熹.四书集注[M].陈戍国,标点.长沙:岳麓书社,2004:209.

❺ (宋)朱熹.四书集注[M].陈戍国,标点.长沙:岳麓书社,2004:217.

第一》中说:"过则勿惮改。"❶朱子《四书集注》曰:"有过则当速改,不可畏难而苟安也。"❷在《论语·卫灵公第十五》中,孔子说:"过而不改,是谓过矣。"❸朱子《四书集注》曰:"过而能改,则复于无过。惟不改,则其过遂成,而将不及改矣。"❹《论语·子罕第九》中,孔子曰:"法语之言,能无从乎?改之为贵。巽与之言,能无说乎?绎之为贵。说而不绎,从而不改,吾末如之何也已矣。"❺在这里,法语是"正言",即正确的话。巽与是"顺从、附和"的意思,即恭维的话。绎,理出头绪,即分析思考。孔子的意思是说:"正确的话,能不听从吗?改正错误为贵。恭维的话,能不高兴吗?分析思考为贵。高兴而不分析思考,听从而不加以改正。我也不知道怎么办了。"孔子强调"改之为贵"。改正自己的错误,是让自己进步的方法。一直不改,就止步不前;长于改进,就不断向前。人总归要往真善美的方向迈步、前进的。管理工作者要时常回头看,分析不足,查缺补漏,整改提高,不断实现管理工作的正常、健康运行。

总之,肯干、勤学、善改,是一个优秀的管理者必须具备的素养和品质。肯干,不畏难,日日行,不怕千万里;常常做,不怕千万事。以苦干、实干、真干、勤干的扎实作风,面对管理工作中的任何问题,不松懈,将务实勤劳作为自己一生的习惯。学问是无止境的,唯有勤学,才能跟上管理工作发展的需要。为人要谦虚、谨慎,即使有了错误、失误,也要善于修正错误、及时止损。这也是一个管理工作者负责任的表现。

五、教育

可能大家会很奇怪,讲管理为什么还涉及"教育"问题。其实,有这个疑问很正常。但是,管理工作中还真藏有培养、教化的责任。在《论语·为政第二》中,孔子在

---

❶ (宋)朱熹.四书集注[M].陈戍国,标点.长沙:岳麓书社,2004:57.
❷ (宋)朱熹.四书集注[M].陈戍国,标点.长沙:岳麓书社,2004:57.
❸ (宋)朱熹.四书集注[M].陈戍国,标点.长沙:岳麓书社,2004:190.
❹ (宋)朱熹.四书集注[M].陈戍国,标点.长沙:岳麓书社,2004:190.
❺ (宋)朱熹.四书集注[M].陈戍国,标点.长沙:岳麓书社,2004:130.

回答季康子时说："举善而教不能,则劝。"❶在这里,季康子与孔子谈及的整个话题是国家对民众的管理问题。细分来说,举荐善人、提拔善人,这属于用人问题;而"教不能"则属于教化问题。可见,用人与教化都属于管理范畴。在对民众管理的过程中,国家对民众有教化、教导、教育的责任。胡祖光、朱明伟在《东方管理学导论》中有言:"从中国历代的管理思想家的著作和管理实践家的实践,可以归纳出,管理者的管理要务有六个:纳言、用人、治法、处事、教化和修身。"❷在这六大管理要务中,教化是其中之一。让我们结合《论语》,聚焦管理中的教化、育人问题,做一点分析探讨。在《论语·子路第十三》中:"子适卫,冉有仆,子曰:'庶矣哉!'冉有曰:'既庶矣,又何加焉?'曰:'富之。'曰:'既富矣,又何加焉?'曰:'教之。'"❸在这里,孔子提出了"富而后教"的观点和主张。朱子《四书集注》中说:"富而不教,则近于禽兽。"❹可见,孔子对民众管理中的教化问题十分重视。也可以这么说,教化、教育是对民众管理的不可或缺的重要手段,孔子希望通过教育手段移风易俗。在《论语·子路第十三》中,孔子说:"善人为邦百年,亦可以胜残去杀矣。诚哉是言也!"❺同样在《论语·子路第十三》中,孔子说:"如有王者,必世而后仁。"❻当然,孔子认为,教化不仅能改变风气、改良民风,还能培养人才、提升人才的能力和素质。因此,在《论语·子路第十三》中,子曰:"善人教民七年,亦可以即戎矣。"❼从反面来讲,国家治理如果不施行教化,那无异于失策。在《论语·子路第十三》中,孔子说:"以不教民战,是谓弃之。"❽在《论语·尧曰第二十》中,子曰:"不教而杀谓之虐。"❾今天的企事业管理就如孔子论述的那样,要重视教育、重视教化,将教化作为重要的管理手段和方法,充分发挥教化的意义、价值和功能,促进管理高效升级。

身教是管理工作中一种喜闻乐见的教化方式,针对性强,效果显著。《论语·颜

---

❶ (宋)朱熹.四书集注[M].陈戍国,标点.长沙:岳麓书社,2004:67.
❷ 胡祖光,朱明伟.东方管理学导论[M].上海:上海三联书店,1998:15.
❸ (宋)朱熹.四书集注[M].陈戍国,标点.长沙:岳麓书社,2004:163.
❹ (宋)朱熹.四书集注[M].陈戍国,标点.长沙:岳麓书社,2004:163.
❺ (宋)朱熹.四书集注[M].陈戍国,标点.长沙:岳麓书社,2004:163.
❻ (宋)朱熹.四书集注[M].陈戍国,标点.长沙:岳麓书社,2004:163.
❼ (宋)朱熹.四书集注[M].陈戍国,标点.长沙:岳麓书社,2004:168.
❽ (宋)朱熹.四书集注[M].陈戍国,标点.长沙:岳麓书社,2004:168.
❾ (宋)朱熹.四书集注[M].陈戍国,标点.长沙:岳麓书社,2004:222.

渊第十二》中："季康子问政于孔子，曰：'如杀无道，以就有道，何如？'孔子对曰：'子为政，焉用杀？子欲善，而民善矣。君子之德风，小人之德草。草上之风，必偃。'"❶在这里，季康子又向孔子询问政治管理问题。孔子说："你要做好表率，要突出你自身的表率作用、模范作用、先锋作用，这样的话，你欲善，那老百姓自然就向善了。君子之德风，小人之德草。你一定要以身作则，实行身教，充分发挥自己的身教力量。"朱子《四书集注》引尹氏曰："以身教者从。"❷在《论语·子路第十三》中，孔子依然强调身教的巨大力量。孔子曰："苟正其身矣，于从政乎何有？不能正其身，如正人何？"❸可见，身教是管理工作者实行教化的有效途径。管理工作者要用自己的行为说话，用自己的行为熏陶人，用自己的行为影响人和教育人。

培训也是管理工作中不可或缺的教育方式，尤其是大规模培训，影响面宽、广，它能利用较为合理的代价实现人们的综合素质和水平的有效提升。在前面就引用过孔子在《论语·子路第十三》中说的一句话："善人教民七年，亦可以即戎矣。"❹我们简单分析一下，如果用"善人"教育百姓七年的话，也可以让他们作战了。这里的"教"，就是培训，就是教育。当然，培训时间长度为七年。因此，我们可以通过教育、培训来提高人的各方面能力；如果不教化、不培训，就让百姓上战场的话，那无异于让他们去送死。这凸显了教育的价值。

一名管理工作者有没有教育与培训的能力和远见，也是评价一名管理者是否优秀的一个重要参照。在管理工作中，要把教育作为重要管理方式提上日程，如开展师徒模式、"传帮带"模式、"结对子"模式、"手把手"模式等进行人才培养；采取常规性的集中培训，进行人才教育；采取"走出去"与"请进来"紧密结合的方式，开展教育。总而言之，管理工作不能忽视"教育"这篇大文章，要舍得花时间、下力气教育人、培养人，从而促进人才队伍形成巨大的正向力量，反作用于事业发展。

管理是一门科学，也是一门艺术，管理讲实际、实用和实效。而我们聚焦《论

---

❶ (宋)朱熹.四书集注[M].陈戍国,标点.长沙:岳麓书社,2004:157.
❷ (宋)朱熹.四书集注[M].陈戍国,标点.长沙:岳麓书社,2004:157.
❸ (宋)朱熹.四书集注[M].陈戍国,标点.长沙:岳麓书社,2004:164.
❹ (宋)朱熹.四书集注[M].陈戍国,标点.长沙:岳麓书社,2004:168.

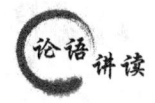

语》中的管理思想，如重视人、识别人、任用人、教育人等，进行了一点交流和讨论，并就"何为贤人"做了一些归纳和总结，具体有尚节用、尚公平、尚集思、本领强、作表率、人际和、明分工、心胸广、果达艺、干学改等十个方面。当然，答案不是唯一的，但引起你的思考、激发你的兴趣、触动你的愿望，才是我真正的目的。由于管理不是一次课就能讲完的，它需要你的实践、你的应用、你的总结，才会变得生动而有力。因此，我想说，古有"半部《论语》治天下"之美谈，未来让我们在生活和学习中多多关注《论语》及其管理智慧，进一步发掘、探索、转化、利用、吸收，努力让《论语》的管理思想在新的时代散发耀眼的光芒和智慧的光辉。

最后，分享一首歌词，名为"管理者之歌"：

> 重人又识人，
> 亲贤臣远小人，
> 听言亦观行，
> 观过错辨别人，
> 毋意毋必毋固毋我，
> 任贤不举亲。
> 心胸广言行谨慎，
> 用人更育人。
>
> 管理实不易，
> 干学改果达艺，
> 节俭又集思，
> 尚公平和人际，
> 管理工作勿轻视，
> 明分工尽职，
> 本领高强干管理，
> 莫忧亦莫戚！

专题编

第十讲　弟子篇：你不知道的曾子、颜渊、子贡和子路

孔子弟子三千,七十二贤人。而我们主要聚焦孔子的四大弟子:曾子、颜回、子贡、子路。结合《论语》,找一找他们身上各有什么优点,并问一问自己:我喜欢他们吗? 我愿意交他们这样的朋友吗?

一、你想了解曾子吗

要与人交友,不得不知其人。曾子,就是曾参,生于公元前505年,卒于公元前435年,16岁拜孔子为师,70岁辞世。总体来讲,曾子给后人留下的印象就是一个字:"鲁"。朱子说:"鲁,钝也。"说白了,就是看上去有点愚笨、蠢笨。《论语·先进第十一》中记载了这样一句话:"柴也愚,参也鲁,师也辟,由也喭。"[1]不过,这样的人有其独特之处。尹氏曰:"曾子之才鲁,故其学也确,所以能深造乎道也。"[2]曾子真是很了不起,是一位名副其实的大学者、大学问家,编《论语》、著《大学》、写《孝经》《曾子十篇》,颇得孔子真传。实事求是地讲,曾子上承孔子之道,下启思孟学派,在儒学发展史上,他是继往开来的核心人物,是孔子学说的真正继承人。因此,曾子被称为"宗圣"。

具体而言,曾子是什么样的人呢? 曾子是好学之人。在《论语·学而第一》中,曾子说:"传不习乎?"[3]曾子每天多次问自己:"老师传授的东西,今天有温习巩固吗?"这样的学习态度充分彰显了曾子勤奋、好学的精神。在《曾子辑校》中,曾子也说:"君子攻其恶,求其过,强其所不能,去私欲,从事于义,可谓学矣。"[4]可见,在学

---

[1] (宋)朱熹.四书集注[M].陈成国,标点.长沙:岳麓书社,2004:144.
[2] (宋)朱熹.四书集注[M].陈成国,标点.长沙:岳麓书社,2004:144.
[3] (宋)朱熹.四书集注[M].陈成国,标点.长沙:岳麓书社,2004:55.
[4] 曾子辑校[M].王永辉,高尚举,辑校.北京:中华书局,2017:2-3.

习的道路上,曾子不会畏难而退,而是让自己迎难而上,致力于自己所不能的东西。确实,在我们的生活里,需要曾子这种好学的精神,如果见困难就退缩的话,如何求得进步呢？曾子好学,还在于善于学习。在《论语·里仁第四》中,孔子说:"父母之年,不可不知也,一则以喜,一则以惧。"❶孔子强调了孝敬父母的复杂心情。曾子则进一步发挥,强调了孝子尽孝要尽早、及时,突出了孝敬的紧迫性。在《曾子辑校·外篇·养老第三》中,曾子说:"往而不可还者,亲也;至而不可加者,年也。是故孝子欲养,而亲不逮也;木欲直,而时不待也。"❷孔子在《论语·里仁第四》中说:"三年无改于父之道,可谓孝矣。"❸曾子则在《论语·子张第十九》中说:"吾闻诸夫子:孟庄子之孝也,其他可能也;其不改父之臣,与父之政,是难能也。"❹孔子言孝,言说"父道",曾子赞叹孟庄子的孝道即父道。孔子的父道说在曾子这里得到了很好的传承和发扬。不止于此,曾子还将孔子关于孝敬的思想、观点和主张系统化并集成一书,名曰《孝经》。

  曾子是什么样的人呢？曾子是守信之人。孔子在《论语·为政第二》中说:"人而无信,不知其可也。"❺在《论语·学而第一》中,曾子则说:"与朋友交而不信乎？"❻与人的交往,曾子遵守一个"信"字,不爽约、不失信,是一言九鼎之人,是一诺千金之人,是说话算数之人,是言出必行之人。这样的曾子,可敬、可信、可亲。在《曾子辑校·韩非子》中记录了一个"曾子杀猪"❼的故事,故事大体是这样的:有一天,曾子的妻子要去集市,曾子的儿子就哭着嚷着要跟妈妈去。曾子的妻子对儿子说:"你乖乖回去吧,待在家里,我从集市回来的时候把我们家的猪杀了,给你吃猪肉。"过了一些时辰,曾子的妻子刚好回来,曾子正准备杀猪。妻子上前阻止说:"我那是跟小孩子说的戏言,不是真的。"曾子说:"儿子不认为你说的是戏言啊！儿子没有识别心啊！他是向父母看齐而学习,聆听父母的教诲。今天,你欺骗他,就是教他欺

---

❶ (宋)朱熹.四书集注[M].陈成国,标点.长沙:岳麓书社,2004:83.
❷ 曾子辑校[M].王永辉,高尚举,辑校.北京:中华书局,2017:134.
❸ (宋)朱熹.四书集注[M].陈成国,标点.长沙:岳麓书社,2004:83.
❹ (宋)朱熹.四书集注[M].陈成国,标点.长沙:岳麓书社,2004:218.
❺ (宋)朱熹.四书集注[M].陈成国,标点.长沙:岳麓书社,2004:67.
❻ (宋)朱熹.四书集注[M].陈成国,标点.长沙:岳麓书社,2004:55.
❼ 曾子辑校[M].王永辉,高尚举,辑校.北京:中华书局,2017:319.

骗,父母欺骗子女,子女就不信任父母了。这不是做好教育的方法。"曾子说完,就把家里的猪杀了。可见,曾子的诚信是一贯的,以诚相待、以信相处是曾子的优良品格,也是曾子的为人之道。

曾子是什么样的人呢?曾子是负责之人。曾子责任心强。在《论语·宪问第十四》中:"孔子曰:'不在其位,不谋其政。'曾子曰:'君子思不出其位。'"❶可见,曾子思虑不会超出自己的职责,这是责任心强的体现,可以断定,曾子不会玩忽职守、不会在职不为、不会在职懒为、不会在职怕为。相反,曾子心心念念都用在思虑、谋划上,如何创造性地开展工作、履行职责。当然,曾子也不会做分外之事,越俎代庖,引来纷争,引发矛盾。曾子在其位而谋其事,居其位而履其责。曾子"不出其位"的思想观念,对于今天的职场而言都是很有积极意义的。想想看,在其位而不谋其事,不就是不作为、不担当的行为表现吗?在今天的职场里,不问责任问利益、不问作为问利益、不问担当问利益,怎么行呢?因此,君子要有责任心,要有担当精神,大担当、大作为。在《论语·泰伯第八》中,曾子说:"士不可以不弘毅,任重而道远。仁以为己任,不亦重乎?死而后已,不亦远乎?"❷君子要以仁为己任,挑重担,勇作为,至死方休。

曾子是什么样的人呢?曾子是谨慎之人。《论语·泰伯第八》中说:"曾子有疾,召门弟子曰:'启予足!启予手!《诗》云:战战兢兢,如临深渊,如履薄冰。而今而后,吾知免夫!小子!'"❸在这一章里,曾子病危,召集弟子,检查自己的手和脚是不是完好,这其实是曾子保护身体、尽到孝道的一个具体表现。曾子知道,身体发肤受之父母,不能毁伤,这是孝道。可见,曾子为了保护身体,一生战战兢兢,如临深渊、如履薄冰。这是多么小心谨慎啊!这是多么严谨认真啊!而今天的我们,恰恰需要具有这种谨慎的生活态度和工作态度,用心干事、用心生活。在《曾子辑校·曾子立事第一》中,曾子说:"居上位而不淫,临事而栗者,鲜不济矣。先忧事者后乐事,先乐事者后忧事。"❹可见,我们需要始终用一种谨慎、严肃的态度对待工作和生活。我跟大家分享一个亲身经历:我报名参加了一次考务活动,一个考场两个监考

---

❶ (宋)朱熹.四书集注[M].陈成国,标点.长沙:岳麓书社,2004:177.
❷ (宋)朱熹.四书集注[M].陈成国,标点.长沙:岳麓书社,2004:119.
❸ (宋)朱熹.四书集注[M].陈成国,标点.长沙:岳麓书社,2004:118.
❹ 曾子辑校[M].王永辉,高尚举,辑校.北京:中华书局,2017:25.

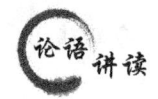

人员,我和一个女监考员共同负责一个考场。在收卷时,那个女监考员没有清点清楚试卷,就慌忙赶去交卷。意外发生了,交卷时试卷怎么数都少了一份。一时间,我俩吓坏了,我满头冷汗、焦急等待。而那位女监考员只好再次回到教室,寻找那份丢失的试卷。万幸的是,试卷找到了,掉在了一张桌子底下。我这才松了口气。后来,我俩都受到非常严肃的批评:"为什么不清点清楚就走出考场?"我也责怪自己:"为什么不提醒她呢?"之前,这位女监考员说:"我经常参与监考,比较熟悉考务工作。"而我太大意了,轻率地放松了对她的提醒。这是我轻心、马虎、不严谨的工作态度所致啊!还好,最终是虚惊一场。人生一世,吃一堑,长一智。这次意外让我明白了严谨的重要性,让我明白了曾子战战兢兢的人生态度,让我明白了要严谨、用心、认真地做好每一件事,严谨、用心、认真地过好每一天,注意自己的衣着容貌、面容脸色和说话方式。正如曾子在《论语·泰伯第八》中所说:"鸟之将死,其鸣也哀;人之将死,其言也善。君子所贵乎道者三:动容貌,斯远暴慢矣;正颜色,斯近信矣;出辞气,斯远鄙倍矣。"❶

曾子是什么样的人呢?曾子是忠诚之人。孔子在《论语·学而第一》中说:"君子不重则不威,学则不固,主忠信。"❷孔子主张"忠信"二字,曾子则进一步说,为人谋要尽忠。在《论语·学而第一》中,曾子说:"为人谋而不忠乎?"❸忠者,真心诚意,待人处事之美德也,是忠实、忠厚、忠诚的意思。在《论语·子张第十九》中,曾子说:"堂堂乎张也,难与并为仁矣。"❹曾子评价子张,容貌端正庄严,但是还"难与并为仁"。可见,曾子对子张有扬也有抑,比较中肯、客观。从中,我们感受到曾子的朴实、直率、忠诚的性格,没有掩饰、没有虚伪。在《论语·子张第十九》中,孟氏使用阳肤为执掌禁令刑狱的士师。阳肤向曾子请教,如何胜任士师工作。曾子真诚地回答说:"上失其道,民散久矣。如得其情,则哀矜而勿喜。"❺曾子的意思是,在上位的人没有遵循王法王道很久了,因此百姓也散乱很久了,你在工作的过程中,如果察得实情,请不要沾沾自喜,以为自己多么能干,而要在内心深处生起对百姓的同情

---

❶ (宋)朱熹. 四书集注[M]. 陈成国,标点. 长沙:岳麓书社,2004:118.

❷ (宋)朱熹. 四书集注[M]. 陈成国,标点. 长沙:岳麓书社,2004:57.

❸ (宋)朱熹. 四书集注[M]. 陈成国,标点. 长沙:岳麓书社,2004:55.

❹ (宋)朱熹. 四书集注[M]. 陈成国,标点. 长沙:岳麓书社,2004:217.

❺ (宋)朱熹. 四书集注[M]. 陈成国,标点. 长沙:岳麓书社,2004:218.

怜悯之心。在此,我们可以深切地感到,曾子内心深处的真诚与怜悯。

　　曾子,学问好,为人好,讲诚信,守道义,是一个大孝子。当然,曾子也非常尊敬老师。《孝经》中有"曾子避席"的故事。在《论语》中,曾子尊师也有具体体现。《论语·子张第十九》中,曾子说:"吾闻诸夫子,人未有自致者也,必也亲丧乎!"❶这里的"夫子",就是指孔子。曾子常常将老师的教诲铭记于心,玩味消化。曾子还将孔子的学问做了归纳和总结,说:"夫子之道,忠恕而已矣!"❷我认为,这是尊师重道的最好方式。你喜欢曾子吗?

二、你想了解颜渊吗

　　颜回,名回,字子渊,小孔子30岁,鲁国都城人,居陋巷,被尊为复圣,是孔门七十二贤之首,但颜回短命,去世得早。根据《孔子家语》,颜回三十二岁去世。孔子最赏识颜回。因此,讲孔子门生,不能不讲颜回。

　　那么,颜回是什么样的人呢?颜回是勤奋好学之人。有一次,鲁哀公问了孔子一个问题,说:"你的弟子,哪个最为好学?"孔子毫不犹豫地回答:"有一个学生,名叫颜回,数他最为好学。"还有一次,季康子问了孔子同样的问题:"你的弟子,哪个最为好学?"孔子的回答同样如此,说:"就数颜回好学,不幸短命死了,现在则没有像他那样好学的人了。"

　　那么,颜回好学、勤奋,体现在哪些方面呢?在《论语·子罕第九》中,孔子说:"语之而不惰者,其回也与!"❸请注意,语是告诉的意思。惰,是懒惰的意思。孔子的意思是,告诉了他,而始终不懒惰的,只有颜回一人了。"不惰",就是勤奋。颜回的勤奋是很出名的。朱子《四书集注》引范氏曰:"颜子闻夫子之言,而心解力行,造次、颠沛未尝违之。如万物得时雨之润,发荣滋长,何有于惰?此群弟子所不及也。"❹可见,颜回的好学是孔子弟子之最。孔子作为老师,最喜欢看到的是,学生身上好学的劲头和精神,而颜回的好学与勤奋让孔子久久难以忘怀。有一次,孔子又

---

❶ (宋)朱熹.四书集注[M].陈成国,标点.长沙:岳麓书社,2004:217.
❷ (宋)朱熹.四书集注[M].陈成国,标点.长沙:岳麓书社,2004:81.
❸ (宋)朱熹.四书集注[M].陈成国,标点.长沙:岳麓书社,2004:130.
❹ (宋)朱熹.四书集注[M].陈成国,标点.长沙:岳麓书社,2004:130.

一次忍不住地怀念颜回,在《论语·子罕第九》中说:"惜乎!吾见其进也,未见其止也。"❶在孔子心里,颜回孜孜不倦、方进不止。由此可见,孔子内心深藏惋惜之情。据此,我们也知道,孔子给予学生的最高评价就是"好学"二字、"勤奋"二字。而"只见进步,不见停止",正是颜回好学的一个表现。

在《论语·雍也第六》中,孔子对鲁哀公说:"有颜回者好学,不迁怒,不贰过。不幸短命死矣!今也则亡,未闻好学者也。"❷朱子《四书集注》曰:"怒于甲者,不移于乙;过于前者,不复于后。颜子克己之功至于如此,可谓真好学矣。"❸《张居正讲评〈论语〉》曰:"夫颜回之在圣门,未尝以辩博多闻称,而孔子乃独称之为好学,其所谓学者,又独举其不迁怒、不贰过言之。是可见圣贤之学不在词章记诵之末,而在身心性情之间矣!然是道也,在人君尤宜深省。"❹在此,孔子不仅称赞颜回的好学,同时也对鲁哀公进行了规劝,希望他要如颜回那样不迁怒、不贰过。在这里,孔子总结了颜回身上好学的又一个具体表现,那就是"不迁怒,不贰过"。

颜回是什么样的人呢?颜回是聪颖贤能之人。在《论语·为政第二》中,孔子说:"吾与回言终日,不违如愚。退而省其私,亦足以发。回也不愚。"❺孔子说:"我和颜回整天都在讲课聊天,我讲什么,颜回都不违背,没有任何疑问或反对意见,退下来,观察颜回燕居独处的表现,他也能够阐发我所讲述的道理。可见,颜回不愚蠢。"大家都知道,愚蠢的反义词是"聪颖、聪明、聪慧",而这里的"不愚"就是孔子对颜回的赞美,赞美颜回聪颖、聪明、聪慧。颜回的聪明之处,孔子在《论语·公冶长第五》中也提及过。书中记载:"子谓子贡曰:'女与回也孰愈?'对曰:'赐也何敢望回。回也闻一以知十,赐也闻一以知二。'子曰:'弗如也!吾与女弗如也。'"❻在孔子与子贡的对话中,孔子赞叹颜回"闻一知十",禀赋聪敏,有很强的领悟力、类推力。可见,颜回的思维能力非常突出。

儒家文化系统中有"孔门十哲",而颜回就是其中之一。他的德行与闵子骞、冉

---

❶ (宋)朱熹.四书集注[M].陈成国,标点.长沙:岳麓书社,2004:130.
❷ (宋)朱熹.四书集注[M].陈成国,标点.长沙:岳麓书社,2004:95.
❸ (宋)朱熹.四书集注[M].陈成国,标点.长沙:岳麓书社,2004:96.
❹ 陈生玺,等.张居正讲评《论语》[M].上海:上海辞书出版社,2013:76.
❺ (宋)朱熹.四书集注[M].陈成国,标点.长沙:岳麓书社,2004:64.
❻ (宋)朱熹.四书集注[M].陈成国,标点.长沙:岳麓书社,2004:87.

伯牛、仲弓齐名，并排在首位。这是颜回贤能的一个表现。颜回的聪颖贤能，我们从一次特殊的对话中也能有真切感受。在《论语·先进第十一》中记载："子畏于匡，颜渊后。子曰：'吾以女为死矣。'曰：'子在，回何敢死？'"❶孔子曾在匡地被围困五天，师徒之间失散了。解围后，颜回从后面才赶上孔子。孔子非常惊喜地说："我以为你死了呢！"颜回的回答令我喜出望外，说："您在，我怎么敢死呢？"就是颜回的这个回答，让我感到他的聪颖过人之处。只此一语，可以感到的是颜回的活泼、可爱，也感到颜回对老师的深爱之情。这种幽默的话语令人回味无穷。从整部《论语》而言，孔子的知心人应该是颜回。在《论语·述而第七》中，孔子谓颜渊曰："用之则行，舍之则藏，唯我与尔有是夫！"❷师徒之间默契相通，孔子与颜回就是如此。

  颜回是什么样的人呢？颜回是安贫乐道之人。在《论语·先进第十一》中，孔子曰："回也其庶乎！屡空。"❸朱子《四书集注》曰："庶，近也，言近道也。屡空，数至空匮也。不以贫窭动心而求富，故屡至于空匮也。言其近道，又能安贫也。"❹在此，孔子赞叹颜回全心全力追求道义的精神。企业家涩泽荣一在《日本人读〈论语〉》中，谈到颜回时说，颜回"超越贫富，乐于天命，泰然旷达，即使米柜见底也不动心神"❺。《张居正讲评〈论语〉》中曰："士志于道，而以贫乏累其心，则立志不高。信道不笃，其去道也远矣。惟颜回以明睿之资，务深潜之学其于道，盖庶几相近矣乎。"❻可见，颜回"安贫乐道"，是如此执着、如如不动、坚定不移、唯道是从，确有"咬定青山不放松"的精神，心之向道，别无其他，所以在《论语·雍也第六》中，孔子曰："贤哉，回也！一箪食，一瓢饮，在陋巷。人不堪其忧，回也不改其乐。贤哉，回也！"❼在这里，颜回的安贫乐道值得用心玩味，但我们的用心之处在于，安贫不是重点，也不是主张，重点是乐道。想想看，即使是贫困的境地，我们还是不应该放弃对理想的追求、对"道义"的追求，这不是很值得赞赏吗？诚然，正是因为现实的处境是"贫匮"，才更需要

---

❶ (宋)朱熹.四书集注[M].陈成国,标点.长沙:岳麓书社,2004:146.
❷ (宋)朱熹.四书集注[M].陈成国,标点.长沙:岳麓书社,2004:108.
❸ (宋)朱熹.四书集注[M].陈成国,标点.长沙:岳麓书社,2004:144.
❹ (宋)朱熹.四书集注[M].陈成国,标点.长沙:岳麓书社,2004:144.
❺ [日]涩泽荣一.日本人读《论语》[M].北京:中国工人出版社,2010:245.
❻ 陈生玺,等.张居正讲评《论语》[M].上海:上海辞书出版社,2013:169.
❼ (宋)朱熹.四书集注[M].陈成国,标点.长沙:岳麓书社,2004:99.

我们用行动追求理想、目标、道义,不是吗?

颜回是什么样的人呢?颜回是志存高远之人。在《论语·公冶长第五》中,颜回向孔子表露了自己的心志,说:"愿无伐善,无施劳。"❶朱子《四书集注》说:"伐,夸也。善,谓有能。施,亦张大之意。劳,谓有功。"❷颜回的志向是什么呢?愿不夸耀自己的能力,不炫耀自己的功劳。朱子《四书集注》引程子曰:"颜子不自私己,故无伐善;知同于人,故无施劳。其志可谓大矣。"❸颜回志存高远,亲近他,给人感觉会很美妙:他不吹嘘自己多有才华,也不吹嘘自己多有功劳。可见,颜回的心胸广阔、志存高远。因为志向远大,所以颜回关注的问题也比较高远。翻阅整本书,颜回就向孔子提过两个大问题:一是问仁,二是问为邦。《论语·颜渊第十二》记载:"颜渊问仁。子曰:'克己复礼为仁。一日克己复礼,天下归仁焉。为仁由己,而由人乎哉?'颜渊曰:'请问其目。'子曰:'非礼勿视,非礼勿听,非礼勿言,非礼勿动。'颜渊曰:'回虽不敏,请事斯语矣。'"❹可见,颜回不但志高,而且行动力十足,有志向,有行动。颜回也关注国家治理问题。在《论语·卫灵公第十五》中记载:"颜渊问为邦。子曰:'行夏之时,乘殷之辂,服周之冕,乐则《韶》舞。放郑声,远佞人。郑声淫,佞人殆。'"❺今天,我们言志,其实也可以学一学颜回,把志向立得高一点、远一点、大一点,立长志、立远志、立高志、立大志,将自己的前途和命运与国家的发展紧密结合起来,从而实现自己的人生价值。

关于颜回,再补充讲一点,颜回与孔子的师生情感。在《论语·子罕第九》中,颜渊喟然叹曰:"仰之弥高,钻之弥坚;瞻之在前,忽焉在后。夫子循循然善诱人,博我以文,约我以礼。欲罢不能,既竭吾才,如有所立卓尔。虽欲从之,末由也已。"❻颜回对老师的赞叹,让我们深切地感受到孔子的学问博大精深,孔子的教化循循善诱。同时,我们也深刻地认识到,孔子对颜回的影响至大至深,博其以文,约其以礼。师生之间的情感无比真挚和深厚。后来,颜回短命死时,孔子万分伤心和悲

---

❶ (宋)朱熹.四书集注[M].陈戍国,标点.长沙:岳麓书社,2004:93.
❷ (宋)朱熹.四书集注[M].陈戍国,标点.长沙:岳麓书社,2004:93.
❸ (宋)朱熹.四书集注[M].陈戍国,标点.长沙:岳麓书社,2004:93.
❹ (宋)朱熹.四书集注[M].陈戍国,标点.长沙:岳麓书社,2004:150.
❺ (宋)朱熹.四书集注[M].陈戍国,标点.长沙:岳麓书社,2004:186.
❻ (宋)朱熹.四书集注[M].陈戍国,标点.长沙:岳麓书社,2004:127.

痛。在《论语·先进第十一》中有几章都记录了"颜渊死"时的一些情况。其中,也记录了孔子伤心悲痛的心情。"颜渊死。子曰:'噫!天丧予!天丧予!'"❶

颜回有高远理想,行动力强,勤奋好学,德行学问都很有造诣。孔子在《论语·雍也第六》中评价颜回说:"回也,其心三月不违仁,其余则日月至焉而已矣。"❷只是有一点遗憾,颜回去世比较早。你喜欢颜回吗?

三、你想了解子贡吗

子贡,复姓端木,字子贡,名赐,春秋末期卫国人,孔子高徒,孔门十哲之一,曾经担任鲁国、卫国的丞相,也是历史上著名的企业家,被誉为儒商鼻祖。此外,子贡曾经使孔子名扬天下,功不可没,是社会活动家、外交家,所以不得不提及子贡。

那么,子贡是什么样的人呢?子贡是办事通达的人。在《论语·雍也第六》中,季康子问孔子:"'赐也可使从政也与?'曰:'赐也达,于从政乎何有?'"❸在孔子眼里,子贡是办事通达的人。因此,子贡后来从政,担任鲁国、卫国丞相,也从侧面说明子贡通达事理、见识高远。在《论语·公冶长第五》中,孔子也给予子贡高度评价,称赞他是难得的有用之才。书中记载:"子贡问曰:'赐也何如?'子曰:'女器也。'曰:'何器也?'曰:'瑚琏也。'"❹朱子《四书集注》曰:"器者,有用之成材。"❺朱子接着解释曰:"夏曰瑚,商曰琏,周曰簠簋,皆宗庙盛黍稷之器而饰以玉,器之贵重而华美者也。"❻可见,子贡不是一般意义上的"器",而是器之贵者。换句话说,子贡不是一般普通的有用之才,而是有大用的大才。《史记》曾经记载:"子贡一出,存鲁,乱齐,破吴,强晋而霸越。子贡一使,使势相破,十年之中,五国各有变。"❼可见,子贡的才华非同一般。

---

❶ (宋)朱熹.四书集注[M].陈成国,标点.长沙:岳麓书社,2004:142.
❷ (宋)朱熹.四书集注[M].陈成国,标点.长沙:岳麓书社,2004:97.
❸ (宋)朱熹.四书集注[M].陈成国,标点.长沙:岳麓书社,2004:98.
❹ (宋)朱熹.四书集注[M].陈成国,标点.长沙:岳麓书社,2004:86.
❺ (宋)朱熹.四书集注[M].陈成国,标点.长沙:岳麓书社,2004:86.
❻ (宋)朱熹.四书集注[M].陈成国,标点.长沙:岳麓书社,2004:86.
❼ 二十四史·史记[M].北京:中华书局,2000:1745.

子贡是什么样的人呢？子贡是雄辩多才的人。在《论语·先进第十一》中,孔子说:"从我于陈蔡者,皆不及门也。德行:颜渊,闵子骞,冉伯牛,仲弓。言语:宰我,子贡,政事:冉有,季路。文学:子游,子夏。"❶在此,孔子将子贡口才方面的突出表现与宰我并列,这充分体现了子贡能言善辩、口才卓越。在《论语·先进第十一》中记载:"冉有、子贡,侃侃如也。子乐。"❷可见,子贡侃侃而谈、从容不迫,孔子心里乐开了花,因为乐得英才而教育。在此,讲一个小案例:子贡知道,老师有道却没有为官。于是,子贡想向老师提建议,希望老师能为官而工作。子贡的说话技巧很值得琢磨。在《论语·子罕第九》中:"子贡曰:'有美玉于斯,韫椟而藏诸？求善贾而沽诸？'子曰:'沽之哉,沽之哉！我待贾者也。'"❸子贡很巧妙地提出了自己的意见和建议。当然,子贡的口才好,这是优点,也是不足。孔子根据子贡的优长,有针对性地给子贡提醒和建议,让他要致力于将说与做结合起来、言行兼顾。因此,在《论语·为政第二》中,当子贡问"如何成为君子"时,孔子则说:"先行其言而后从之。"❹朱子《四书集注》引范氏曰:"子贡之患,非言之艰而行之艰,故告之以此。"❺在《论语·宪问第十四》中,子贡在评论别人的长短。孔子就提醒子贡说:"赐也贤乎哉？夫我则不暇。"❻

子贡是什么样的人呢？子贡是善于经商的人。在《论语·先进第十一》中,孔子说:"赐不受命,而货殖焉,亿则屡中。"❼受命,受天之命;货殖,是经商的意思。亿,通"臆",臆测、预料。子贡不接受天命,投资经商,预测行情,每每都能预测准确。可见,子贡是商界的奇才,善于经营,很有谋略。《史记》曰:"子贡好废举,与时转货赀。喜扬人之美,不能匿人之过。常相鲁卫,家累千金。"❽子贡依靠自己的商业头脑致富,成为超级大富豪。《史记》说:"七十子之徒,赐最为饶益。"❾也许是因为子贡

---

❶ (宋)朱熹.四书集注[M].陈成国,标点.长沙:岳麓书社,2004:140.
❷ (宋)朱熹.四书集注[M].陈成国,标点.长沙:岳麓书社,2004:143.
❸ (宋)朱熹.四书集注[M].陈成国,标点.长沙:岳麓书社,2004:128.
❹ (宋)朱熹.四书集注[M].陈成国,标点.长沙:岳麓书社,2004:65.
❺ (宋)朱熹.四书集注[M].陈成国,标点.长沙:岳麓书社,2004:65.
❻ (宋)朱熹.四书集注[M].陈成国,标点.长沙:岳麓书社,2004:178.
❼ (宋)朱熹.四书集注[M].陈成国,标点.长沙:岳麓书社,2004:144.
❽ 二十四史·史记[M].北京:中华书局,2000:1746.
❾ 二十四史·史记[M].北京:中华书局,2000:2464.

善于经商,关注财富,所以子贡向老师请教问题时也难免谈论与财富相关的话题。在《论语·学而第一》中:"子贡曰:'贫而无谄,富而无骄。何如?'子曰:'可也。未若贫而乐,富而好礼者也。'子贡曰:'《诗》云:如切如磋,如琢如磨。其斯之谓与?'子曰:'赐也,始可与言《诗》已矣!告诸往而知来者。'"❶子贡原以为,无谄无骄就已经了不起。孔子对子贡给予充分肯定,并希望子贡更上一层楼,不断打磨自己,从而提升进步,达到"贫而乐、富而好礼"的境界。当然,子贡善于经商,并不意味他铺张浪费、大手大脚。相反,子贡不枉费,在《论语·八佾第三》中记载:"子贡欲去告朔之饩羊。子曰:'赐也,尔爱其羊,我爱其礼。'"❷朱子《四书集注》曰:"子贡盖惜其无实而妄费。"❸可见,子贡惜财、爱财、务实,不枉费钱财。

  子贡是什么样的人呢?子贡是善问尊师的人。子贡善问,善于思考。在《论语·卫灵公第十五》中,子贡问:"如何为仁?"子曰:"工欲善其事,必先利其器。居是邦也,事其大夫之贤者,友其士之仁者。"❹孔子告诉子贡,敬奉大夫中的贤人,结交士人中的仁人。孔子的话很有启发性,也很有实践性。我们常说,亲贤人。而亲近大夫中的贤人、亲近士人中的贤人,就是亲贤的作为和表现,也是为仁的方法和路径。也是在《论语·卫灵公第十五》中,子贡问了孔子一个非常深刻的问题,说:"'有一言而可以终身行之者乎?'子曰:'其恕乎!己所不欲,勿施于人。'"❺而"己所不欲,勿施于人"早已走出国门,走向世界。据悉,在联合国的大厅里就悬挂着孔子的这则名言,它成为处理人际关系的黄金法则。在《论语·阳货第十七》中:"子贡曰:'君子亦有恶乎?'子曰:'有恶:恶称人之恶者,恶居下流而讪上者,恶勇而无礼者,恶果敢而窒者。'曰:'赐也,亦有恶乎?''恶徼以为知者,恶不孙以为勇者,恶讦以为直者。'"❻子贡心里有讨厌的事情,并不先说自己的厌恶,而是问孔子,君子有厌恶吗?这是子贡善问的表现。子贡还问过"政""友""士"等问题,而孔子的回答均给人以深刻启发。

---

❶ (宋)朱熹.四书集注[M].陈成国,标点.长沙:岳麓书社,2004:60.
❷ (宋)朱熹.四书集注[M].陈成国,标点.长沙:岳麓书社,2004:74.
❸ (宋)朱熹.四书集注[M].陈成国,标点.长沙:岳麓书社,2004:74.
❹ (宋)朱熹.四书集注[M].陈成国,标点.长沙:岳麓书社,2004:185.
❺ (宋)朱熹.四书集注[M].陈成国,标点.长沙:岳麓书社,2004:188.
❻ (宋)朱熹.四书集注[M].陈成国,标点.长沙:岳麓书社,2004:206.

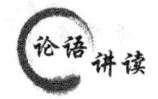

同样,子贡尊师,这是有目共睹的。在《论语·子张第十九》中,子贡作为学生,赞叹孔子,说:"夫子焉不学?而亦何常师之有?"❶说起来,子贡真是一个了不起的人物,做官,官位很高;经商,商业很成功;为学,很有见地,口才佳,修为好。因此,子贡后来名气越来越大,有人欲贬低孔子而高扬子贡,子贡却毫不犹豫地为孔子辩护,努力维护孔子崇高伟大的形象。在《论语·子张第十九》中明确记录了三条子贡努力尊师道、维师道、护师道的内容,具体如下:

叔孙武叔语大夫于朝曰:"子贡贤于仲尼。"子服景伯以告子贡,子贡曰:"譬之宫墙。赐之墙也及肩,窥见室家之好。夫子之墙数仞,不得其门而入,不见宗庙之美,百官之富。得其门者或寡矣。夫子之云,不亦宜乎!"❷

叔孙武叔毁仲尼,子贡曰:"无以为也。仲尼不可毁也。他人之贤者,丘陵也,犹可逾也。仲尼,日月也,无得而逾焉。人虽欲自绝,其何伤于日月乎?多见其不知量也!"❸

陈子禽谓子贡曰:"子为恭也,仲尼岂贤于子乎?"子贡曰:"君子一言以为知,一言以为不知,言不可不慎也。夫子之不可及也,犹天之不可阶而升也。夫子之得邦家者,所谓立之斯立,道之斯行,绥之斯来,动之斯和。其生也荣,其死也哀。如之何其可及也!"❹

简单分析一下,叔孙武叔认为子贡比孔子贤能,子贡便用比喻的方式予以驳斥,认为自己的学问及肩而已,而孔子的学问如城墙,有好几丈高,并且不得其门而入。借此说明,孔子的学问高不可攀、深不可测。当叔孙武叔诋毁孔子时,子贡直接说:"我的老师,是你能诋毁的吗?孔子的贤能智慧就像天上的日月,是他人无法企及的,你想自比于太阳和月亮,对太阳和月亮有什么伤害呢?只是一种自不量力的表现罢了。"此外,陈子禽也认为子贡比孔子贤能。子贡照样进行了反驳,认为孔子其生也荣、其死也哀,无论如何都是无法超越的。子贡,作为孔子的弟子,也无愧于孔子的弟子,时时处处都在用心维护着老师的崇高形象,其尊师如此、其爱师如此。

---

❶ (宋)朱熹.四书集注[M].陈成国,标点.长沙:岳麓书社,2004:218.

❷ (宋)朱熹.四书集注[M].陈成国,标点.长沙:岳麓书社,2004:219.

❸ (宋)朱熹.四书集注[M].陈成国,标点.长沙:岳麓书社,2004:219.

❹ (宋)朱熹.四书集注[M].陈成国,标点.长沙:岳麓书社,2004:219.

子贡有商业头脑、有政治才华,精明过人,利口巧辞,能言善辩,但又有自知之明,尊师重道,为孔子名扬立过大功,为维护孔子挺身而出。你喜欢子贡吗?

四、你想了解子路吗

子路(公元前542—前480年),姓仲,名由,字子路,又称季路,春秋末年鲁国卞人,出生寒门,比孔子小9岁,给人的印象粗鲁率直。在《论语·先进第十一》中记载:"柴也愚,参也鲁,师也辟,由也喭。"❶在我看来,子路相当于孔子的护卫,充当了保卫的角色。在《史记》中,孔子曾言:"自吾得由,恶言不闻于耳。"❷

那么,子路是什么样的人呢?子路是才干突出之人。子路也是孔门十哲之一,很有才干。在《论语·先进第十一》中记载:"政事:冉有、季路。"❸子路的政治才华与冉有并举,深得孔子赏识。在《论语·公冶长第五》中,孔子向孟武伯介绍过子路,说:"由也,千乘之国,可使治其赋也。不知其仁也。"❹孔子还向季康子介绍过子路。在《论语·雍也第六》中,孔子曰:"由也果,于从政乎何有?"❺子路也知道自己的专长、志向是什么。一次,子路与孔子及一帮师兄弟在一起,孔子让他们聊一聊自己的志向。子路率先发言,说:"千乘之国,摄乎大国之间,加之以师旅,因之以饥馑;由也为之,比及三年,可使有勇,且知方也。"❻可见,子路的志向在于政治、军事方面。子路后来也确实选择了从政道路。他曾为季氏宰,也担任过卫国蒲邑主管,最后担任卫国大夫孔悝之邑宰。子路在孔子门下时,也常常请教关于"如何从政"的问题。在《论语·子路第十三》中记载:"子路问政。子曰:'先之,劳之。'请益。曰:'无倦。'"❼朱子《四书集注》引苏氏曰:"凡民之行,以身先之,则不令而行。凡民之事,以身劳之,则虽勤不怨。"❽朱子又引吴氏曰:"勇者喜于有为而不能持久,故以此

---
❶ (宋)朱熹.四书集注[M].陈成国,标点.长沙:岳麓书社,2004:144.
❷ 二十四史·史记[M].北京:中华书局,2000:1741.
❸ (宋)朱熹.四书集注[M].陈成国,标点.长沙:岳麓书社,2004:140.
❹ (宋)朱熹.四书集注[M].陈成国,标点.长沙:岳麓书社,2004:87.
❺ (宋)朱熹.四书集注[M].陈成国,标点.长沙:岳麓书社,2004:98.
❻ (宋)朱熹.四书集注[M].陈成国,标点.长沙:岳麓书社,2004:147.
❼ (宋)朱熹.四书集注[M].陈成国,标点.长沙:岳麓书社,2004:160.
❽ (宋)朱熹.四书集注[M].陈成国,标点.长沙:岳麓书社,2004:160.

告之。"❶在《论语·宪问第十四》中,子路向孔子请教,如何处理领导关系问题。书中记载:"子路问事君。子曰:'勿欺也,而犯之。'"❷子路也曾向老师提问:"卫君待子而为政,子将奚先?"❸由上可知,子路的志向在为政,因此他学习时的关注点也在为政方面,不可谓不勤学也、不可谓不好学也。在《论语·为政第二》中,孔子曾经对他说:"由!诲女知之乎!知之为知之,不知为不知,是知也。"❹因为子路勤学、好学,他在政事方面能力超群。在《论语·颜渊第十二》中,孔子说:"片言可以折狱者,其由也与?"❺子路只言片语,简言中理,就能判决案件,使人心服口服。这是子路的政治才华的体现。

子路是什么样的人呢?子路是义气忠勇之人。子路的义气勇敢应该是孔子弟子中最出名的。在《论语·公冶长第五》中,子路曾经这样说:"愿车马、衣轻裘,与朋友共,敝之而无憾。"❻在这里,衣,是去声,是穿衣服的意思。轻裘,轻暖的皮衣,应该是比较昂贵的衣服。敝,坏。子路说,愿意将用于行走的车马、皮衣等与朋友共享,即使用坏了,也没有一点遗憾。子路就是这么讲义气。当然,子路有一个突出的特点,就是勇敢。在《论语·阳货第十七》中:"子路曰:'君子尚勇乎?'子曰:'君子义以为上。君子有勇而无义为乱,小人有勇而无义为盗。'"❼朱子《四书集注》引尹氏曰:"义以为尚,则其勇也大矣。子路好勇,故夫子以此救其失也。"❽当然,孔子十分清楚,勇敢既是子路的优点,也是子路的缺点。为了尽量补救子路的不足,孔子也是屡次引导他。在《论语·阳货第十七》中,孔子语重心长地对子路阐述"六言六蔽"的观点。孔子说:"好仁不好学,其蔽也愚;好知不好学,其蔽也荡;好信不好学,其蔽也贼;好直不好学,其蔽也绞;好勇不好学,其蔽也乱;好刚不好学,其蔽也狂。"❾

---

❶ (宋)朱熹.四书集注[M].陈成国,标点.长沙:岳麓书社,2004:160.
❷ (宋)朱熹.四书集注[M].陈成国,标点.长沙:岳麓书社,2004:176.
❸ (宋)朱熹.四书集注[M].陈成国,标点.长沙:岳麓书社,2004:161.
❹ (宋)朱熹.四书集注[M].陈成国,标点.长沙:岳麓书社,2004:66.
❺ (宋)朱熹.四书集注[M].陈成国,标点.长沙:岳麓书社,2004:155.
❻ (宋)朱熹.四书集注[M].陈成国,标点.长沙:岳麓书社,2004:93.
❼ (宋)朱熹.四书集注[M].陈成国,标点.长沙:岳麓书社,2004:206.
❽ (宋)朱熹.四书集注[M].陈成国,标点.长沙:岳麓书社,2004:206.
❾ (宋)朱熹.四书集注[M].陈成国,标点.长沙:岳麓书社,2004:202.

当然,讲到子路的忠勇,还得讲一下子路之死。据《史记》记载:卫出公立十二年,子路是卫国大夫孔悝的邑宰,卫出公的父亲蒉聩与孔悝兴乱造反,共同偷袭攻打卫出公。而卫出公逃奔到了鲁国,蒉聩则自立为卫庄公。当孔悝作乱的时候,子路在外,听到出事之后就立即赶回来,在卫城门外遇见子羔。子羔劝子路说:"卫出公已经离开了,城门也已经关闭,你也赶快离开吧,不要空受其祸害。"子路坚决地说:"食其食者,不避其难。"子羔离开了。后来,有使者要入城,城门就打开了,子路就跟随使者进入卫城。进城后,子路就造访蒉聩,而蒉聩和孔悝一起站在台上。子路说:"你为什么要用孔悝?请你必须杀了他!"蒉聩自然没有听从。于是,子路想放火烧了台子,蒉聩感到害怕,就下令石乞和壶黡击打子路,子路受伤,结缨而死。临死前,子路说:"君子死而冠不免。"孔子听闻卫国内乱,说:"啊!子路要死了!"不久,果然传来子路的死讯。❶其实,子路可以逃过一死,但他不想违背自己的道义,那就是"忠诚"。

子路是什么样的人呢?子路是直率果决之人。在《论语·颜渊第十二》中记载:"子路无宿诺。"❷子路不会让自己许下的诺言过夜。在《论语·公冶长第五》中记载:"子路有闻,未之能行,唯恐有闻。"❸这充分体现了子路性格直率,做事干练,行动力强,不拖泥带水,也不磨磨叽叽。当然,翻阅整本书后,你会惊奇地发现,孔子弟子中,只有子路敢于向老师直言,敢于对老师提出规劝、质疑,敢于和老师"唱反调",这其实反映了子路直率耿直的性格特点。在《论语·子路第十三》中:"子路曰:'卫君待子而为政,子将奚先?'子曰:'必也正名乎!'子路曰:'有是哉,子之迂也!奚其正?'子曰:'野哉由也!君子于其所不知,盖阙如也。名不正,则言不顺;言不顺,则事不成;事不成,则礼乐不兴;礼乐不兴,则刑罚不中;刑罚不中,则民无所措手足。故君子名之必可言也,言之必可行也。君子于其言,无所苟而已矣。'"❹在这里,子路说老师迂腐。还有,在《论语·卫灵公第十五》中记载:"在陈绝粮,从者病,莫能兴。子路愠见曰:'君子亦有穷乎?'子曰:'君子固穷,小人穷斯滥矣。'"❺在这里,子

---

❶ 二十四史·史记[M].北京:中华书局,2000:1741.

❷ (宋)朱熹.四书集注[M].陈戍国,标点.长沙:岳麓书社,2004:155.

❸ (宋)朱熹.四书集注[M].陈戍国,标点.长沙:岳麓书社,2004:89.

❹ (宋)朱熹.四书集注[M].陈戍国,标点.长沙:岳麓书社,2004:161.

❺ (宋)朱熹.四书集注[M].陈戍国,标点.长沙:岳麓书社,2004:183.

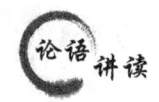

路很生气。可见,子路是一个喜形于色的人。在《论语·雍也第六》里,孔子见南子,子路十分不满。孔子只好跟子路发誓说:"予所否者,天厌之!天厌之!"❶在《论语·阳货第十七》中,公山弗扰准备在费邑图谋造反,召孔子,孔子准备去,子路又很不高兴,说:"末之也已,何必公山氏之之也?"❷最终,孔子听从了子路的建议,没有去。也是在《论语·阳货第十七》中,佛肸召,子欲往。子路曰:"昔者由也闻诸夫子曰:'亲于其身为不善者,君子不入也。'佛肸以中牟畔,子之往也,如之何?"❸最终,孔子也听从了子路的建议,没有去。子路就是这样,心直口快,不会藏着掖着,心里有什么话就直接说出来了。

子路是什么样的人呢?子路是闻过则喜之人。在《孟子·公孙丑章句上》中,孟子说:"子路,人告之以有过则喜。禹闻善言则拜。"❹朱子《四书集注》引周子曰:"仲由喜闻过,令名无穷焉。今人有过,不喜人规,如讳疾而忌医,宁灭其身而无悟也。"❺可见,子路的心胸大矣、宽矣、广矣。想想看,子路从原初的粗野之人,最后成为真名士,应该得益于他的不懈改进与努力。《弟子规》曰:"闻过怒,闻誉乐。损友来,益友却。闻誉恐,闻过欣。直谅士,渐相亲。"❻让我们想想子路,也想一想自己,能不能像子路那样,虚心接受别人的批评和意见,用心吸收,积极消化,努力改正自己身上的缺点和不足呢?别人指出我们的缺点、指正我们的错误,正是我们改进的机会、成长的机会、进步的机会。从这个意义来说,能够指出我们缺点和不足的人,是我们的贵人、我们的老师、我们的益友。请闭目想一想,在自己的生活里,有几个会指出我们毛病的人。古人曰:"道吾好者是吾贼,道吾恶者是吾师。"❼所以,让我们敞开心怀,接受他人的批评意见,勇于改正自己,进德修业,无止无息。

对于子路而言,勇敢是其优点。相应地,子路也容易冲动莽撞。针对子路的这一缺点,孔子似乎也是煞费苦心。很多次,子路与孔子交流,孔子总是会有意地压

---

❶ (宋)朱熹.四书集注[M].陈戍国,标点.长沙:岳麓书社,2004:103.
❷ (宋)朱熹.四书集注[M].陈戍国,标点.长沙:岳麓书社,2004:201.
❸ (宋)朱熹.四书集注[M].陈戍国,标点.长沙:岳麓书社,2004:201.
❹ (宋)朱熹.四书集注[M].陈戍国,标点.长沙:岳麓书社,2004:268.
❺ (宋)朱熹.四书集注[M].陈戍国,标点.长沙:岳麓书社,2004:268.
❻ 王财贵.孝弟三百千[M].北京:北京教育出版社,2012:18.
❼ 增广贤文[M].冯国超,译注.北京:商务印书馆,2015:150.

制子路，提醒他，别粗鲁行事。在《论语·公冶长第五》中，孔子曰："道不行，乘桴浮于海。从我者，其由与？"❶子路听了很高兴。孔子又说："由也好勇过我，无所取材。"❷孔子打击子路的目的是告诫子路：勇而无礼则乱，千万别冲动逞勇。同样，在《论语·述而第七》中，孔子又一次教育子路。孔子对颜渊说："用之则行，舍之则藏，唯我与尔有是夫！"❸子路在旁边听到孔子这话，感觉好像被冷落，忍不住对孔子说："子行三军，则谁与？"❹孔子回答说："暴虎冯河，死而无悔者，吾不与也。必也临事而惧，好谋而成者也。"❺孔子希望子路要学会沉着，学会冷静思考，别意气用事，要临事而惧、好谋而成，智勇双全。孔子还在很多场合批评过、提醒过、教育过子路"粗鲁"的毛病。当然，子路也很善良。在《论语·述而第七》中记载，有一次，孔子生病了，病得很严重。子路就为孔子祈祷，希望孔子快快好起来。

子路，其实还很孝顺，是二十四孝之一，历史上有"负米养亲"的故事流传。他性格刚直，勇敢无畏；他讲义气，是忠肝义胆的侠士。他尚公平，判案果决，才能出众，孔子评价他为具臣。子路去世时，孔子也很难过伤心，师生情分，情深义重。你喜欢这样的子路吗？

欧阳修说："醉翁之意不在酒，在乎山水之间也。"❻今天，我们认识孔子门下的四大弟子，介绍他们身上的优点与长处，目的就是取人之长、学人之善，努力学习他们身上的优点，让自己成为德、智、体、美、劳全面发展的时代新人。

最后，分享一首歌词给大家，名为"曾子赞歌"：

> 曾子是儒家宗圣，
> 继承儒家正宗学问。
> 孔子述说"孝义"，
> 曾子著述《孝经》。
> 身体发肤感念父母恩，

---

❶ (宋)朱熹. 四书集注[M]. 陈戍国, 标点. 长沙：岳麓书社，2004：87.
❷ (宋)朱熹. 四书集注[M]. 陈戍国, 标点. 长沙：岳麓书社，2004：87.
❸ (宋)朱熹. 四书集注[M]. 陈戍国, 标点. 长沙：岳麓书社，2004：108.
❹ (宋)朱熹. 四书集注[M]. 陈戍国, 标点. 长沙：岳麓书社，2004：108.
❺ (宋)朱熹. 四书集注[M]. 陈戍国, 标点. 长沙：岳麓书社，2004：108.
❻ 欧阳修诗文选译[M]. 林冠群, 周济夫, 译注. 南京：凤凰出版社，2011：214.

起点必须是学会爱自己。
仁义礼智、修齐治平，
立心、立命，
以文会友以友辅仁。
仁以为己任，
思不出其位，
吾日三省吾身。

论语讲读

书信编

信者，信件也。信者，真诚也。信者，讯息也。书信交流是一种有趣可取的交流方式。师生之间，虽常课堂会面，但交流互动依然有限。为了使交流更加深入，我心怀真诚，以『论语讲读』课程相关内容为主，修书10封，意在引导、意在交流、意在研讨。从某种程度上说，这些书信也是促进学生成长与进步的一部分。

第一封 我和《论语》有个约会

"论语讲读"诸生：

曾几何时，你读过"学而时习之，不亦说乎？"❶曾几何时，你读过"学而不思则罔，思而不学则殆"❷。曾几何时，你读过"见贤思齐焉，见不贤而内自省也"❸。我想，你一定是怀着对中华优秀传统文化的崇敬与向往而选择修学"论语讲读"课程。因为你的选择，我们便结下了共同学习儒家经典《论语》的缘分。"百世修来同船渡，千世修来共枕眠。"❹我们相约贵州师范大学，相约"论语讲读"课堂。我想，这种学缘、这种情分也是我们彼此人生路上、学习路上的珍贵记忆。愿你、愿我、愿我们共同珍视这段修学时光，不负经典、不负自己，不负时代。所以，在内心深处，我想说这样一句话：我和《论语》有个约会。

说起来，《论语》是一本古书，距今2500多年了，但我们为什么要阅读它、理解它、领悟它、践行它、弘扬它。这个问题，我们必须有自己理性的、清晰的思考，给出一个说服自己的理由。就我个人而言，大约可以列举如下理由。

一是跟着国家政策的"指引"走。2017年1月25日，中共中央办公厅、国务院办公厅印发《关于实施中华优秀传统文化传承发展工程的意见》指出："中华优秀传统文化，积淀着中华民族最深沉的精神追求，代表着中华民族独特的精神标识，是中华民族生生不息、发展壮大的丰厚滋养，是中国特色社会主义植根的文化沃土，是当代中国发展的突出优势，对延续和发展中华文明、促进人类文明进步，发挥着重要作用。"❺《论语》作为儒家学派经典著作，是我们继承和弘扬中华优秀传统文化

---

❶（宋）朱熹.四书集注[M].陈成国，标点.长沙：岳麓书社，2004：54.
❷（宋）朱熹.四书集注[M].陈成国，标点.长沙：岳麓书社，2004：65.
❸（宋）朱熹.四书集注[M].陈成国，标点.长沙：岳麓书社，2004：82.
❹增广贤文[M].冯国超，译注.北京：商务印书馆，2015：151.
❺新华社.中共中央办公厅 国务院办公厅印发《关于实施中华优秀传统文化传承发展工程的意见》[EB/OL].(2017-01-25)[2022-02-10].http://www.gov.cn/zhengce/2017-01/25/content_5163472.htm.

不得不学习的经典文本。可见,我们学习它,十分必要。

二是跟着仁人志士的"脚步"走。钱穆先生说:"《论语》自西汉以来,为中国识字人一部人人必读书。"❶可见,在传统社会里,作为一个知识分子,《论语》是必读书,学《论语》是必修课。今天的大学生,今天的你和我,不妨也拿《论语》来读一读、翻一翻,从中了解一点传统社会中的知识分子所学习的内容。程子曾说:"颐自十七八读《论语》,当时已晓文义。读之愈久,但觉意味深长。"❷可见,程子读《论语》肯定不止一遍,他一定是花了许多精力把《论语》文义读懂弄通了,并且《论语》给他一种常读常新的愉悦感受,所以才有"意味深长"的感叹。我想,追随古今时贤阅读《论语》的见解和脚步,读读《论语》,从中寻觅一些文化滋味,亦为一件快事吧!可见,我们学习它,十分必要。

三是跟着实践思考的"智慧"走。《论语》里的思想在我们的生活里能不能发挥积极作用、产生积极效应呢?它的思想是过时的,还是充满价值的?它的思想是消极的,还是积极的?它的思想全是糟粕,还是蕴含精华?这些问题,我们应当有自己的思考和判断,不人云亦云,不盲目从众。打开书,学习它,领悟它,用实践检验它,给出属于自己的经得起检验的答案。举一个例子,《论语》中说"不患无位,患所以立"❸,大意是说,我们不要忧患有没有工作岗位,我们应该忧患如何胜任工作岗位,与其忧患就业机会,不如忧患能力、本领、才华。静心想想,深以为然。可见,我们学习它,十分必要。

四是跟着德业成长的"需要"走。一个人,无论如何都会有成长的需求。身体的成长靠物质食粮,而精神的成长要靠精神食粮。一直以来,我都有语言表达、做人做事、心胸境界、人生价值等方面的指导需求,让自己不断丰富和完善、让自己不断进步和提高、让自己不断幸福和快乐。因此,我想从书中找寻一些珍贵养料、精神食粮。《习近平新时代中国特色社会主义思想学习纲要》指出:"中华优秀传统文化的丰富哲学思想、人文精神、价值理念、道德规范等,蕴藏着解决当代人类面临的难题的重要启示,可以为人们认识和改造世界提供有益启迪,可以为治国理政提供

---

❶ 钱穆.论语新解[M].北京:生活·读书·新知三联书店,2002:1.

❷ (宋)朱熹.四书集注[M].陈成国,标点.长沙:岳麓书社,2004:51.

❸ (宋)朱熹.四书集注[M].陈成国,标点.长沙:岳麓书社,2004:81.

有益启示,也可以为道德建设提供有益启发。"❶研学《论语》,践悟思想,切己体用,德业双修,努力使自己成为更加优秀、更加卓越的时代新人。

你选修《论语》的理由是什么呢?请你结合自己的情况做出回答。因为我们学习《论语》,必须保持一种态度,一种积极而不是消极的态度。这个回答很关键。它关乎我们的学习动机、动能、动力,关乎我们是主动学习还是被动学习。古人说:"既来之,则安之。"❷如果我们用积极的心态来面对自己的选择,安心学习、静心学习,绵密用力,则可。如果我们用消极的心态来应付自己的选择,无心学习,三心二意,不愿用力,则不可。希望你用心思考,不能含糊,空留遗憾。

我们的"论语讲读"课将采取专题分享形式,一个专题一次课程,如此算来,大概可以有许多专题,如导言、仁义、礼乐、君子、教育等,不求面面俱到,但求得"知"于心。因此,我们倡导的读书原则是"从书本中来,到生活中去",学习一言、践行一语,在各自的实际生活里检验《论语》之道,真学、真行、真悟、真得,求得真学问、增长真本领、练就真功夫。

一个君子,应当慎始;一个君子,更应慎终。希望你们慎始慎终、慎终如始。每一位同学都怀着对美好课程的深情期待,沉潜用力,不急不躁、脚踏实地、久久为功。著名作家贾平凹说:"欢乐到来,又欢乐归去,这正是天地间欢乐的内容。"❸希望你们乘兴而来、尽兴而归,每一次课都有获得感和成就感,成就自己,顺利、圆满完成与《论语》的每一次约会。

纸短情长,书香弥漫。余下的时光,让我们共学共进,互帮互助,勤学勤思,戒骄戒躁,用心、用情、用力书写与《论语》的故事和诗篇。

在此,送给你们一首歌词,名叫"我和《论语》有个约会",算是一个美好的开始,希望能对我们的课程留下深刻的印象。歌词如下:

总想看看您的笑脸,
总想听听您的教诲,
总想亲近您的身旁,

---

❶ 中共中央宣传部.习近平新时代中国特色社会主义思想学习纲要[M].北京:人民出版社,2019:146.

❷ (宋)朱熹.四书集注[M].陈成国,标点.长沙:岳麓书社,2004:193.

❸ 贾平凹.丑石:平凹散文[M].杭州:浙江文艺出版社,2014:23.

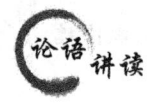

总想携手一路同行。
我和《论语》有个约会,
相约啊聚在《论语》课程。
我们主张啊以文化人,
德业双修啊勇敢攀登。

总想认识您的思想,
总想汲取您的智慧,
总想感悟您的信念,
总想深入您的灵魂。
我和《论语》有个约会,
相约啊聚在《论语》课程。
我们主张啊以文化人,
德业双修啊勇敢攀登。

最后,摘录《论语》结句与诸生互勉:"不知命,无以为君子也。不知礼,无以立也。不知言,无以知人也。"[1]

祝福诸生,万事顺意,学有所成!

柳明芳书于凤翔山
2021年12月19日

---

[1] (宋)朱熹.四书集注[M].陈戍国,标点.长沙:岳麓书社,2004:223.

第二封　学《论语》是一场欢聚

"论语讲读"诸君：

　　常言道："有缘千里来相会，无缘对面不相逢。"❶我们来自不同地区、不同院系、不同专业、不同年级，我们每个人的知识结构不同，我们每个人的兴趣爱好不同，我们每个人的成长环境不同。但是，我们都不约而同地选择了这门课程"论语讲读"，不期而遇，共同学习这本《论语》，规定时间为8周，16次课。站在课程的起点，你有什么感想呢？你有什么期待呢？你有什么愿望呢？希望你一路随行，有劳有获。也希望你，当课程画下句点时，回望一路，告诉自己一句坚定的话：学《论语》是一场欢聚。任雅丽同学说："外国的一名作家曾说过：'人生的起点不是诞生的那一刻，而是选择与书结缘；人生的结束也不是死亡，而是与书绝缘。'感恩时光让我与《论语》邂逅，更要感谢我的恩师柳老师，是他引领我们走上了品味经典、感悟人生的正道！"很高兴有如任雅丽同学一样的你来到这里。作为一个师者，内心真正在乎的是，你的成长、你的变化、你的突破、你的进步，从而不辜负我们彼此与《论语》欢聚一场。

　　那么，如何确保学《论语》是一场欢聚？我想与同学们作一些探讨。

　　欢聚，意味着我们对学习的内容应该是好奇的——有兴趣。兴趣是最好的老师。宋太宗说："开卷有益，朕不以为劳也！"❷宋太宗日理万机，开卷读书，却不会觉得劳倦，何也？我以为，有爱好、有兴趣、好读书。孔子在《论语》中说过这样一句话："知之者不如好之者，好之者不如乐之者。"❸可见，我们的好奇心、兴趣点，会激发我们的热情与动力。孟子说："观水有术，必观其澜。"❹我想说："读书有道，必从其趣！"希望你，心怀好奇，从兴趣出发，踏进课堂吧！孔子说："吾非生而知之者，好

---

❶ (明)施耐庵,罗贯中.水浒传[M].北京:人民文学出版社,1997:459.
❷ 王辟之.渑水燕谈录[M].上海:商务印书馆,1935:50.
❸ (宋)朱熹.四书集注[M].陈戍国,标点.长沙:岳麓书社,2004:101.
❹ (宋)朱熹.四书集注[M].陈戍国,标点.长沙:岳麓书社,2004:392.

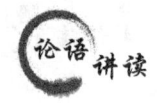

古,敏以求之者也。"❶今天,我们能否自信地说:"我也不是生而知之的人,好《论语》,敏以求之者也。"逆思细想,如果不喜欢,如何读出滋味来呢?那只能让我们的过程充满无聊、痛苦、乏味,所以还是得从兴趣与责任的角度说,走《论语》的路,读《论语》的书,让别人去说吧!

欢聚,意味着我们对学习的过程应该是持久的——有恒心。时间总是催人奋进,奋进总是见证辉煌,而坚定有恒的行动才是关键。孔子说:"德之不修,学之不讲,闻义不能徙,不善不能改,是吾忧也。"❷如果不付出、不努力、不用心,孔子都发愁,常人更是"奈之若何"。子曰:"南人有言曰:'人而无恒,不可以作巫医。'善夫!"❸朱子注解说:"虽贱役,而尤不可以无常。"❹役,即为服劳力之事。可见,即使是从事一些"卑贱"的工作,都不可以没有恒心。《论语》中有"学而时习之"❺的表达,这里的"时"是偶尔,还是"有时"。恐怕这两种解释都不妥当,它应该是"时时""时常"之意。试想,如果没有一颗恒心,能做到"时习"吗?《论语》中记载:"三年无改于父之道。"❻请注意,这里的"三年"不是三小时、三天,也不是三个月,而是"多年"。试想,如果没有一颗恒心,能坚持"多年无改于父之道"吗?《论语》中记载孔子的一句话:"三年学,不至于谷,不易得也。"❼三年学,即为多年学,表明为学之久也。试想,如果没有一颗恒心,能坚持多年学吗?《论语》中记载:"子张问政。子曰:'居之无倦,行之以忠。'"❽子路问政:"子曰:'先之,劳之。'请益。曰:'无倦。'"❾在此,两次提到"无倦",何意? 不松懈、不懈怠。其实,就是有坚持、有恒心、始终如一。试想,如果没有一颗恒心,能做到"无倦"吗? 在此,结合我们的学习生活,我们是否可以套用说"学之、行之、无倦"呢? 我们是否可以套用说"学之无倦,行之以忠"呢? 我以为,读《论语》,学《论语》,该当如是。我们定然不能三天打鱼两天晒网,我们应

---

❶ (宋)朱熹.四书集注[M].陈戍国,标点.长沙:岳麓书社,2004:111.

❷ (宋)朱熹.四书集注[M].陈戍国,标点.长沙:岳麓书社,2004:106.

❸ (宋)朱熹.四书集注[M].陈戍国,标点.长沙:岳麓书社,2004:167.

❹ (宋)朱熹.四书集注[M].陈戍国,标点.长沙:岳麓书社,2004:167.

❺ (宋)朱熹.四书集注[M].陈戍国,标点.长沙:岳麓书社,2004:54.

❻ (宋)朱熹.四书集注[M].陈戍国,标点.长沙:岳麓书社,2004:83.

❼ (宋)朱熹.四书集注[M].陈戍国,标点.长沙:岳麓书社,2004:121.

❽ (宋)朱熹.四书集注[M].陈戍国,标点.长沙:岳麓书社,2004:156.

❾ (宋)朱熹.四书集注[M].陈戍国,标点.长沙:岳麓书社,2004:160.

该持之以恒地努力前行，专注、持久、用心。孔子说："善人，吾不得而见之矣，得见有恒者，斯可矣。"❶可见，如果你是有恒者，孔子也会赞赏你。国学大师钱穆先生说："读书当一意在书，游山水当一意在山水，乘兴所至，心无旁及。"❷马艳霞同学说："优秀的人不是一天炼成的，总要经过日积月累的努力。所以，我会继续坚持，努力做个品德优良的人。……虽然每次只是进步了一点点，然积沙成塔，相信一天天的坚持会带来质的飞跃。"总之，希望你用实际行动书写属于自己的美好《论语》课堂。

欢聚意味着我们对学习的效果应该是称心的——有收获。司马迁说："非好学深思，心知其意，固难为浅见寡闻道也。"❸程子曰："今人不会读书。如读《论语》，未读时是此等人，读了后又只是此等人，便是不曾读。"❹读《论语》，不明事理；读《论语》，不曾化己；读《论语》，不及修身。读与不读别无二致，这便是没有收获、没有改变。这是你想要的结果吗？断然不是。这是我想要的结果吗？断然不是。这是该课程的目标吗？断然不是。我们读《论语》，能不能读出问题、智慧、道理、结果、成长进步？这是我们要努力回答的问题。吴婷同学上完课，说了一段感言："上了'论语讲读'课，我便想完善自己，不求十全十美，但求问心无愧。我开始学着双手递给他人东西；我学着不迟到、不早退，准点守时；我学着上台鞠躬；我学着诵读经典；我学着做好每一件事。君子雅如竹，我要做淡雅如竹的君子，不骄不躁，有礼有德有才，我在向他前进。我相信，我的未来可期！"李松同学说："'论语讲读'让我学到了交友要尊敬，做人要有礼，行为要自重，反思要求己，这些都是我首次听闻，所以非常感动。"任朝丽同学说："听了老师说的'勿以善小而不言、勿以恶小而言之'之后，我开始试着去表达。我会在室友穿上漂亮衣服时说一句：'你真好看！'我发现，室友走路都变得自信了，心情超好一整天！"吴婷、李松和任朝丽通过自己的用心都获得了属于自己的进步。你呢？我相信，你也可以，一定可以的。

姚伦慧同学说："《论语》智慧如灯，照亮前行的路；《论语》智慧如火，融化人生寒冰；《论语》智慧如水，浇灌自我之花；《论语》智慧如星，指引人生征程。"希望你一

---

❶ (宋)朱熹.四书集注[M].陈成国,标点.长沙:岳麓书社,2004:113.
❷ 黄德灿.送给教师的读书指南[M].武汉:华中科技大学出版社,2019:179.
❸ 二十四史·史记[M].北京:中华书局,2018:35.
❹ (宋)朱熹.四书集注[M].陈成国,标点.长沙:岳麓书社,2004:51.

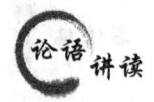

路相随,有兴趣、有恒心、有收获,与圣贤对话、与师友切磋,在不知不觉间体会自己的进步与升华、优秀与卓越、气度与胸怀。

  此时正是隆冬,待万物复苏时节,就是我们欢聚时刻。轻轻告诉自己:学《论语》是一场欢聚。

  祝心想事成,万事如意!

柳明芳书于凤翔山
2021年12月29日

第三封　如何读《论语》

"论语讲读"诸君：

我们都知道，战略既定，方法为王。对于"论语讲读"这门课程、《论语》这本书，我们如何学习呢？这是一个大问题，不能不重视起来。因此，我想与同学们交流一下学习《论语》的主要方法。如果用关键词来说，那就是同情地理解、批判地继承、积极地实践、不断地思考。如果再精炼一些的话，就是"从书本中来，到生活中去"。"同情地理解、批判地继承"侧重于"从书本中来"；"积极地实践、不断地思考"侧重于"到生活中去"。我们将二者有机结合，得其法焉。

一、同情地理解

《论语》是一本古书，这是无可辩驳的事实，也因此会令人望文生畏，从心里产生些许距离感。有什么办法让我们更好地走进孔子的思想、《论语》的世界？最好的办法就是同情地理解。同情，就是让自己设身处地地去理解孔子的用心、用情、用意，站在孔子的立场理解、领悟、思考，通过文字找到蕴含于字里行间的道理。贺麟说："要了解一物，须设身处地、用同情的态度去了解之。"❶同情地理解，最好的办法大致有二：一是把自己想象成孔子，将孔子说处当成自己说，经常揣摩："我为什么要说这句话？这句话有什么意义？我的用意在哪里？"长此以往，自然有得。二是把自己想象成孔子弟子，弟子问处当作自己问，孔子答处当作自己亲临现场接受教诲。长此以往，自然有得。张之洞说："读书不知要领，劳而无功。"❷我们要尽己力量掌握一字一句蕴含的文化要义。

为了更好地理解《论语》的要义与精髓，我们也得用些精力关注他人心中的《论

---

❶ 黄德灿.送给教师的读书指南[M].武汉：华中科技大学出版社，2019：284.

❷ 张之洞.书目问答[M].上海：商务印书馆，1929：1.

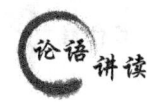

语》),这是必不可少的。吕思勉先生说:"一部书的教师,是最不值钱的。"❶相应地,一部书的课堂也是最不值钱的。如果只是读一部《论语》的话,买一本自己读就可以了,何必来亲师聚学? 其实,我们的"论语讲读"课,不止于《论语》一本书,我们要以《论语》为中心,开辟阅读与成长之路。我想,我们的课程之外,你得下一些功夫,阅读一些相关书籍,积少成多、聚沙成塔,实实在在地扩充我们的阅读数量、开阔视野,一本、十本,乃至百本。具体来说,与本门课程相关的书籍十分多,只是需要精挑细选罢了。不过,从掌握文义的角度出发,朱熹的《四书集注》、钱穆的《论语新解》与杨伯峻的《论语译注》是值得我们重视的;从阅读体验的角度出发,南怀瑾的《论语别裁》、涩泽荣一的《论语与算盘》与安德义的《论语解读》是值得我们翻一翻的;从运用智慧的角度出发,曾仕强和曾仕良的《论语的现代智慧》、王建成的《〈论语〉管理密码》、张钢的《论语的管理精义》、杨云鹏和杜润瑶的《管理者每天读点〈论语〉》等,都值得关注。试想,我们要面对的哪里只是一本书,而是一批书,只是通过"论语讲读"课开启了一个新的学习维度。

二、批判地继承

任何经典的书都经得起批判、经得起考验,并且在批判与考验中愈发显示其独特魅力。亚圣孟子曾经说过一句话:"尽信《书》,则不如无《书》。"❷这是孟子读书的一个态度——批判地继承。当然,这句话也体现了一个读书人的基本风范和理性态度,一句话说得是否合乎道理,要经过自己的大脑思考,可谓"三思而后明",从而形成自己的判断。梁漱溟先生说:"有主见就是学问。"❸王阳明说:"求之于心而非也,虽其言之出于孔子,不敢以为是也,……求之于心而是也,虽其言之出于庸常,不敢以为非也。"❹批判地继承,就是用理性的态度来阅读、分析、理解、领悟所学内容,向真理出发,对的就充分肯定,不对的就持保留意见,以理性、客观、科学的态度

---

❶ 黄德灿.送给教师的读书指南[M].武汉:华中科技大学出版社,2019:49.
❷ (宋)朱熹.四书集注[M].陈成国,标点.长沙:岳麓书社,2004:401.
❸ 黄德灿.送给教师的读书指南[M].武汉:华中科技大学出版社,2019:143.
❹ (明)王守仁.王阳明全集[M].吴光,等编校.上海:上海古籍出版社,2011:85.

面对。贺麟说:"无论读哪一种书,关键在于须自己用思想。"❶当然,批判地继承需要我们具有睿智的眼光、自主思考的能力,不人云亦云,不盲目跟从。相较而言,批判地继承不是打击,更不是乱批,它更像筛检,取其精华,去其糟粕。因此,我们必须有清醒的头脑,去粗取精、去伪存真、由表及里、由此及彼,认真地、负责任地将中华优秀传统文化继承好、发扬好,从而实现中华优秀传统文化的创造性转化和创新性发展。

三、积极地实践

俗话说:"实践出真知,实践长才干。"我们学《论语》,也要将圣贤言语与生活实践紧密结合起来,落地实践、积极实践,在实践中检验圣贤的是与非、对与错、正能量与负能量。列宁说:"实践高于(理论的)认识,因为它不但有普遍的品格,而且还有直接现实性的品格。"❷毛泽东在《实践论》中指出:"马克思主义者认为,只有人们的社会实践,才是人们对于外界认识的真理性的标准。"❸李瑞环在《学哲学 用哲学》中说:"我们必须坚持实践第一的观点,提高识别能力,来分清是非,辨别真伪。"❹结合生活实际,我们深深地懂得,不实践,却想实实在在地增长智慧,那是稀罕的事。比如,想学开车,不进教练场亲自上手操作练习,只靠看如何驾驶的书籍,即使你能将书本倒背如流,也还是不会开车。又如,想学游泳,你不亲自下游泳池实践,你永远也学不会游泳,不管你看了多少本相关书籍。我们学《论语》,如果不结合自己生活实践、落地,就很难感悟圣贤思想的深刻与力量,如"善与人交,久而敬之",只此八字,如果只是读着、解着,我们不会有一丝改变。如果我们将此八字牢牢记在心里,在日常与人交往中,不论大人还是小孩,不论领导还是同伴,我们都按此"敬"字说话、行事,一天、一月、一季、一年,长此以往,你定将明白圣贤的智慧真实不虚。总之,从书本中来,到生活中去,唯实践而不唯本本,唯实践而不唯教

---

❶ 黄德灿.送给教师的读书指南[M].武汉:华中科技大学出版社,2019:279.
❷ 列宁全集:第55卷[M].北京:人民出版社,1990:183.
❸ 余源培,吴晓明.马克思主义哲学经典文本导读:下卷[M].北京:高等教育出版社,2005:364.
❹ 李瑞环.学哲学 用哲学[M].北京:中国人民大学出版社,2005:72-73.

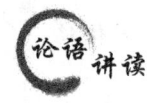

条,在实践中体认圣贤智慧和力量。苏格拉底说:"只要我还有生命和能力,我将永不停止实践哲学。"❶而我想说:"只要一息尚存,就当实践不止!"

四、不断地思考

思考是一种方法,思考是一种智慧,思考更是一种力量。在学习、实践基础上的思考,可以有效巩固、提高学习效果,从而获得"一叶知秋""见微知著"的真知灼见。恩格斯说:"地球上的最美的花朵——思维着的精神。"❷曾子"吾日三省吾身"❸,陶行知每天要"四问",我们学习《论语》,也不能缺少"思考"这一环,绝不能少。孔子说:"君子有九思:视思明,听思聪,色思温,貌思恭,言思忠,事思敬,疑思问,忿思难,见得思义。"❹常常检视、反省、思考,把思考当成一种习惯,不要形成"思维懒惰",好逸恶劳,如《论语》中孔子提出了"色难"问题,我们就要结合自己的生活深入地思考,"色难"问题,怎么看?"色难"问题,怎么干?"色难"问题,怎么样?孔子提出的"色难"问题有现实写照、有价值意义吗?我们应该怎么一步一步地解决生活中存在的实实在在的困难和问题?带着问题思考、结合实践思考、怀着责任思考,我们的学习效果注定会理想得多,不是吗?

同学们,对一个人而言,理解能力、批判能力、实践能力、思考能力,是十分重要的。当然,这四种能力对学习《论语》同样也很重要。希望你发挥这四种能力走进课堂、走进《论语》,走进广阔的生活世界。

上述文字是我就"如何学《论语》"发表的浅见,请阅览参考,并请批判、理解、接受。

另外,为了大家借鉴学习,特将朱子《读论语孟子法》的内容摘录于此,分享之。全文如下:

程子曰:"学者当以《论语》《孟子》为本。《论语》《孟子》既治,则《六经》可不治而明矣。读书者当观圣人所以作经之意,与圣人所以用心,圣人之所以至于圣人,而

---

❶ [古希腊]柏拉图.柏拉图全集:第1卷[M].王晓朝,译.北京:人民出版社,2002:18.
❷ 马克思恩格斯全集:第20卷[M].北京:人民出版社,1971:379.
❸ (宋)朱熹.四书集注[M].陈成国,标点.长沙:岳麓书社,2004:55.
❹ (宋)朱熹.四书集注[M].陈成国,标点.长沙:岳麓书社,2004:197.

吾之所以未至者,所以未得者。句句而求之,昼诵而味之,中夜而思之,平其心,易其气,阙其疑,则圣人之意可见矣。

程子曰:"凡看文字,须先晓其文义,然后可以求其意。未有不晓文义而见意者也。

程子曰:"学者须将《论语》中诸弟子问处便作自己问,圣人答处便作今日耳闻,自然有得。虽孔、孟复生,不过以此教人。若能于《语》《孟》中深求玩味,将来涵养成甚生气质!

程子曰:"凡看《语》《孟》,且须熟读玩味。须将圣人言语切己,不可只作一场话说。人只看得二书切己,终身尽多也。

程子曰:"《论》《孟》只剩读着,便自意足。学者须是玩味。若以语言解着,意便不足。

或问:"且将《论》《孟》紧要处看,如何?"程子曰:"固是好,但终是不浃洽耳。

程子曰:"孔子言语句句是自然,孟子言语句句是事实。

程子曰:"学者先读《论语》《孟子》,如尺度权衡相似,以此去量度事物,自然见得长短轻重。

程子曰:"读《论语》《孟子》而不知道,所谓'虽多,亦奚以为'。"[1]

最后,祝各位身康体泰,心想事成!

柳明芳书于凤翔山
2022年1月11日

---

[1] (宋)朱熹.四书集注[M].陈戍国,标点.长沙:岳麓书社,2004:52-53.

第四封 "不逊"与"抱怨"

"论语讲读"的同学们：

你们好吗？课余时间有翻阅《论语》吗？学习《论语》，功夫在课外。当然，这不是说上《论语》课不重要，而是想告诉你，要学习领悟《论语》，不能只靠"上课时间"。在课后，要花费大量的心思在阅读、理解、践行上，琢磨玩味，当有所得。苏轼说："旧书不厌百回读，熟读深思子自知。"❶因此，空余时间里，希望大家多多亲近《论语》，多学多得，学则有益。因教学时长有限，我们无法交流太多话题。因此，采取书信方式，与大家交流"不逊"与"抱怨"，希望对大家的学习有所帮助。

在我往日的"论语讲读"教学过程中，曾有一女学生问起《论语·阳货第十七》中孔子说的一句话，说："老师，我们该怎样理解'唯女子与小人为难养也'？这里，孔子是不是有歧视女性的意思？我真的不太明白！"你有过这样的疑虑吗？是我们误解了孔子，还是孔子说错了？欲知"真面目"，得下苦功夫。为了能理解孔子的真意，我们一起来探讨一下吧！

翻开书本，文中记载："唯女子与小人为难养也，近之则不孙，远之则怨。"❷这样一则语录，全文简略，什么意思呢？众说纷纭。不急，我们先找一些相关的文献资料了解一下，别人是如何理解这一章的。

《四书集注》记载："此小人，亦谓仆隶下人也。君子之于臣妾，庄以莅之，慈以畜之，则无二者之患矣。"❸

经查《辞海》："仆，古代对奴隶或差役的称谓。"❹"隶，古代对一种奴隶或差役的称谓。"❺结合起来，仆隶就是奴仆的意思。"臣妾，西周、春秋时对奴隶的称谓。男奴

---

❶（宋）苏轼.苏东坡全集：第一册[M].毛德富，等.北京：团结出版社，2020：563.

❷（宋）朱熹.四书集注[M].陈成国，标点.长沙：岳麓书社，2004：207.

❸（宋）朱熹.四书集注[M].陈成国，标点.长沙：岳麓书社，2004：207.

❹陈至立.辞海[M].上海：上海辞书出版社，2020：3375.

❺陈至立.辞海[M].上海：上海辞书出版社，2020：2628.

称臣,女奴称妾。"❶"莅,到。"❷"畜,畜养。"❸因此,在朱子看来,此处的"小人"即为仆隶,被人雇佣,供人差遣。作为"君子",用"庄"与"慈"对待"小人",就可以消除"不逊"与"抱怨"。在这里,请大家注意,朱子并没有提及"女子",什么原因,就更无从知晓了。不过,朱子的解释有可取的一面,他开出了消解"不逊"与"抱怨"的良方,但解释不完整,难以令人信服。

《张居正讲评〈论语〉》记载:"小人是仆隶下人。近是狎昵的意思。远是疏斥的意思。孔子说:'天下的人,惟有妇人女子与仆隶下人最难畜养。'何以言之? 常情于这两样人,不是过于用恩,狎昵而近之,便是过于用严,疏斥而远之。若是昵近之,他便狎恩恃爱,不知恭逊之礼,是近之不可也;若是疏远他,他便失去所望,易生怨恨之心,是远之不可也,此其所以难养也。诚能庄以临之,慈以畜之,则既有以消其怙恃之心,又有以弭其愤恨之意,何怨与不逊之足患乎?"❹

《现代汉语词典》中说:"狎昵,过分亲近而态度轻佻。"❺"怙恃,依仗,凭借。"❻查《王力古汉语字典》可知:"弭,通'敉',止息。"❼张居正对女子与小人为什么难养作了具体解释。在此,我们应该看到,女子与小人难养,既有"常情"存在的问题,也有"女子与小人"存在的问题,"常情"的问题在于"过于用恩"或"过于用严","女子与小人"的问题则在于"不知恭逊"或"生怨恨之心"。然而,人若能"庄以莅之,慈以畜之",就能"消其怙恃之心"与"弭其愤恨之意",从而解决了"怨与不逊"的问题。但是,"常情"有问题,这是君子的"常情"还是女子与小人的"常情",不得而知。如果是君子的"常情"的话,孔子为什么不提,为什么只提"女子与小人"。更为重要的是,这里,张居正借孔子之口说:"天下的人,惟有妇人女子与仆隶下人最难畜养。"依此看来,他所说的"女子",好像是指"全天下的女子"。但这么说,全天下的女子服气吗? 这样表达,有欠妥之处。

---

❶ 陈至立.辞海[M].上海:上海辞书出版社,2020:505.

❷ 陈至立.辞海[M].上海:上海辞书出版社,2020:2630.

❸ 曾林.古代汉语词典[M].成都:四川出版集团,2011:131.

❹ 陈生玺,等.张居正讲评《论语》[M].上海:上海辞书出版社,2013:287.

❺ 中国社会科学院语言研究所词典编辑室.现代汉语词典[M].北京:商务印书馆,2002:1355.

❻ 中国社会科学院语言研究所词典编辑室.现代汉语词典[M].北京:商务印书馆,2002:536.

❼ 王力.王力古汉语字典[M].北京:中华书局,2000:290.

康有为《论语注》记载:"女子,本又作'竖子',今从之。"❶"竖子,谓仆隶之类;小人,谓人之无学术行义者,兼才臣昵友而言。竖子、小人多有才而令人亲爱者,然远近皆难,故不易养,惟当谨之于始,善择其人。先勿太宠之而假其权,后勿过绝之而薄其恩。若始误近之过甚,则后难处之矣。"❷

根据康有为的注解,女子不是性别意义上的女子,而是"竖子",是仆隶之类的人。在此,他完全消解了"女子"二字,不得不承认,这是康有为的高明之处。但是,查阅一下汉典网,怎么也找不到"女子"有"竖子"的含义。康有为指出:"竖子、小人多有才而令人亲爱者,然远近皆难,故不易养。"康有为指出了"有才"而不易养的实情,但没有进一步明言"有才"的"竖子、小人"为什么"不易养"。其实,从常识常理常道来推说,"竖子、小人"的修养不够、修为不高,这才是竖子、小人不易养的症结所在。康有为提出"谨之于始,善择其人",意在好心提醒每一个人"慎始"与"善择"的生活智慧,确实值得我们用心体会。

程树德《论语集释》引皇侃言:"君子之人,人愈近愈敬;而女子小人,近之而其诚狎而为不逊从也。君子之交如水,亦相忘江湖;而女子小人,若远之则生怨恨,言人不接己也。"❸程树德引《四书疑思录》之言:"人多加意于大人君子,而忽于女子小人,不知此两人尤是难养者,可见学问无微可忽。"❹程树德还引《四书诠义》之言:"此言修身齐家者不可有一事之可轻,一物之可慢,毋谓仆妾微贱,可以惟我所使,而忽以处之也。安上治民,莫善于礼,而礼必本之于身,以惠爱之心,行天泽之礼,乱本弭矣,所谓庄以涖之,慈以畜之也。君无礼让则一国乱,身无礼则一家乱,女戎宦者之祸天下,仆妾之祸一家,皆恩不素乎、分不素定之故也。夫子言之,其为天下后世虑者至深且远也。"❺

据《论语集释》可知,女子、小人身上有很明显的缺点和不足:近之,则喜;远之,则怨;近之,则不知止、不知足;远之,则怨怒无边;近之,则不逊从;远之,则生怨恨。因此,我们不能只在意"大人君子"而忽视"女子小人","无微可忽"。在日常生活

---

❶ 康有为.论语注[M].楼宇烈,整理.北京:中华书局,1984:273.
❷ 康有为.论语注[M].楼宇烈,整理.北京:中华书局,1984:273-274.
❸ 程树德.论语集释[M].程俊英,蒋见元,点校.北京:中华书局,2014:1602-1603.
❹ 程树德.论语集释[M].程俊英,蒋见元,点校.北京:中华书局,2014:1603.
❺ 程树德.论语集释[M].程俊英,蒋见元,点校.北京:中华书局,2014:1603.

中,既有对"大人君子"的关注,也有对"女子小人"的关注,并在关注女子、小人的过程中长学问、长涵养、长智慧。《大学》中说:"一家仁,一国兴仁,一家让,一国兴让。"❶若从反面来阐述的话,仆人侍妾祸害殃及一家,女戎宦者祸害殃及家国天下。危害之大,不可掉以轻心、粗心大意,所以为家国天下计,当依礼而行、依礼而动,庄以莅之、慈以畜之。不过,请注意,这里,《论语集释》也没有指明女子,是全指还是特指,没有解释明确。

诸君,上面列举分析了朱熹、张居正、康有为、程树德四位贤者对本章的注解。说起来,上述注解都给人以深刻启发,都为我们了解孔子思想提供了智慧和力量。诚然,上述注解"于我心未有戚戚焉"。他们的注解都没有准确把握"女子"的内涵。朱子不言"女子",张居正言"天下女子",康有为将"女子"作"竖子",程树德所说的"女子"似乎也是"全指"。大家可以想一想,"女子"一词,若是指"全天下的女人"的话,意味着孔子把天下女人都骂遍了。然而,我们知道,孔子强调思考、理性,他不会不分青红皂白就把天下女人都骂了,这一点我是坚信不疑的,所以"女子"全指不妥当,这定然不是孔子的本意。康有为的"竖子"消解了"女子"。但是,我们想一想,这真是孔子的本意吗?仆隶之类的人都是女性而没有男性吗?我不太相信。

在此,我们不妨运用逆向思维、联系上下文来思考这个问题。孔子说:"唯女子与小人为难养也,近之则不孙,远之则怨。"文中有女子、有小人,二者都有一个通病,那就是"近之则不孙,远之则怨"。小人,我们应该知道,常与"君子"相对,君子有修养小人无,君子有操守小人无,君子有底线小人无,君子坦荡荡,小人长戚戚,君子怀德,小人怀土等。所以,此处对于"小人",理解没有分歧。根本的分歧是"女子"一词。我理解,女子不是全指而是特指,不是指代"天下女人",也不是指代"侍妾"或"竖子",而是指代"近之则不孙,远之则怨"的这种女人。从女性角度而言,如果你身上有"近之则不孙,远之则怨"的毛病,那准没有错,孔子说的就是你,但孔子的存心你要明白,孔子批判你不是目的,他的言外之意是希望你克己,改掉自己身上的"不逊"与"抱怨",成为一个更好的人、成为君子。如果你的身上没有"不逊"与"抱怨",那恭喜你,孔子批评的不是你。但读到这句话的时候,我们还是应该切身问己、检点反观,自己身上有没有"不逊"与"抱怨",时时对照检验,有则改之,无

---

❶ (宋)朱熹.四书集注[M].陈成国,标点.长沙:岳麓书社,2004:12.

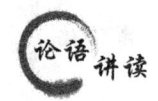

则加勉。当然,进一步说,不论是女子还是小人、凡夫还是君子,只要发现自己有"不逊"与"抱怨"的毛病,就应该及时努力改进,让自己变得谦虚且无怨,纵然行路艰难,也要迎难而上、奋力攻坚,改掉毛病,更新自己。

同学们,在上述的分析梳理过程中,我不知不觉地学到了许多,愿意毫无保留地将心得分享给你:

1. 朱子说:"庄以莅之,慈以畜之。"如果精简为两个字,那就是"庄、慈"。

2. 康有为说:"谨之于始,善择其人。""慎始"与"善择"都很重要。

3. 近是狎昵,远是疏斥,狎昵和疏斥本身就存在问题。因此,我们更应当修正己身,端正自己的态度和行为,进退有度。

4. 君子之人,人越近越敬。所以,我们当多交君子之人,进德修业,我们更应努力成为一个君子,深深懂得越近越敬之理,以恭敬心对待一切。

5. 安上治民,莫善于礼,修齐治平,依礼而行。因此,不论贫富与贵贱,都要躬行实践,以礼待人,与女子、小人相交,更应如此。

6. 女子与小人,难养也,因为"不逊"与"抱怨"。相反地,我们要争做劳谦君子,"恒谦逊"和"不抱怨"。

从整体来看,"唯女子与小人为难养也,近之则不孙,远之则怨"这句话,充满趣味。前一句"女子与小人为难养也"好像是孔子的一个感慨,后一句"近之则不孙,远之则怨"好像是解释说明为什么"难养"。而"不逊"和"抱怨"成为孔子心中的答案。由此可知,谦逊与不怨对于一个人的成长成人是何等重要。在我们的生活里,谦逊与不怨,你做到了吗?

同学们,这是《论语》里最有味道也最有争议的一章。一直以来,广大学者都对其给予了很多的关注,争议很大,解读颇多,给人的启发也很多。我在前贤的基础上,立足自己的思考,作了简要梳理,纯属一家之言,不当之处,请多多指正。

当你阅读这封书信之时,也是我们用心交心交流的时刻。愿您学有所进,事有所成!

柳明芳书于凤翔山
2022年1月6日

第五封　为"愚民说"正名

"论语讲读"诸君：

大家好。今天，你读《论语》了吗？我们的《论语》互动交流始于课堂，但不能止于课堂。因此，我便想再次以书信的形式与同学们分享学习《论语》的所思、所想、所感、所悟。这次的书信交流有一个目的，那就是想为孔子的"愚民说"正名。希望对你有所启发。

《论语·泰伯第八》记载："子曰：'民可使由之，不可使知之。'"[1]

我相信，完整读过一遍《论语》的同学一定已经看到过这句话。但是，我们理解它的意思和用意吗？"民可使由之，不可使知之"，看似平凡无奇的一句话，理解它确实很不容易。历史上的许多大学问家都依此提出了著名的"愚民说"。这是孔子的真意，还是孔子蒙受冤屈？这个问题值得仔细思索、认真玩味。

为了弄清这一章的本来面目，我把自己能够找到的相关书籍都查看了一遍，具体有朱熹的《四书集注》，钱穆的《论语新解》，杨伯峻的《论语译注》，曾仕强、曾仕良的《论语的现代智慧》，陈生玺等的《张居正讲评〈论语〉》，石镂的《论语简释》，安德义的《论语解读》，南怀瑾的《论语别裁》，余东海的《论语点睛》，柳恩铭的《论语心读》，王曙光的《论语心归》，赵杏根的《论语教读》，王淄尘的《广解论语》，冷成金的《论语的精神》，廖名春的《孔子真精神——〈论语〉疑难问题解读》，胡齐临的《论语真义》，唐文治著、刘朝霞和张旭辉整理的《论语大义》等，获益不少，但我始终觉得牵强附会、不尽如人意。

南怀瑾说："事实上，对于一般人，有时候只可以要他去做，无法教他知道所以这么做的原因，这是我根据几十年的经验来的。到今天为止，我是这样的看法，也许明天更聪明一点，再改变也说不定。"[2]

---

[1] （宋）朱熹.四书集注[M].陈成国,标点.长沙:岳麓书社,2004:120.
[2] 南怀瑾.论语别裁[M].上海:复旦大学出版社,2000:338.

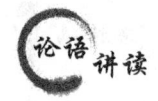

朱子说:"民可使之由于是理之当然,而不能使之知其所以然也。"❶

程子说:"圣人设教,非不欲人家喻而户晓也,然不能使之知,但能使之由之尔。若曰圣人不使民知,则是后世朝四暮三之术也,岂圣人之心乎?"❷

胡齐临说:"对待百姓,就让他们遵守法令去做,无法在事先说透道理。"❸

宫崎市定说:"从老百姓的角度说,赢得他们对政治的信赖容易,让他们每个人都理解政治的内容却很难。"❹

石钰说:"老百姓可以让他们听从,不能够使他们了解为什么要听从。"❺

杨伯峻说:"老百姓,可以使他们照着我们的道路走去,不可以使他们知道那是为什么。"❻

曾仕强、曾仕良说:"老百姓的知识程度并不能普遍提高,只能够告诉他们怎么做,却很难使他们明白为什么这样做的道理。"❼

钱穆说:"在上者指导民众,有时只可使民众由我所指导而行,不可使民众尽知我所指导之用意所在。"❽

冷成金说:"对于老百姓,可使他们按照应该的样子去做,不必(勉强)使他们懂得为什么这样做。"❾

王淄尘说:"一般人民,未能全体受过教育,其知识沌陋者对于国家所发施之政令法律,必不能知其意义,所以在此时之执政者,只能使人民遵我的政令法律而行,以入于治道,故曰'民可使由之'也。这种种的政令法律,一时间要人民都明晓其意义,是做不到的事情。故曰'不可使知之'。犹言不能使人民都明晓所施行的政令法律的意义也。"❿

---

❶ (宋)朱熹.四书集注[M].陈戌国,标点.长沙:岳麓书社,2004:120.
❷ (宋)朱熹.四书集注[M].陈戌国,标点.长沙:岳麓书社,2004:120.
❸ 胡齐临.论语真义[M].上海:上海人民出版社,2009:93.
❹ [日]宫崎市定.宫崎市定读《论语》[M].王新新,等译.桂林:广西师范大学出版社,2019:156.
❺ 石钰.论语简释[M].北京:商务印书馆,2018:161.
❻ 杨伯峻.论语译注[M].北京:中华书局,2009:80.
❼ 曾仕强,曾仕良.论语的现代智慧[M].北京:北京时代华文书局,2015:282.
❽ 钱穆.论语新解[M].北京:生活·读书·新知三联书店,2002:209.
❾ 冷成金.论语的精神[M].上海:上海古籍出版社,2016:222.
❿ 王淄尘.广解论语[M].北京:生活·读书·新知三联书店,2019:158-159.

赵杏根说:"民可使由道而行,而不可使之知道为何物。"❶

王曙光说:"对于老百姓,可以让他们去做什么,却不能让他们知道为什么(这样做)。"❷

余东海说:"可以让民众遵守礼乐制度,不易让他们理解礼乐精神。"❸

柳恩铭说:"老百姓过得很好,就顺其自然,让他们在自然中快乐地生活;如果过得不好或做得不好,就应该通过教育让他们增长知识和智慧。"❹

唐文治说:"春秋时民智浅,但能使由之,不能使知之。"❺

张居正说:"盖所当然者,如父当慈,子当孝之类,皆民生日用之事,就是寻常庸众的人也都行得,故能使之由。若其所以当然之故,则皆出于天命人心之本然,其理精微奥妙,必须资质高明,学力至到者,乃能脱然有悟,其在凡民,如何便会晓得?所以不能使之知也。"❻

廖名春说:"回到《论语》本文,'民可使由之,不可使知之'章,'由'当读为'迪',迪,导也,而'知'当读为'折',义为阻止、挫败、折服。孔子是说,民众可以让人引导,而不能用暴力去阻止、挫折。"❼

安德义说:"对于普通百姓,可以让他们的行为遵循礼法,却无法让他们懂得为什么要这样做。"❽

通过上述列举各家的理解,不难发现,他们的理解有的相近,有的相差较远。概而言之,大体有五种观点。

一是愚民论。虽然字里行间都不愿承认"愚民论",但认为这是一种基于现实的考虑与选择,如朱子、杨伯峻、钱穆、赵杏根、王曙光、唐文治之论,大概都是如此,只能让百姓"知其然",不能让他们"知其所以然",百姓只需"执行"政令,不能让他

---

❶ 赵杏根.论语教读[M].南京:东南大学出版社,2016:100.

❷ 王曙光.论语心归[M].北京:北京大学出版社,2019:170.

❸ 余东海.论语点睛[M].北京:中国友谊出版公司,2016:270.

❹ 柳恩铭.论语心读[M].广州:广州出版社,2020:282.

❺ 唐文治.论语大义[M].刘朝霞,张旭辉,整理.上海:上海人民出版社,2018:116.

❻ 陈生玺,等.张居正讲评《论语》[M].上海:上海辞书出版社,2013:119.

❼ 廖名春.孔子真精神:《论语》疑难问题解读[M].贵阳:孔学堂书局有限公司,2014:18.

❽ 安德义.论语解读[M].北京:中华书局,2010:231.

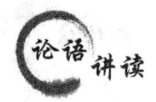

们知道为什么。这不是很奇怪吗？因此,"愚民论"不是空穴来风。但是,我们应该头脑清醒,诸贤注解的"愚民论"与儒家朴素的民本思想背道而驰,儒家强调民本,所以这些观点虽然有某些历史的写照,但断然不是孔子的真意,不符合孔子的良苦用心。

二是轻民论,如程子、南怀瑾、胡齐临、宫崎市定、石镺、曾仕强、曾仕良、冷成金、王淄尘、余东海、安德义之论。站在"圣人君子或者上位者"的立场,主观上想让百姓理解施行政令的意图,然而客观上觉得百姓浅陋无知,无法让他们知晓"为什么",似乎也是出于人们现实政治生活的选择。正如程子说:"圣人设教,非不欲人家喻而户晓也,然不能使之知,但能使之由之尔。"❶但是,我们可能忘了,孔子作为儒家学派的创始人,他说的话均有深刻用意,都是希望赖以生存的这个世界变得更加美好。但轻民论有将孔子的学问世俗化、庸俗化的倾向,这一定是不可取的。孔子曾经说过"唯上智与下愚不移",意思是只有极少数的天才与智障人士不可改变。言外之意是,广大民众是可以通过教育来改变人生、改变命运的。孔子还说"后生可畏",所以将他的话理解成"轻民论"是站不住脚的。

三是大道论,如张居正的言论,大道精微奥妙,必须天资聪颖且勤奋好学之人才能领悟,不是普通百姓所能领悟的。这种论调有一种"天才"的优越感。平心静想,孔子都不说自己是"天生的圣人",怎么会抛出这种"天才论调"呢？古人说:"王侯将相,宁有种乎?"因此,这种大道论是不符合常理、常情、常道的。

四是教化论,如柳恩铭的看法,他试图从教育的角度来诠释本章内容,用教育教化使百姓增长知识、智慧、才干、学养等。应当说,柳恩铭的解释是新颖的,让人耳目为之一新,也给人以启迪。不过,我想起,儒家的政治治理智慧有三个字:"庶、富、教"。意思是,百姓多了,就要集中力量发展经济生产,解决物质财富问题,物质生活解决了,要大力发展教育事业。这是一个循序渐进的过程。按此逻辑推理:百姓过得很好,就应该发展教育事业而不是顺其自然;百姓如果过得不好,就应该想方设法发展生产、搞好经济,让他们过上"好日子",接下来才是"通过教育让他们增长知识和智慧"。这样分析下来,这里有将儒家学问道家化的倾向,所以也不可取。

五是民本论,如廖名春之论。他也是为本章找"真相",特地写了《愚民说——

---

❶ (宋)朱熹.四书集注[M].陈戍国,标点.长沙:岳麓书社,2004:120.

"民可使由之,不可使知之"的真相》一文,运用了文字、训诂、语法、版本、目录等知识,最后揭示了本章主旨是"民本说而非愚民说"。廖名春的结果是喜人的,但他的文章洋洋洒洒、长篇大论,将简单问题复杂化,令人眼花缭乱,让人感觉太深奥、太复杂了。其实,我们不必大做文章,没有必要搞得玄之又玄。因此,我想谈谈自己的看法。

一句"民可使由之,不可使知之",因为句读的不同,解读也会相应地不同。在研究的过程中,我们会注意到本章有不同的句读,归结起来大概有三种:一是"民可使由之,不可使知之",这种句读是造成愚民论或轻民论的根本原因。当然,这种句读也有廖名春的民本论。二是"民可,使由之;不可,使知之",柳恩铭的书籍便是这种句读,结果是教化论。三是"民可使,由之;不可使,知之",康有为、梁启超是这种句读。我也赞成这种句读。

那如何理解"民可使,由之;不可使,知之"呢?首先,要弄懂每一个词、每一个字的意思。查《古代汉语词典》可以知道:"使,命令,差遣。"❶"由,自,从。"❷在此,之,代词,前一个"之"字代指"道",后一个"之"字代指"人民"。其实,本章理解的关键是"知"字,如何理解是关键。查《国语辞典》可知:"知"有很多意思,但是我们只取"相交、交往"之意,如《左传·昭公四年》中"公孙明知叔孙于齐"❸,《荀子·不苟》中"君子易知而难狎"❹,二者均取"相交、交往"之意。单个字义、词义疏通了,把握整句话的意思便易如反掌。

全文可以翻译如下:从上位者的角度而言,老百姓可以差遣的话,那就从道(差遣他们);老百姓如果无法差遣的话,那就与他们相交、交往。

请注意,这是民本说,但不止于民本说。对"上位者"来讲,要依道而行、按规办事,不能随意差遣平民百姓,不能毫无章法、目无王法、胆大妄为。如果差遣老百姓,没有得到老百姓的理解支持,就要走进老百姓的生活、深入寻常百姓家,与他们交心交流,体察社情民意,关心百姓疾苦,进行调研反省,是我们的"政令"有差还是其他原因。总之,在上位者要始终与群众站在一起、想在一起。依道而行,走群众

---

❶ 曾林.古代汉语词典[M].成都:四川出版集团,2011:734.
❷ 曾林.古代汉语词典[M].成都:四川出版集团,2011:913.
❸ 李梦生.左传译注[M].上海:上海古籍出版社,2004:956-957.
❹ 张觉.荀子译注[M].上海:上海古籍出版社,2012:21.

路线,正如孟子所说:"得道多助,失道寡助。"然而,为政之"道"在哪里呢?归根结底,在最广大百姓的心中。

可见,本章是典型的"亲民论",关怀民众、关怀苍生,是在上位者应该具有的胸怀和眼光,如果借用张载的话,那就是"为天地立心、为生民立命、为往圣继绝学、为万世开太平"。

同学们,本章分析到此告一段落。我想,我的目的"为愚民说正名"已经达到了,如释重负。愿你也有如孔子般博大的心胸、格局,拥有悲天悯人的情怀;更愿你学业大进,这是我对你最真诚的期待与关怀。

祝你幸福平安、开心喜乐!

柳明芳书于凤翔山

2022年1月7日

第六封 "稼圃说"的八个智慧

"论语讲读"的诸位同学：

你们好吗？在读《论语》的过程中有过烦恼、疑惑吗？问题从老师来还是从自己来，学习的效果是不同的。希望你在学习的过程中多多激发自己、多多问问自己，我的疑惑是什么、我的见解是什么。最近，在翻阅《论语》的时候，"稼圃说"引起了我的思考，所以修书一封与大家探讨交流。

在《论语·子路第十三》中记载："樊迟请学稼。子曰：'吾不如老农。'请学为圃。曰：'吾不如老圃。'樊迟出。子曰：'小人哉，樊须也！上好礼，则民莫敢不敬；上好义，则民莫敢不服；上好信，则民莫敢不用情。夫如是，则四方之民襁负其子而至矣，焉用稼？'"[1]

以前读到这一章，没有怎么深究，一读而过。现在重读，我觉得不能囫囵吞枣，有必要认真探讨所涉及的问题。

我们先分析把握本章的基本内容，本章大意如下：樊迟向孔子请求学习种植谷物的技术。孔子回答说："我不如经验丰富、技术熟练的农夫。"樊迟又请求学习种植菜蔬的技术。孔子说："我不如种植园圃的人。"樊迟离开了孔子。孔子说："小人啊，樊须！在上位者好礼的话，那老百姓就没有不尊敬你的；在上位者好义的话，那老百姓就没有不服从管理的；在上位者好信的话，那老百姓就没有不用真诚与实情对待你的。像这样，四面八方的老百姓用襁褓背负孩子来投奔，哪里需要在上位者亲自种植呢？"

当然，分析解读这一章，难点在于如何理解孔子的批评。孔子批评樊迟时说"小人哉"，如何理解，众说纷纭。

在我所翻阅的相关资料中，大概有两种态度：一种是从维护孔子的立场和角度，认为"小人哉"是孔子批评樊迟眼界太小，不能证明孔子轻视农业劳动技术，如

---

[1] (宋)朱熹.四书集注[M].陈戍国,标点.长沙：岳麓书社,2004：161-162.

朱子说："小人，谓细民，孟子谓小人之事者也。"[1]朱子进一步说："礼、义、信，大人之事也。"[2]张居正在《张居正讲评〈论语〉》中说："盖天下有大人之事，有小人之事，修身齐家以治国平天下，大人之事也，务农种圃以自食其力，小人之事也。樊迟游于圣门，乃不务学为大人，而留心于农圃之事，何其识见之浅小，而志意之卑陋哉！故夫子以小人责之，盖将勉之以大人之学也。"[3]石毓《论语简释》中说："孔子站在政治教化的高度谈治国，并不是轻视劳动与劳动人民。孔子批评樊迟不是批评他学习农学，而是批评其政治目光短浅，不知道抓大事。"[4]王淄尘《广解论语》中说："只要在上位者，待人民好！四方的人都会带着儿女到这里来种田，不必要士人动手去种田"[5]，并认为这是"言富国之道也"[6]。安德义在《论语解读》中说："孔子不答，并骂'小人哉，樊须也'，即是对社会分工的客观事实的认同，不存在轻视鄙薄之意。"[7]钱穆在《论语新解》中说："孔子，非不重民食，然学稼学圃，终是小人在下者之事，君子在上临民，于此有所不暇。"但钱先生充分肯定樊迟问稼，说："李悝亦出儒门，而仕魏有尽地力之教。樊迟之问，可谓已开其先声。"[8]另一种态度就是指出了孔子的局限与弊端，只是或委婉或直白。南怀瑾在《论语别裁》中说："人心归向，贤才毕集，百姓感戴，携家带眷，前来依附，还怕没有人来替你种田吗？但话说回来，后世儒家的知识分子，因此都不肯自力谋生，只想作领导人——作官的毒素也种因于这种思想流弊了。实因误解孔子的教学主旨所致。"[9]赵杏根在《论语教读》中指出："孔孟之时，'君子''小人'的根本利益是相矛盾的。孔孟之论，都是站在'君子'的立场上，为'君子'的利益而发，目的在于证明'君子'统治'小人'的合理性，巩固'君子'对'小人'的统治，其局限性是很明显的。"[10]从上述引文不难看出，本章的解读里有

---

[1] （宋）朱熹. 四书集注[M]. 陈戍国，标点. 长沙：岳麓书社，2004：162.
[2] （宋）朱熹. 四书集注[M]. 陈戍国，标点. 长沙：岳麓书社，2004：162.
[3] 陈生玺，等. 张居正讲评《论语》[M]. 上海：上海辞书出版社，2013：199.
[4] 石毓. 论语简释[M]. 北京：商务印书馆，2018：274.
[5] 王淄尘. 广解论语[M]. 北京：生活·读书·新知三联书店，2019：272.
[6] 王淄尘. 广解论语[M]. 北京：生活·读书·新知三联书店，2019：272.
[7] 安德义. 论语解读[M]. 北京：中华书局，2010：389.
[8] 钱穆. 论语新解[M]. 北京：生活·读书·新知三联书店，2002：331.
[9] 南怀瑾. 论语别裁[M]. 上海：复旦大学出版社，2000：508-509.
[10] 赵杏根. 论语教读[M]. 南京：东南大学出版社，2016：156.

肯定理解,有批判质疑,有维护孔子,也有质疑孔子。我们应该从中汲取什么、警醒什么,我想,每个人都会有自己的理解和判断、决策和取舍。就我个人见解,觉得应该从中吸收以下智慧。

(一)劳心或劳力,分工大不同

社会是一个复杂系统,有分工,真常态,有大人之事,有小人之事。如孟子所言:"或劳心,或劳力。'劳心者治人,劳力者治于人;治于人者食人,治人者食于人。'天下之通义也。"❶然而,劳动应当只有分工不同,不应有高低贵贱之分。不因劳心而觉高尚,不因劳力而觉卑陋。

(二)感知两"不如",犹念稼穑艰

从孔子回答的两个"不如"可知,稼穑艰难,农事不易。今天的我们更不能养尊处优,不学无术,要学会尊重劳动、尊重科学、珍惜食物。唐代著名诗人李绅在《悯农》中写道:"锄禾日当午,汗滴禾下土。谁知盘中餐,粒粒皆辛苦?"❷任何时代,在上位者毕竟是少数,绝大多数人平凡如"老农"和"老圃",要自力更生,又怎么不能体恤"老农""老圃"的价值和意义呢?

(三)上者"礼、义、信",下者"敬、服、情"

一个人总要步入职场,充实生活,丰富人生。在职场里,肯定要承担各种角色,上司或下属。我们可以根据孔子的"礼、义、信、敬、服、情"指导自己的一言一行、一举一动,让自己成为一个有品格、有涵养、有风度的合格人才。

(四)批评有技巧,孔子支一招

从批评的方式来看,孔子身上闪烁着教育智慧的光芒。孔子为什么不当面指责或批评,而是待樊迟退出后才说"小人哉,樊须也"? 这里蕴藏着孔子的智慧。我们常说:"严师出高徒。"孔子固然是严师了。《中国典籍日本注释丛书·论语卷》中指出:"夫子不敢面斥,待樊迟出后言之,盖古之道,师严而友亲,故使朋友传其言

---

❶ (宋)朱熹. 四书集注[M]. 陈戍国,标点. 长沙:岳麓书社,2004:289.

❷ (清)彭定求. 全唐诗[M]. 吉林:延边人民出版社,2004:3008.

也。"❶通过朋友传递,从而达到教育、引导、启发樊须的目的。这种委婉的教育方式值得每一位老师借鉴、效法和学习。

(五)自己当坐标,引领新航向

从"上"者的角度看,孔子的观点也十分深刻透彻,"上好礼,则民莫敢不敬;上好义,则民莫敢不服;上好信,则民莫敢不用情"。在上者的一言一行,百姓看在眼里、记在心中。在百姓眼中,他们是榜样、是标杆、是先锋、是模范。上好礼,下则敬也;上好义,下则服也;上好信,下则用情也。因此,在上者最当以身作则,以上率下,身先士卒,身体力行,践行礼、义、信,明礼仪、守正义、讲诚信,以礼治国、捍卫公平、诚信待人,进而获得拥护、获得支持、获得人心,用自己的实际行动书写干群关系的新篇章。

(六)批评需谨慎,兴趣是导师

我想从因材施教的角度,对孔子质疑。樊迟关注农事,说明樊迟在稼穑方面有兴趣、有诉求,孔子为什么不能因此打开育人育才的突破口呢?任何时候都需要解决吃饭、生存问题,孔子对农业生产技术的教育为什么就开展不了呢?虽然樊迟最终也成为七十二贤之一,但是如果孔子注重对农业生产技术的教导,或许樊迟就是那个时代的农业科学家。不过,这一切,今日只能对孔子表示遗憾了。当然,指出孔子教育的局限性是想告诉大家:圣人不是完人,也有不足。俗话说:"金无足赤,人无完人。"不要神化圣人,这是我的观点。

(七)请教分对象,不问非专人

我们在樊迟身上也可以看到优点与不足。樊迟的优点就是对农业生产技术的重视,对我们今天的生存与发展仍然具有重要的现实意义。人是铁,饭是钢。无论在任何时代,都要牢牢地将饭碗端在自己的手里,这样才能过得踏实、舒心。当然,樊迟的不足也需要我们引以为戒。想问题、办事情,要找专业的人干专业的事。不然,只会劳而无功,尴尬不已。

---

❶ [日]松平赖宽,等.中国典籍日本注释丛书:论语卷4[M].张培华,编.上海:上海古籍出版社,2021:380.

(八)重生存教育,促全面发展

劳动技术教育或者说生存教育,对一个人而言,何其重要呀!一个人如果没有生存能力,何谈发展?一个民族没有对劳动技术的领悟与创新,何以发展生产力、提高生产力?儒门樊迟问学稼,"开先声",多少也弥补了儒学中的一些缺憾。陶行知说:"滴自己的汗,吃自己的饭,自己的事自己干,靠人,靠天,靠祖上,不算是好汉。"❶今天,当然要重视生存教育,抓劳动教育,促进学生德、智、体、美、劳全面发展,为国家培育出合格的建设者和接班人。

同学们,"稼穑说"引起的探讨即将告一段落。希望你汲取精华,学人长处,见人好处,充实、提高、升华自我。当然,也希望你文行礼、义、信,武念稼穑艰。坚持两手抓,一手抓软实力,一手抓硬实力,全面发展,为国献力。

祝学业精进,文武双全!

柳明芳书于凤翔山
2022年1月17日

---

❶ 方明.陶行知全集:第5卷[M].成都:四川教育出版社,2009:669.

第七封　忧患意识很重要

"论语讲读"的同学们：

你们好！我们交流不止于课堂，延伸到课下、课外。最近，因为关注儒家或者《论语》的"忧"字，我觉得有必要与同学们交流分享，所以提笔写下了这封书信。

大家翻阅《论语》，可能不会太在意"忧"字，因为它出现的频率不高，但我也细心地从头到尾将书本翻阅了一遍，发现"忧"字总计出现不过8处、9次。现按编排顺序列举如下：

第一处：孟武伯问孝。子曰："父母唯其疾之忧。"❶

第二处：子曰："德之不修，学之不讲，闻义不能徙，不善不能改，是吾忧也。"❷

第三处：叶公问孔子于子路，子路不对。子曰："女奚不曰：其为人也，发愤忘食，乐以忘忧，不知老之将至云尔。"❸

第四处：子曰："知者不惑，仁者不忧，勇者不惧。"❹

第五处：司马牛问君子。子曰："君子不忧不惧。"❺

第六处：子曰："君子道者三，我无能焉：仁者不忧，知者不惑，勇者不惧。"❻

第七处：子曰："人无远虑，必有近忧。"❼

第八处：子曰："君子谋道不谋食。耕也，馁在其中矣；学也，禄在其中矣。君子忧道不忧贫。"❽

同学们，从上面列举的章节中，我们不难发现，第四处、第五处、第六处和第八

---

❶ (宋)朱熹.四书集注[M].陈成国,标点.长沙:岳麓书社,2004:63.
❷ (宋)朱熹.四书集注[M].陈成国,标点.长沙:岳麓书社,2004:106.
❸ (宋)朱熹.四书集注[M].陈成国,标点.长沙:岳麓书社,2004:111.
❹ (宋)朱熹.四书集注[M].陈成国,标点.长沙:岳麓书社,2004:132.
❺ (宋)朱熹.四书集注[M].陈成国,标点.长沙:岳麓书社,2004:152.
❻ (宋)朱熹.四书集注[M].陈成国,标点.长沙:岳麓书社,2004:177.
❼ (宋)朱熹.四书集注[M].陈成国,标点.长沙:岳麓书社,2004:186.
❽ (宋)朱熹.四书集注[M].陈成国,标点.长沙:岳麓书社,2004:190.

处均有"不忧",第三处为"忘忧",意思与"不忧"相近。第一处、第二处、第八处表达的是"忧"的内容,具体表现为忧身心、忧德业、忧大道,而第七处出现的"忧"指总体的忧患意识。请大家跟随我的思路,一起探讨"忧"之不同吧!

(一)忧身心

"父母唯其疾之忧",是《论语》中第一次出现"忧"字的地方,由于"其"为代词,指代不同,理解便不同。如果"其"指代"子女"的话,文句大意是指父母只关注子女的身心健康。言外之意是,作为子女,不要让父母为我们的身心健康担忧,所以我们要强身健体,保护好自己。如果"其"指代"父母"的话,文句大意是指我们要多多关心父母的身心健康问题。在这里,我们不难看出,不管是父母关心我们的身心健康,还是我们关心父母的身心健康,都不影响"忧"的内容,即忧疾,忧身心,忧健康问题。当然,健康包括身体健康和心理健康。俗话说:"身体是革命的本钱。"如果我们没有一个健康的身体,那么"本钱"都没有了,还奢谈什么。因此,我们要照顾好自己的身体,多锻炼、少熬夜、多参加户外活动,少通宵玩游戏,规律作息,健康饮食。在照顾好自己身体的同时,不忘照顾好自己的心,让心阳光而不灰暗、让心善良而不邪恶、让心热情而不冷漠、让心开阔而不狭窄、让心宽容而不刻薄、让心自信而不自卑、让心微笑而不哭泣、让心绽放而不忧郁、让心快乐而不忧愁,多参加集体交流,多交心谈心,多培养兴趣爱好,融入集体生活。总之,将心安放好、安顿好,关爱自己,身心和谐,强健体魄。

(二)忧德业

忧德,忧道德、忧品行。这不难理解,孔子明确地讲,"德之不修"是吾忧,"闻义不能徙"是吾忧,"不善不能改"是吾忧。关键词是"忧业"二字,从何而得?孔子说,学之不讲是吾忧也。这里的"学",可以理解为名词,学业之意。试想,一个学生如果不忧自己的学业与学问,混日子、混文凭、睡大觉,舒舒服服地过打鱼晒网的日子,这怎么不令师者忧虑呢?相应地,从社会角度说,一个人不忧本领,不学无术,毫无专长,又如何求得更好的生活品质。这就是"忧业"的根源。当然,理解忧道德、忧本领并不难,难在如何增进道德、增强本领。古人说:"为者常成,行者常至。"❶我想,我们还是拿出行动来,用实实在在的行动来改变、改进、提高、进步。孔子说:"见贤思齐。"我们向榜样看齐、向标杆看齐、向先进看齐、向模范看齐,学习他人的美好品德、先进经验、技能本领,以奋发的精神状态向目标挺进,人一能之,己百之,人十能之,己千之,不怕苦、不怕累、不怕风雨、不怕困难、不怕严寒、不惧风霜。我想,只要有真的决心、实的干劲、勤的作风,就一定能增道德、强本领。我相信,生活不相信眼泪,但相信道德;生活不相信眼泪,但相信本领;生活不相信眼泪,但相信执着。

(三)忧大道

孔子说:"君子忧道不忧贫。"❷道者,何也? 道者,法则、规律也,犹真理也。忧大道,就要去探索、钻研,去追求真理、探求规律。作为一名教师,就要不惧艰难,敢于找寻教育教学规律,找到潜藏的、稳定的、必然的教育之道并加以利用,更好地教书育人,为国家培养更多、更好、更优秀的人才;作为一名学生,就要不怕吃苦,敢于学习,努力多明白道理、掌握真理、领悟哲理,将来更好更快、又好又快地为经济社会文化发展服务。孔子说:"人能弘道,非道弘人。"❸我们一定要发挥自己的主观能动性,忧大道,走四方,行程千万里,不畏路悠远、途漫长。在此意义上,孔子说:"朝闻道,夕死可矣!"❹人民教育家于漪说:"一辈子做教师,一辈子学做教师。"❺在于漪老师身上,我们深刻地感到"忧道"二字的分量。

同学们,忧身心、忧德业、忧大道,对我们来说至关重要。因此,我们不能忘也不该忘。人要有忧患意识,也要有规划意识。

子曰:"人无远虑,必有近忧。"❻《四书集注》记载:"苏氏曰:'人之所履者,容足

---

❶ 晏子春秋[M].汤化,译注.北京:中华书局,2015:442.

❷ (宋)朱熹.四书集注[M].陈成国,标点.长沙:岳麓书社,2004:190.

❸ (宋)朱熹.四书集注[M].陈成国,标点.长沙:岳麓书社,2004:189.

❹ (宋)朱熹.四书集注[M].陈成国,标点.长沙:岳麓书社,2004:80.

❺ 朱寅年,曾国华.一生用来做教师:20位当代教育名家的故事[M].上海:华东师范大学出版社,2012:42.

❻ (宋)朱熹.四书集注[M].陈成国,标点.长沙:岳麓书社,2004:186.

之外,皆为无用之地,而不可废也。故虑不在千里之外,则患在几席之下矣。'"❶可见,这里的远与近是就地理位置而言。唐文治在《论语大义》中说:"圣人之虑,常在十百世之远,千万里之遥,故其施惠及于后世。庸人之虑,在旦夕之间,跬步之顷,故其祸患发于须臾。"❷可见,远与近既有就地理位置而言,也有就时间长度而言。曾仕强、曾仕良在《论语的现代智慧》中说:"'远虑'指周全的思虑;'近忧'即随时可能发生的忧患。"❸《中国典籍日本注释丛书·论语卷》说:"君子以远大之虑建制度行之,则必无近小之忧焉。"❹可见,远与近还可以从思虑的"大与小"而言说。在此。查阅资料可知:"远虑,长远考虑。"❺"近忧,谓目前可虑之事。"❻因此,远虑与近忧,我比较倾向于时间长度角度的解释。同时,《中国典籍日本注释丛书·论语卷》的注解也给人以深刻启迪。整句话意思是说,一个人如果没有比较长远的考虑和打算,眼前就一定会有许多忧患。如何理解呢?我想,一个人要有忧患意识,要深谋远虑,防患于未然;要具备长远眼光、做好长久规划,不能目光短浅、鼠目寸光,不能得过且过,更不能不思进取。《十三经古注》说:"君子以思患而豫防之。"❼著名学者傅佩荣说:"人生应该做整体规划。"❽同学们,你有忧患意识吗?你为自己的身心健康忧虑过吗?你为自己的道德水平和专业本领忧虑过吗?你为自己的人生忧虑过吗?人生不只有享乐,希望你可以想一想。范仲淹曾感叹:"居庙堂之高则忧其民,处江湖之远则忧其君,是进亦忧,退亦忧。"可见,忧患意识,我们还是要有的。

当然,我们讨论了"忧"的不同之处,也该花点工夫谈一下"不忧"吧!

有人可能会说,一说"忧",一说"不忧",都是孔子说的,这不是自相矛盾吗?其实,生活不只是逻辑题,生活也是矛盾题。这是正常现象。马克思主义哲学认为,矛盾即对立统一。一个人本身就是一个矛盾体,如高兴时便笑,痛苦时便哭,哭与

---

❶ (宋)朱熹.四书集注[M].陈成国,标点.长沙:岳麓书社,2004:186-187.

❷ 唐文治.论语大义[M].刘朝霞,张旭辉,整理.上海:上海人民出版社,2018:261.

❸ 曾仕强,曾仕良.论语的现代智慧[M].北京:北京时代华文书局,2015:554.

❹ [日]松平赖宽,等.中国典籍日本注释丛书:论语卷4[M].张培华,编.上海:上海古籍出版社,2021:450.

❺ 中国社会科学院语言研究所词典编辑室.现代汉语词典[M].北京:商务印书馆,2002:1553.

❻ 中国大辞典编纂处.国语辞典[M].上海:商务印书馆,1947:1931.

❼ (汉)郑玄,等.十三经古注[M].北京:中华书局,2014:47.

❽ 傅佩荣.论语300讲[M].北京:中华书局,2011:480.

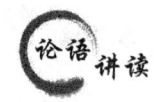

笑就是一对矛盾,完整地体现在一个人身上。孔子学说也是如此,"忧"的反面即为"不忧","忧"的反义词即为"乐",等量代换一下,忧与不忧其实是"忧"与"乐","不忧"即为乐。孔子说"仁者不忧",不是指仁者没有任何忧思、忧愁,而是从生活的角度来告诉你,仁者不能过度忧愁,不能长期处于"忧思、忧愁"的状态而影响身心健康,千万不能忧虑过度,但忧患意识还是要有,而且必须有。因此,儒家学问,有"乐"的一面,也有"忧"的一面,正所谓"万千忧乐在心头"。当然,将孔子的忧患意识发扬光大者,不得不提孟子。现在特将孟子《生于忧患,死于安乐》的内容分享给大家,全文如下:

"舜发于畎亩之中,傅说举于版筑之间,胶鬲举于鱼盐之中,管夷吾举于士,孙叔敖举于海,百里奚举于市,故天将降大任于斯人也,必先苦其心志,劳其筋骨,饿其体肤,空乏其身,行拂乱其所为,所以动心忍性,曾益其所不能。

"人恒过,然后能改,困于心,衡于虑,而后作,征于色,发于声,而后喻。入则无法家拂士,出则无敌国外患者,国恒亡,然后知生于忧患而死于安乐也。"❶

最后,送上我真挚的祝福,祝你身心健康、鹏程万里。

柳明芳书于凤翔山
2022年1月13日

---

❶ (宋)朱熹.四书集注[M].陈成国,标点.长沙:岳麓书社,2004:382.

书信编

第八封 "家教说"的六点启示

"论语讲读"诸君：

大家好！今天这封信，我想从孔门家教说起。虽然大家现在还是学生，但未来会走上工作岗位，充当各种社会角色。不过，有一点，我坚信，未来大家都会组建家庭、成为家长。因此，与大家探讨家教，对不远的将来有一定的启发意义。希望这次探讨能给同学们带来一点点思考，也希望带来一点点益处。

家教，顾名思义，家庭教育。一般情况下，家教是父亲、母亲对子女进行的一系列教育的统称。我们常说，家庭是孩子的第一个课堂，父母是孩子的第一任老师。作为父母、家长，如何上好家教这一课、如何发挥家庭的育人功能、如何履行和承担家教的责任，这些都是很有价值和意义的话题。南宋著名学者王应麟在《三字经》中说："养不教，父之过。"❶可见，生养孩子，不止于生养，更在于教育、教化。作为家长，如果不履行自己的教育责任，那是罪过、过错。先贤有言："父母之爱子，则为之计深远。"❷可见，从家教角度而言，父母要为孩子的成长与提高深谋远虑，这才是爱孩子的实在表现，爱而不教、养而不教都是不可取的。那么，爱而教、养而教，如何教呢？我们不妨从《论语》中的"家教"谈起。

《论语·季氏第十六》记载："陈亢问于伯鱼曰：'子亦有异闻乎？'对曰：'未也。尝独立，鲤趋而过庭。曰：学《诗》乎？对曰：未也。不学《诗》，无以言。鲤退而学《诗》。他日又独立，鲤趋而过庭。曰：学《礼》乎？对曰：未也。不学《礼》，无以立。鲤退而学礼。闻斯二者。'陈亢退而喜曰：'问一得三，闻《诗》，闻《礼》，又闻君子之远其子也。'"❸

陈亢，何许人也？伯鱼，又何许人也？大家若翻翻书、查查资料，便可得知，陈亢，孔子弟子也；伯鱼，孔子之子也，名鲤，字伯鱼，是孔子的独子。异闻，别有所闻

---

❶ 王财贵.孝弟三百千[M].北京:北京教育出版社,2012:28.

❷ 战国策[M].缪文远,缪伟,罗永莲,译注.北京:中华书局,2012:659.

❸ (宋)朱熹.四书集注[M].陈戍国,标点.长沙:岳麓书社,2004:197-198.

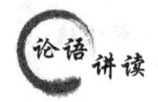

也。趋,快走也。远,疏远,远离而不亲近,但此处应为"不私厚"之意。

陈亢问伯鱼说:"你在父亲那里有特别的教育吗?"伯鱼回答说:"没有。曾经有一次,父亲独自站立在庭院中,我快步走过。父亲问我:'学《诗》了吗?'我回答说:'没有!'父亲说:'不学《诗》,无以言。'我退下来就学《诗经》了。又有一天,父亲独自站立在庭院中,我又快步走过。父亲问我:'学《礼》了吗?'我回答说:'没有!'父亲说:'不学《礼》,无以立。'我退下来就学《礼》了,就听过这两件事。"陈亢退回去后非常高兴,说:"问一得三,知道了《诗》的重要,知道了《礼》的重要,还知道君子不偏厚自己的儿子。"

《论语·宪问第十四》记载:"子曰:'爱之,能勿劳乎?忠焉,能勿诲乎?'"❶

朱子《四书集注》引苏氏曰:"爱而勿劳,禽犊之爱也。忠而勿诲,妇寺之忠也。爱而知劳之,则其为爱也深矣。忠而知诲之,则其为忠也大矣。"❷禽,指鸟兽。犊,指小牛。禽犊之爱,指鸟兽疼爱幼崽,比喻父母爱子女。妇寺,"昵近帝王之妇人"❸。诲,教诲、教导之意。大意是,亲爱而不让他劳作、劳动,这是如鸟兽一般的动物之爱,这是典型的父母宠爱、溺爱子女的表现。但溺爱真的可以吗?忠爱而不对他加以教诲、教导,这是太监的"忠",这是典型的阿谀奉承的行为和表现啊!这不是忠爱,而是祸害。如此之"忠",真的可以吗?《张居正讲评〈论语〉》记载:"天下有甚切之情,则有必至之事。父母之于子,有以姑息为爱而骄之者矣。骄则将纵其为恶以取祸败,此乃所以害之,非所以爱之也。若慈亲之于子也,爱之也切,则其为虑也远。或苦其心志,或劳其筋骨,禁其骄奢淫佚之为,而责之以忧勤惕厉之事。盖其心诚望之以为圣为贤,故自不肯以姑息豢养而误之。是劳之者,正所以成其爱,爱之能勿劳乎?"❹

上述两则内容,便是典型的家教片段,如何理解、有哪些启迪、对今天的家庭教育有什么借鉴意义,我们不能不正视这些问题。根据个人的理解和看法,立足家教的视角和立场,可以从中得到六点体会:一曰不溺爱;二曰勤学习;三曰学做人;四曰重践行;五曰爱劳动;六曰重教诲。

---

❶ (宋)朱熹.四书集注[M].陈成国,标点.长沙:岳麓书社,2004:171.
❷ (宋)朱熹.四书集注[M].陈成国,标点.长沙:岳麓书社,2004:171.
❸ 陈至立.辞海[M].上海:上海辞书出版社,2020:1244.
❹ 陈生玺,等.张居正讲评《论语》[M].上海:上海辞书出版社,2013:217.

一曰不溺爱。对于家长而言,溺爱孩子,不是不爱,而是太不懂爱了。溺爱孩子,不是不爱,而是娇生惯养、爱不得法了。溺爱孩子,不是不爱,而是爱得没有分寸、没有尺度、没有原则了。溺爱孩子,不是不爱,是只知爱而不知教了。溺爱孩子,不是不爱,而是不会爱,没有爱的方法、没有爱的能力,没有爱的正确理念、正确思想、正确行为。俗话说,慈母多败子,就是溺爱孩子而产生的后果。《论语》中说:"君子之远其子也。"❶远,就是不偏私、不私厚、不溺爱之意。请注意,孔子重视教育、家教,这是大家所共知的。在这里,孔子不溺爱孩子,不姑息豢养,而是担起家教职责,引导孔鲤学诗学礼,促其发展。在2500多年后的今天,家教仍然值得我们每一位家长警醒和重视。

二曰勤学习。在《论语》里,孔鲤两次"趋而过庭",两次从父亲旁边经过,每一次都得到父亲的教导:不学诗、不学礼,是不明智的。如果不学诗的话,无以言;如果不学礼的话,无以立。今天推想,孔鲤两次过庭,孔子见儿子没有学习,所以提议、引导、推荐他,学学诗、学学礼。在此,关键词是"学"字,孔子注重的是学习,关注的也是学习,他希望儿子将学习作为一种日常行为、经常行为,把学习当作一种习惯,日日学、常常学,将"勤学习"挂在心上、落实到日常生活中,从中体会进步的喜悦与快乐,正所谓"学而时习之,不亦说乎"❷。从学的内容而言,诗教和礼教,既有知识面的扩展,又有人文立身的教化,促进全面成长。

三曰学做人。《礼记·曲礼》记载:"夫礼者,所以定亲疏、决嫌疑、别同异、明是非也。礼,不妄说人,不辞费。"❸《礼记·曲礼》还记载:"道德仁义,非礼不成;教训正俗,非礼不备;分争辨讼,非礼不决。"❹基于礼学的重要价值,更是希望孔鲤健康全面发展,孔子语重心长地对孔鲤说:"不学《礼》,无以立。"❺立者,立于礼,使人的一言一行符合礼的规范。就其意义而言,学礼就是学做人,就是学习为人立身处世之道。人是社会的人,短暂一生,固然不可能孤独地走过,必然与亲人、朋友、同伴、同事、领导等打交道。如何处理自己与他人之间的关系、如何处理自己与社会之间的

---

❶ (宋)朱熹.四书集注[M].陈戍国,标点.长沙:岳麓书社,2004:198.

❷ (宋)朱熹.四书集注[M].陈戍国,标点.长沙:岳麓书社,2004:54.

❸ 杨天宇.礼记译注[M].上海:上海古籍出版社,2004:2.

❹ 杨天宇.礼记译注[M].上海:上海古籍出版社,2004:2.

❺ (宋)朱熹.四书集注[M].陈戍国,标点.长沙:岳麓书社,2004:198.

关系,不得不求于礼学礼教。学礼仪、懂礼仪、明礼仪,其根本在于守礼仪、行礼仪,以礼立身,以礼立人,依礼言行,依礼做人。

四曰重践行。践行,落实也,应用也。学以致用,学以利于生活。儒家一直以来就有重践行、强应用的传统。孔子说:"诵《诗》三百,授之以政,不达;使于四方,不能专对:虽多,亦奚以为?"❶学习了、背诵了,但应用不了或无法应用,有什么用呢?可见,孔子高度重视应用的价值、使用的价值,诉诸生活,求诸实践,贯彻应用。学而不用,无用也,无意义也,无价值也。基于此,孔子对孔鲤说:"不学《诗》,无以言;不学《礼》,无以立。"学《诗》重"言",学《礼》重"立"。概而言之,学了就要用,真用也,真行也。知而不行,学而不用,虽多,亦奚以为?

五曰爱劳动。子曰:"爱之,能勿劳乎?"❷爱他,如果不让他参加劳动,那是爱吗?不是,那是害。所以,爱他,就让他劳动吧!培养他热爱劳动的品德,培养他珍惜劳动、尊重劳动的美德。梁启超在《敬业与乐业》一文中说:"人生在世是要天天劳作的,劳作便是功德,不劳作便是罪恶。"❸让孩子劳作,培养其责任心及独立生存的能力,从小、从家庭开始,教育引导孩子树立劳动观念,以热爱劳动为荣,以好逸恶劳为耻,以艰苦奋斗为荣,以骄奢淫逸为耻,让孩子勤于动脑、勤于动手,脑力劳动与体力劳动结合,克服肢体懒惰与思维懒惰,建立健全孩子热爱劳动、勤于劳动、善于劳动的劳动观。

六曰重教诲。家庭是孩子的第一所学校,家长是孩子的第一任老师。俗话说:"父慈子孝。"作为家长,不仅要慈爱子女,更要担起"教育者"职责,要有"家长也是教育者"的责任意识和担当意识。子曰:"忠焉,能勿诲乎?"既重身教又重言教,二者结合,示范引领,悉心教导,欣赏真善美,远离假恶丑,教知识,育品德,注重对孩子道德品质、身体素质、生活技能、文化修养、行为习惯等五个方面的培养和教化。

作为家长,生养孩子是一生的责任,不可推卸;教育孩子也是一生的责任,不可推卸。当然,教育孩子考验每一位家长的智慧。《学记》记载:"善教者,使人继其志。"❹如何使家长成为善教者?我们从《论语》中可以得知,不溺爱与重教诲是大前

---

❶ (宋)朱熹.四书集注[M].陈戍国,标点.长沙:岳麓书社,2004:162.

❷ (宋)朱熹.四书集注[M].陈戍国,标点.长沙:岳麓书社,2004:171.

❸ 梁启超.饮冰室合集[M].北京:中华书局,2015:3761.

❹ 学记[M].高时良,译注.北京:人民教育出版社,2016:7.

提,在此基础上培养孩子爱劳动、勤学习、会做人、重践行的美好品德。

　　家教之路漫漫,任重道远。愿每一位未来的家长耕读传家、勤俭持家、教育兴家、立于小家、面向大家、振兴国家。

　　最后,真诚送上祝福:国泰千般顺,家和万事兴!

柳明芳书于凤翔山
2022年1月19日

第九封　法治与德治

"论语讲读"诸生：

大家好！我们能够一同学习《论语》，这是一件幸事，但因时间所限，《论语》中的许多章节及内容无法在课堂上全面展开。因此，再次以书信形式交流、探讨、互动，力图为我们的"论语讲读"课程增添一点点光彩。

最近关注"相隐说"，争议大，理解难。因忧虑同学们恐有畏难情绪、知难而退，进而影响学习《论语》的热情，所以想就此话题做一次专门的书信交流，是对是错，相信每个同学都会有自己的见解与判断。我们在意的是交流、是碰撞、是火花、是启迪，我们在意的是知难而进、是迎难而上、是克难奋进、是临难不避。

《论语·子路第十三》有文："叶公语孔子曰：'吾党有直躬者，其父攘羊，而子证之。'孔子曰：'吾党之直者异于是。父为子隐，子为父隐，直在其中矣。'"❶这段文字看似简单却不简单，确实复杂。这便是儒家"相隐说"的原初记载。如何理解，历来分歧大，非议多。借此机会，就所掌握的材料，做一点梳理诠释工作，为同学们分析理解探讨提供助力。

朱熹《四书集注》记载："父子相隐，天理人情之至也。故不求为直，而直在其中。谢氏曰：'顺理为直，父不为子隐，子不为父隐，于理顺邪？瞽瞍杀人，舜窃负而逃，遵海滨而处。当是时，爱亲之心胜，其于直不直何暇计哉？'"❷

《张居正讲评〈论语〉》记载："子有过也，而父为之隐，不使闻之于人；父有过也，而子为之隐，不使闻之于人，夫父子相隐，虽不得为直，然于天理为顺，于人情为安，迹虽枉而理则直，虽不求为直，而直自在其中矣。若父子相证，则与天理、人情两有所乖，岂得为直哉？"❸

---

❶（宋）朱熹.四书集注[M].陈戍国，标点.长沙：岳麓书社，2004：165.
❷（宋）朱熹.四书集注[M].陈戍国，标点.长沙：岳麓书社，2004：165.
❸陈生玺，等.张居正讲评《论语》[M].上海：上海辞书出版社，2013：207.

《论语大义》曰:"攘、让古字通。"❶"攘羊,谓以羊故让与人也。其子证之,证其为己物也。叶公好名,故以此为直。先儒解为'有因而盗曰攘',参以下节之义,恐非。"❷"此节先儒多以为天理人情之至,窃谓宜剖析言之。上文攘羊,若作攘窃解,则子为父隐,犹可言也;父为子隐,是教子为窃盗矣,岂得云'直在其中'?惟因彼此推让,互相隐以成其攘,即互相隐以成其直,斯为天理人情之至矣。"❸

廖名春说:"'父为子隐,子为父隐'当读为'父为子檃,子为父檃',是说父亲要为儿子矫正错误,儿子要为父亲矫正错误,'隐'并不是'隐匿''隐瞒',而是'檃栝''矫正'的意思。将孔子'不隐于亲'、勇于改过视为搞'司法腐败',是'以小人之心度君子之腹'。"❹

从上述四家之言,不难发现,朱子与张居正均属于典型的"相隐说",唐文治属于"推让说",廖名春属于"改过说"。同是诠释一段文字,结论大不相同、大相径庭。如何看、如何解,孰是孰非,不可不分析之、讨论之、明辨之。

向来,儒家强调温良恭俭让,强调仁义礼智信,强调成人之美、反对成人之恶,强调君子怀德、反对小人怀土,强调君子怀刑、反对小人怀惠等。难道这些理论在遇到父亲偷羊的情况时就失灵了吗?父亲偷羊了,儿子帮忙隐瞒,这符合儒家的理性价值观吗?这符合儒家的道德价值观吗?这符合儒家的孝道观吗?朱子说"不求为直,而直在其中"❺,这符合儒家的行事风格吗?父母有过,帮忙隐瞒,这不是儒者行为吧?一定不是。《弟子规》中说:"亲有过,谏使更。"亲人有了过错,自己要进谏使之改过,而不是隐瞒。在《孟子·滕文公章句下》中也说:"枉己者,未有能直人者也。"❻有人说,这是维护儒家家庭本位主义之故。真不是这样,不枉尺直寻,不以牺牲道义为代价去做似乎有利可图的事,这是儒家的原则问题。况且,儒家强调,法律不外乎人情,缘人情而作。关键是如何理解"人情"。人情,固然不是某个人的私心、不是某个人的私欲、不是某个人的私情,而是最广大人群的实情及情感。儒

---

❶ 唐文治.论语大义[M].刘朝霞,张旭辉,整理.上海:上海人民出版社,2018:215.
❷ 唐文治.论语大义[M].刘朝霞,张旭辉,整理.上海:上海人民出版社,2018:215.
❸ 唐文治.论语大义[M].刘朝霞,张旭辉,整理.上海:上海人民出版社,2018:215.
❹ 廖名春.孔子真精神:《论语》疑难问题解读[M].贵阳:孔学堂书局有限公司,2014:19.
❺ (宋)朱熹.四书集注[M].陈成国,标点.长沙:岳麓书社,2004:165.
❻ (宋)朱熹.四书集注[M].陈成国,标点.长沙:岳麓书社,2004:295.

家重情,注重的是合理的内心情感。用今天的话说,儒家是有原则的情感及仁爱。所以,朱子与张居正所说的"爱亲之心胜,其于直不直何暇计哉?"❶"迹虽枉而理则直"❷,他们都曲解了孔子、误解了孔子,恕我难从。法律面前人人平等,追求的是公平正义,儒家强调的刚好就是"仁义"二字,孔子又怎么能站在包庇者一边呢?

唐文治在《论语大义》中说,攘不是偷盗,应是推让,此新解也。读之,不得不让人重新审视本章之义。唐先生说:"父为子隐,是教子为窃盗矣,岂得云'直在其中'?"❸唐先生的这种怀疑与反思可以让我们彻底清醒,"相隐说"是难以说服人心的。根据唐先生的推理,此章不是盗窃案而是推让案,父亲将自己家的羊故意让给他人。当然,我们不知道他这样做的目的。也许唐先生语错,不是"叶公好名",而是"直躬者"之父好名,他为了求得美好名声而"以羊故让于人",直躬者证羊为己物,所以没有成全父亲求得美好名声的愿望。因为"直躬者"之"直",是表面上的行为之"直",而不是道义与德行之"直",所以孔子反驳叶公。著名教育家朱伯庐说:"善欲人见,不是真善。"❹"直躬者"急于证之,欲让人见其父让羊,反而没有成父之美。故而,曾子说:"孝子之养老也,乐其心而不违其志。"❺曾子还说:"父母之所爱亦爱之,父母之所敬亦敬之。"❻父亲攘羊,子何证之?多此一举罢了。可见,"直躬者"并不是真正的直躬者,父亲攘羊,不必儿子出面证明,受让者便是最好的证明者。儿子证之,居心何在? 唐先生说:"惟因彼此推让,互相隐以成其攘,即互隐以成其直,斯为天理人情之至矣。"❼可见,一家人当相互成就美好的德行,这是家庭分内事。当然,我们也应该看到,如果"直"只是表面行为之直,缺乏道义的"直",并不是儒家所赞赏的"直",正如孔子所说:"直而无礼则绞。"❽我觉得,唐先生之说理通,情亦通也。

---

❶(宋)朱熹.四书集注[M].陈戍国,标点.长沙:岳麓书社,2004:165.

❷陈生玺,等.张居正讲评《论语》[M].上海:上海辞书出版社,2013:207.

❸唐文治.论语大义[M].刘朝霞,张旭辉,整理.上海:上海人民出版社,2018:215.

❹王财贵.孝弟三百千[M].北京:北京教育出版社,2012:24.

❺杨天宇.礼记译注[M].上海:上海古籍出版社,2004:347.

❻杨天宇.礼记译注[M].上海:上海古籍出版社,2004:347-348.

❼唐文治.论语大义[M].刘朝霞,张旭辉,整理.上海:上海人民出版社,2018:215.

❽(宋)朱熹.四书集注[M].陈戍国,标点.长沙:岳麓书社,2004:117.

廖名春在《孔子真精神——〈论语〉疑难问题解读》中明确表示："父为子隐,子为父隐"不是司法腐败说,而是矫正说或者改过说,这是一大创见。廖名春教授采王弘治之说,将"隐"读为"檃",矫正之意让人豁然开朗、心眼一亮,整章意思也清晰明了。大意是说,孔子不赞成"父亲偷羊,儿子揭发"的做法。正确的做法是什么呢？廖名春教授引用了王弘治《〈论语〉"亲亲相隐"章重读》一文,"父为子隐,子为父隐"就"如同檃栝可以使不规则的木料成为良匠手中的可用之材,父亲是在潜移默化之中端正儿子行为的榜样；又如同矫正曲木需要柔和的外力作用与相应的施力时间,儿子也应该采取不过火的行动来纠正父亲的不当行为"❶。可见,父亲有过,儿子帮助矫正纠正、弥补改过；儿子有过,父亲帮助矫正纠正、弥补改过,而不是掩盖、隐瞒。这才是真正的孝顺,这才是真正的慈爱。《大学》中说："为人子,止于孝；为人父,止于慈。"❷孝中应存正道,慈中当有义方。不是吗？必须说,王弘治与廖名春的创见是合情、合理、合儒家文化的。我受益,我赞成。

唐文治、王弘治和廖名春等的见解给人启迪,引人明理。我想在前人研究成果的基础上继续将自己的思考作一点补充和说明,以引发你的思考、见解、看法、主张。

我觉得,叶公对孔子说的事件："吾党有直躬者,其父攘羊,而子证之"是法律事件,攘为偷,证为揭发。叶公是军事家、政治家,不是哲学家、道学家,他从法治或政治的角度来理解"直",彰显法律的公正无私,这是叶公所理解的政治或法治视角的"直躬者"。孔子回应叶公则是从道德视角出发的。孔子说："吾党之直者异于是。父为子隐,子为父隐,直在其中矣。"父亲为儿子矫正,儿子为父亲矫正,直在其中。请注意,孔子对"直"的理解,不是法治意义上的公正无私,而是道德意义上的"直道"。儒家重礼教,天下皆知。儒家重仁义,天下亦皆知。因此,此处叶公与孔子的对话是站在各自不同的立场,叶公站在政治或法治立场言"直",孔子站在德治或礼治言"直",而法治的"直"是铁面无私,法律面前人人平等,强调了法律的威严、尊严。孔子似乎对叶公的这种理解、做法不大赞赏和满意,所以说"吾党之直者异于是"。换言之,孔子对法治不太关注,而倡导德治或者礼治。孔子在《论语·为政第

---

❶ 王弘治.《论语》"亲亲相隐"章重读[J].浙江学刊,2007(1).
❷ (宋)朱熹.四书集注[M].陈成国,标点.长沙:岳麓书社,2004:8.

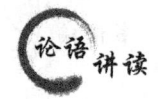

二》中说:"道之以政,齐之以刑,民免而无耻。道之以德,齐之以礼,有耻且格。"❶因此,他们站在不同的立场对话,这是法治与德治的选择,从中看到了儒者的由衷态度与坚定抉择。

孔子选择了德治,叶公选择了法治。于今而言,二者当并重,法治与德治结合,双管齐下,道德的范畴施行道德教化,法律的范畴诉诸法律解决,并行不悖。依法治国与以德治国紧密结合,共同致力于国家的长治久安、共同致力于社会的和谐稳定、共同致力于人民的安定团结,善莫大焉、功莫大焉。

同学们,我还想说,今天,法治思维与道德思维,对每个人而言都极其重要。如果没有法治思维,对法律法规没有敬畏之心,任意践踏,必将受到法律的制裁。如果没有道德思维,没有道义良心,不讲道德,成何体统?亚圣孟子说:"人之所以异于禽兽者,几希;庶民去之,君子存之。舜明于庶物,察于人伦,由仁义行,非行仁义也。"❷不论是法治思维还是道德思维,都可以归结为底线思维,坚守道德与法律的底线,存敬畏、讲道德、守法律、有操守、当表率,做时代新人,树文明新风。

愿学有所成,劳有所得!

柳明芳书于凤翔山
2022年1月26日

---

❶ (宋)朱熹.四书集注[M].陈成国,标点.长沙:岳麓书社,2004:61.
❷ (宋)朱熹.四书集注[M].陈成国,标点.长沙:岳麓书社,2004:327.

第十封　把什么留给你

"论语讲读"诸生：

　　出乎意料吧，你们竟然能收到我的来信。其实，我们之间的缘分在你们选择修学"论语讲读"课程的时刻便注定了。此时此刻，我们的课程已近尾声，你们应该也感欣喜吧！

　　迎朝阳当思如何努力，踏晚霞自问是否收获。这是我曾经看到的一副对联，借来转赠给你们。说起一同走过的"论语讲读"课程，你们是否还记得呢？想想初入教室的你，是不是满腔热情？初次捧起《论语》的你，是不是兴味盎然？初次开口吟唱的你，是什么心情？初次听到《一封家书》的你，又有什么感受？读完一遍《论语》的你，悟到了什么？初来乍到的你，对"论语讲读"有什么期待？这些期待都实现了吗？在我们的课堂里，你有遗憾吗？你有收获吗？你有成长吗？你进步了多少？你收获了多少？你成长了多少？我想，这些问题，你们每个人都已经用自己的行动做出了回答。出于分享的目的，现将部分同学的心得感言摘录如下：

1. 我从不缺席"论语讲读"课。

——罗星智

2. 心之所爱，便想为它付出更多。老师说，课下一定要多读《论语》。所以，我每天都会抽出半小时来读。

——尹　娟

3. 孔子曾说："岁寒，然后知松柏之后凋也。"这也是我一直所追求的。只有经得起磨炼、永不言弃的人，才能取得成功。

——尹　娟

4. 每天，我都要读一遍《论语》。

——杨家家

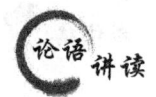

5. 勤奋是开启智慧的钥匙。唯有努力学习才是正途。

——杨　森

6. 君子，不应该只有一种才能。

——李婷婷

7. 在生活中，不能光靠说，还要付诸行动。

——阮福香

8. 因为兴趣，我不会错过"论语讲读"老师的每一堂课。

——杨文双

9. 国学社的师兄师姐都谈吐非凡，引经据典不在话下，我也是其中一分子了，不可掉队太远。

——牟阿玲

10. 世界很大，自己很渺小，要心存敬畏。

——彭　艳

11. 感觉学习《论语》是一件很伟大的事。

——彭　艳

12. 我是喜欢古文经典的，我很确定。

——何顺美

13. 抓紧现在能抓住的，做追梦人，不做悔恨人，立志成为一名君子，与之沾边。

——何顺美

14. 君子之路何其艰难，但总有人是。我只盼未来的日子能做到君子十之一二，便已心满意足。心之所向，随即赴往。

——何顺美

15. "性相近，习相远"，让我感到不学习的我是如此平庸。

——吴　磊

16. 没有爱的人，便无法体会生活的快乐，这便是《论语》课给我的最大快乐。

——梁德智

17. 读《论语》、思《论语》、悟《论语》,是我在课堂上做得最多的事。

——晏　梅

18. 只有行动才不会骗人。

——吴永兰

19. 本以为,这会是一门枯燥的课程,几周的学习使我的想法改变了。

——伍　晓

20. 《论语》滋润着我的生活,点醒我那沉睡的人生。

——王馨蕾

21. 一句看似简简单单的"子曰",实则是一段踏踏实实积累下来的人生哲理。

——王馨蕾

看了同学们的心得感言,于我而言,是一种欣慰,也是一种幸福。因为这些文字见证着我们在"论语讲读"的温暖日子,折射着你、我、我们共同温习交流《论语》的宝贵时光,我们一起相互陪伴。这段日子共同见证着我们的改变、我们的成长、我们的蜕变。我们都曾用心、用情、用力上过每一堂课。表面上,我关注课程的价值,实际上关注时间的价值、读书的价值、经典的价值、人生的价值、教育的价值、生命的价值。我总想,不能让你们白来一趟"论语讲读"课堂,要让你们对得起自己消耗的宝贵时光,敬畏课堂、敬畏时光、敬畏学生。这是我对这门课程的坚定信念。

于是,"把什么留给你"便成了我一直思索的问题。我想,"论语讲读"作为一门课程,也应该思考、正视这个问题。我思来想去,想与同学们交流几点看法。

把什么留给你? 敬畏吧! 敬畏是一种素养。《论语》中讲到:"君子有三畏,畏天命,畏大人,畏圣人之言。"[1]从中发现,"敬畏"是核心词汇,我们要敬畏自己的使命、敬畏"大人",敬畏圣贤的哲思妙语。联系现实生活,我们面对自己的工作,要敬业;我们敬畏课堂,要专注;我们敬畏身边的每一个人,要尊重。这些都不落空泛。

把什么留给你? 守信吧! 守信是一种素养。《论语》中说:"人而无信,不知其可也。"[2]可见,守信,对一个人而言万分重要。言而无信,君子所不为;言而有信,君子所当为。当然,守时也是一种守信。让我们从生活中做起,平时不迟到、不早退,从

---

[1] (宋)朱熹.四书集注[M].陈戍国,标点.长沙:岳麓书社,2004:196.
[2] (宋)朱熹.四书集注[M].陈戍国,标点.长沙:岳麓书社,2004:67.

小事中培养守信素养,不断升华自己、优化自己。

把什么留给你?仁爱吧!夫子说:"人而不仁,如礼何?人而不仁,如乐何?"❶生活中,没有人是一座孤岛,所以我们才要学会互帮互助、邻里仁爱。孟子说的"老吾老,以及人之老,幼吾幼,以及人之幼"❷,就是"仁爱"精神。著名作家冰心说:"爱在左,同情在右,走在生命路的两旁,随时撒种,随时开花,将这一径长途点缀得香花弥漫,使穿枝拂叶的行人,踏着荆棘,不觉得痛苦,有泪可落,也不是悲凉。"❸我想,一个人不能缺少"仁爱"品格。有情,则情相伴;有爱,则爱相随。

把什么留给你?好学吧!儒者身上有种难能可贵的优秀品质,那就是"好学"精神。"学而时习"就是如此。是学一阵,还是学一生?是"要我学",还是"我要学"?二者之间差之毫厘,失之千里。荀子说"学至乎没而后止也"❹,意思是到死了才能停止学习。我们当树立并践行终身学习的生活方式,活到老、学到老。习近平总书记说:"全党同志一定要把学习作为一种政治责任、一种精神追求、一种生活方式。"❺其实,学生时代,亦是如此。因为学习是我们的天职,学习路上不读书、不学习,怎么能行?

把什么留给你?才能吧!《论语》中说:"君子不器。"❻君子不能只有一种才华。言外之意,君子应该学富五车、见多识广、多才多艺,是难得的复合型人才。据此,我们应该结合自己多想一想,如何成就自我、如何增长才干。古人说:"技多不压身。"孔子也说:"不患无位,患所以立。"❼我们心心念念的应该是如何增长自己的才华,克服"本领恐慌",有效应对"就业恐慌"。

总之,要从《论语》中汲取的智慧不止上述这些,还有很多,请恕我才疏学浅,不能一一列出,希望你们在未来的日子里时时亲近《论语》、亲近孔子、亲近中华优秀

---

❶ (宋)朱熹.四书集注[M].陈成国,标点.长沙:岳麓书社,2004:70.
❷ (宋)朱熹.四书集注[M].陈成国,标点.长沙:岳麓书社,2004:238.
❸ 冰心.寄小读者[M].北京:海豚出版社,2014:94.
❹ 张觉.荀子译注[M].上海:上海古籍出版社,2012:6.
❺ 中共中央党史和文献研究院,中央"不忘初心、牢记使命"主题教育领导小组办公室.习近平关于"不忘初心、牢记使命"论述摘编[M].北京:党建读物出版社,2019:214.
❻ (宋)朱熹.四书集注[M].陈成国,标点.长沙:岳麓书社,2004:65.
❼ (宋)朱熹.四书集注[M].陈成国,标点.长沙:岳麓书社,2004:81.

传统文化,汲取智慧,吸收营养。未来,如果你们在某一瞬间,忆起我们一同读书、一室交流的片段,内心深处生出一份暖意,也不枉我们人生中的这次聚散离别。

最后,真心地为你们祝愿,祝愿你们幸福平安!与书为伴,地久天长!

柳明芳书于凤翔山

2021年12月12日

参考文献

[1] 安德义. 论语解读[M]. 北京:中华书局,2010.

[2] [古希腊]柏拉图. 柏拉图全集:第1卷[M]. 王晓朝,译. 北京:人民出版社,2002.

[3] 陈鼓应. 老子注译及评介[M]. 北京:中华书局,1984.

[4] 陈生玺,等. 张居正讲评《论语》[M]. 上海:上海辞书出版社,2013.

[5] 陈至立. 辞海[M]. 上海:上海辞书出版社,2020.

[6] 程树德. 论语集释[M]. 程俊英,蒋见元,点校. 北京:中华书局,2014.

[7] [日]稻盛和夫. 干法[M]. 曹岫云,译. 北京:机械工业出版社,2015.

[8] 二十四史·史记[M]. 北京:中华书局,2018.

[9] (明)范立本. 明心宝鉴[M]. 东方出版社编辑部,注译. 北京:东方出版社,2014.

[10] 傅佩荣. 论语300讲[M]. 北京:中华书局,2011.

[11] 高时良. 学记[M]. 北京:人民教育出版社,2016.

[12] [日]宫崎市定. 宫崎市定读《论语》[M]. 王新新,等译. 桂林:广西师范大学出版社,2019.

[13] 歌德的格言和感想集[M]. 程代熙,张惠民,译. 北京:中国社会科学出版社,1982.

[14] 尔雅[M]. 管锡华,译注. 北京:中华书局,2014.

[15] [美]赫伯特·西蒙. 管理行为[M]. 杨砾,韩春立,徐立,译. 北京:北京经济学院出版社,1988.

[16] 胡国强. 毛泽东诗词疏证[M]. 重庆:西南师范大学出版社,2009.

[17] 胡齐临. 论语真义[M]. 上海:上海人民出版社,2009.

[18] 胡祖光,朱明伟. 东方管理学导论[M]. 上海:上海三联书店,1998.

[19] 黄德灿. 送给教师的读书指南[M]. 武汉:华中科技大学出版社,2019.

[20] (南朝)皇侃. 论语义疏[M]. 高尚榘,校点. 北京:中华书局,2013.

[21]贾平凹.丑石:平凹散文[M].杭州:浙江文艺出版社,2014.

[22](汉)贾谊.贾谊集[M].上海:上海人民出版社,1976.

[23]康有为.论语注[M].楼宇烈,整理.北京:中华书局,1984.

[24]冷成金.论语的精神[M].上海:上海古籍出版社,2016.

[25]李敖.周子通书·张载集·二程集[M].天津:天津古籍出版社,2016.

[26]李瑞环.辩证法随谈[M].北京:中国人民大学出版社,2007.

[27]李瑞环.学哲学 用哲学[M].北京:中国人民大学出版社,2005.

[28]李梦生.左传译注[M].上海:上海古籍出版社,2004.

[29]列宁全集:第55卷[M].北京:人民出版社,1990.

[30]流沙河.流沙河诗存[M].成都:四川人民出版社,2019.

[31]柳恩铭.论语心读[M].广州:广州出版社,2020.

[32]廖名春.孔子真精神:《论语》疑难问题解读[M].贵阳:孔学堂书局有限公司,2014.

[33]梁启超.饮冰室合集[M].北京:中华书局,2015.

[34](宋)罗大经.鹤林玉露[M].王瑞来,点校.北京:中华书局,1983.

[35](明)吕坤.呻吟语[M].叶玉泉,注译.武汉:崇文书局,2007.

[36]马克思恩格斯全集:第20卷[M].北京:人民出版社,1971.

[37]马克思恩格斯全集:第19卷[M].北京:人民出版社,1963.

[38]战国策[M].缪文远,缪伟,罗永莲,译注.北京:中华书局,2012.

[39]南怀瑾.论语别裁[M].上海:复旦大学出版社,2000.

[40]欧阳修诗文选译[M].林冠群,周济夫,译注.南京:凤凰出版社,2011.

[41](清)彭定求.全唐诗[M].延吉:延边人民出版社,2004.

[42]钱穆.论语新解[M].北京:生活·读书·新知三联书店,2002.

[43][日]松平赖宽,等.中国典籍日本注释丛书:论语卷4[M].张培华,编.上海:上海古籍出版社,2021.

[44][日]涩泽荣一.论语与算盘[M].余贝,译.北京:九州出版社,2012.

[45][日]涩泽荣一.日本人读《论语》[M].李均洋,[日]佐藤利行,译审.北京:中国工人出版社,2010.

[46](明)施耐庵,罗贯中.水浒传[M].北京:人民文学出版社,1997.

[47]石锓.论语简释[M].北京:商务印书馆,2018.

[48][苏]苏霍姆林斯基.给父母的建议[M].武汉:长江文艺出版社,2021.

[49](宋)苏轼.苏东坡全集:第一册[M].毛德富,等.北京:团结出版社,2020.

[50]汤化.晏子春秋[M].北京:中华书局,2015.

[51]唐文治.论语大义[M].刘朝霞,张旭辉,整理.上海:上海人民出版社,2018.

[52]王财贵.孝弟三百千[M].北京:北京教育出版社,2012.

[53]王国轩,王秀梅.孔子家语[M].北京:中华书局,2011.

[54]王力.王力古汉语字典[M].北京:中华书局,2000.

[55]王辟之.渑水燕谈录[M].上海:商务印书馆,1935:50.

[56]王曙光.论语心归[M].北京:北京大学出版社,2019.

[57](明)王守仁.王阳明全集[M].吴光,等编校.上海:上海古籍出版社,2011.

[58]文中子中说译注[M].郑春颖,译注.哈尔滨:黑龙江人民出版社,2002.

[59](清)王永彬.围炉夜话[M].乙力,编译.西安:三秦出版社,2008.

[60]王淄尘.广解论语[M].北京:生活·读书·新知三联书店,2019.

[61]闻荃堂,闻新,婷娣.红楼梦诗词今译[M].北京:金城出版社,2010.

[62]文天祥全集[M].刘德清,刘菊芳,刘菊萍,校点.南昌:江西人民出版社,2020.

[63]厦门市绍南文化传播有限公司.诗经[M].杭州:西泠印社出版社,2012.

[64](汉)许慎.说文解字[M].(宋)徐铉,校定.北京:中华书局,2013.

[65]杨伯峻.论语译注[M].北京:中华书局,2009.

[66]杨天宇.礼记译注[M].上海:上海古籍出版社,2004.

[67][古希腊]伊索.伊索寓言[M].王焕生,译.北京:人民文学出版社,2008.

[68]余东海.论语点睛[M].北京:中国友谊出版公司,2016.

[69]余源培,吴晓明.马克思主义哲学经典文本导读[M].北京:高等教育出版社,2005.

[70]曾仕强,曾仕良.论语的现代智慧[M].北京:北京时代华文书局,2015.

[71]曾林.古代汉语词典[M].成都:四川出版集团,2011.

[72]曾子辑校[M].王永辉,高尚举,辑校.北京:中华书局,2017.

[73]增广贤文[M].冯国超,译注.北京:商务印书馆,2015.

[74]赵杏根.论语教读[M].南京:东南大学出版社,2016.

[75]张觉.荀子译注[M].上海:上海古籍出版社,2012.

[76]张健鹏,蒋光宇.上帝的笑[M].北京:当代世界出版社,2001.

[77]张永鑫,刘桂秋.陆游诗词选译[M].成都:巴蜀书社,1990.

[78]张之洞.书目问答[M].上海:商务印书馆,1929.

[79](汉)郑玄,等.十三经古注[M].北京:中华书局,2014.

[80]中国大辞典编纂处.国语辞典[M].上海:商务印书馆,1947.

[81]中国社会科学院语言研究所词典编辑室.现代汉语词典[M].北京:商务印书馆,2002.

[82]中共中央党史和文献研究院.习近平关于注重家庭家风建设论述摘编[M].北京:中央文献出版社,2021.

[83]中共中央党史和文献研究院,中央"不忘初心、牢记使命"主题教育领导小组办公室.习近平关于"不忘初心、牢记使命"论述摘编[M].北京:党建读物出版社,2019.

[84]中共中央宣传部.习近平新时代中国特色社会主义思想学习纲要[M].北京:人民出版社,2019.

[85]中共中央文献研究室.毛泽东文集:第7卷[M].北京:人民出版社,1999.

[86](三国)诸葛亮.诸葛亮集[M].段熙仲,闻旭初,编校.北京:中华书局,2014.

[87]朱维铮.尚书大传[M].上海:上海书店出版社,2012.

[88](宋)朱熹.四书集注[M].陈戍国,标点.长沙:岳麓书社,2004.

[89]朱寅年,曾国华.一生用来做教师:20位当代教育名家的故事[M].上海:华东师范大学出版社,2012.

[90]朱子语类[M].(宋)黎靖德,编.王星贤,点校.北京:中华书局,1986.

附录　学生心语

1. 纵使世界千变万化,孝悌依然亘古不变。

　　　　　　　　　　　　　　　　　　　　　　　　　——周文祥

2. 人总是这样,今天堕落一点点,明天堕落一点点,然后人生就面目全非。那么,我们为什么不能今天努力一点点,明天努力一点点呢?如果这样,相信我们的人生就会变成自己喜欢的模样!

　　　　　　　　　　　　　　　　　　　　　　　　　——徐龙雨

3. 若你以恶对之,则其必以恶报;若你以礼待之,则其必以礼敬。

　　　　　　　　　　　　　　　　　　　　　　　　　——谢芳云

4. 多读一本书,多走一里路。愿山那边是清风。

　　　　　　　　　　　　　　　　　　　　　　　　　——李　丽

5. 心不静,难以致远。

　　　　　　　　　　　　　　　　　　　　　　　　　——刘　颖

6. 修己身,达天下。

　　　　　　　　　　　　　　　　　　　　　　　　　——李　玉

7. 读了《论语》之后,我的做事风格有所改变,也更加端正了自己的态度。

　　　　　　　　　　　　　　　　　　　　　　　　　——朱胜涛

8. 如果我们认认真真地学习《论语》中的一字一句,便会成为一个有涵养的人。

　　　　　　　　　　　　　　　　　　　　　　　　　——雷国艳

9. 无论在哪里摸爬滚打,心中的执着不能丢失,做人的本质不可抛弃,让仁义常驻心间。

　　　　　　　　　　　　　　　　　　　　　　　　　——刘　艺

10. 读《论语》就是在读自己,就是在品味人生。

——李柳柳

11. 选了这门"论语讲读"课,从此,每周二、周四的夜晚奔赴一场与儒者交谈切磋的盛宴,只愿"枕边有《论语》,人生皆顺行"。

——王又利

12. 与君子为伍,日渐近之。

——牟阿玲

13. 当你深入了解生活,会发现,生活处处是《论语》。

——宋赣丽

14. "论语讲读",不只是一门理论课,还是一门实践课。

——石林鹭

15. 当迷惑时,在《论语》中你总会找到想要的答案。

——冉 彤

16. 每次来上课见到柳明芳老师时,我都会情不自禁地想起这样一句话:半部《论语》治天下,一生桃李尽芬芳。

——孟子欣

17. 每次上完《论语》课,内心总是格外宁静,外界的喧嚣似乎与我无关了!

——冉 彤

18. 读《论语》,学主张,明大德,知大道。

——杨 琴

19. 老师有个细节很打动我,那就是,每次下课老师都会向我们鞠躬,以文人的礼节与我们告别,所以每一次我都会等老师行礼后才起身离开。

——晏 玲

20. "吾尝终日不食,终夜不寝,以思,无益,不如学也。"其实,空想是没有用的,我们应该时刻警醒自己,想做什么应该立刻付诸行动,不能犹豫不决,更不能只想不做,做了就会离梦想更近一步,而只想不做,只会一事无成。

——杨华龙

21. 我和《论语》始于偶然,却不该终于必然,所以《论语》之于我,来日方长!

——王 瑜

22. 老师的每一堂课都是以《论语》开始,以生活结束,可谓出于《论语》,用于生活。

——姚世莹

23. 拥仁爱之心,待众生平等,成君子之美,皆你我之愿也。

——金梦云

24. 普万物仁爱,书香千年今更浓。

——金梦云

25. 没修养,何以成大器?

——胡相政

26. 有礼之人,人恒敬之。

——邵珍兰

27. 死生有命,富贵在天,成事在己,处之泰然。

——蒲鹏旭

28. 从前,我以为读《论语》只局限于书本,其实不然,而是要结合生活中的许多事情去读,才能真正有收获。

——王 玉

29. 《论语》一书所含学问太多,需要我花更多的时间去细读、细思、细悟。我也相信《论语》这本书是每个人成人、成才的必读之物。

——陈海燕

30. 初读《论语》,些许拗口,懵懵懂懂,细细品味,便乐在其中。

——杨 帅

31. 世事一场大梦,人生几度秋凉,浮生几何,且吟《论语》。

——张 阳

32. "四度春风化绸缪,几番秋雨洗鸿沟。黑发积霜织日月,粉笔无言写春秋。蚕丝吐尽春未老,烛泪成灰秋更稠。春播桃李三千圃,秋来硕果满神州。"我想用这首我很喜欢的诗来歌颂我们的"论语讲读"老师。他认真,每一次课都会提前到来做好上课准备;他负责,每一次课都讲得津津有味;他幽默,在课堂上不时逗我们笑,活跃课堂气氛。他是一位好老师,为人师表。在我心中,"论语讲读"这门课程永远都不会结束。

——李 霞

33. 《论语》即圣人之言,我们应当畏之。吾既畏之,就当习之。

——高贵红

34. 朗读、讲解、歌咏、合照,让"论语讲读"课充满仪式感和责任感,让我感受到一门课程的完整性及老师对生活的热爱。

——杨永镍

35. 因为"论语讲读"这门课的老师,让我更加坚信自己选择的路(成为一名老师)是真正想要的。本来想着,选修课不过是学生混学分、老师混工资罢了,可这位老师让我尤为敬重,每一节课、每一个内容,他都非常认真地准备、讲授,给我们唱的每一首歌都能看出他的用心。

——秦 伟

36. 我们更应该在学习中温故知新,而不是碌碌无为、荒废时日,以《论语》为师为友,充实自身,完善自我,修身、修性、修德、修仁。

——王晓燕

37. 一个人腹有诗书、心中有志、善于思考,就一定是不一般的人。

——宋伦雪

38. 学思结合,勤勉治学,才能学有所成。

——李安燕

39. "我非生而知之者,好古,敏以求之者也!"只有通过不断地学习,才能掌握做事的本领和做人的道理。

——杨彬彬

40. 诚信,是一言既出驷马难追的君子胸怀,是受人之托忠人之事的坦荡风度。

——杨 尧

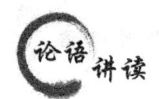

41. 携一本《论语》,走进你的内心,用心感悟,我坚信,你将不枉此行。

——张誓振

42. 我爱上了《论语》,读之,心生愉悦,思之,衍生敬佩。修身、齐家、治国、平天下,若以此为己任,将不枉此生。

——邵珍兰

43. 初识,不明意;熟络,不为意;深爱,不达意;离别,不忘意。

——邵珍兰

44. 人无志不立,没有志向,甚至不敢立志,人生只能虚走一趟。

——陈 艳

45. 在课堂上,老师用歌声来教学,可以足够吸引学生的关注。虽然在疫情期间,无法真正学习歌曲,但让我们体会到了老师的用心,更体会到了老师的魅力,让我更加坚定了成为一名教师的目标。

——杨小莉

46. 《论语》告诉我们如何做人、如何交朋友、如何尽孝尽善……可以说,《论语》是我们做人的准则,是每个人都应该学习的一门课程。在这条漫漫人生路上,岔路口很多,诱惑也很多,但是如果有《论语》相伴,我们定能成功到达目的地。

——张舒婷

47. 读经典就是读自己,读自己就是读人生。一部惊世绝唱的经典必定来自最平常的生活——一花一世界,一叶一菩提,穿衣吃饭,柴米油盐,大到整个宇宙,小到肉眼难见的微粒。我所坚信的即是,勇敢地做自己,仰不愧于天,俯不愧于地,至于好坏,留给时间去证明。

——赵坤艳

48. "一个人,一本经书,一种学说,一个民族;一堂课,一分辛劳,一分收获,一分喜悦。"《论语》便是这样的一本经书,"论语讲读"便是这样的一堂课,我亦从中获益良多。

——赵坤艳

附录 学生心语

49. 以前,我仅仅把《论语》当成一种知识。现在,学习了"论语讲读"这门选修课后,我把《论语》当成一种哲学和智慧。

——龙启程

50. 老师的教学方式深得人心,它是以一个个专题进行讲解,其中不忘穿插一些有趣的小视频和动人心弦的故事,确实让人有"乐在其中矣"的感受。

——黎凤英

51. 进入"论语讲读"课的第一天,我就学会了守时,老师不断强调守时,使我有很多感受。我发现自己最近做事情都不喜欢拖延了,时间观念更强了。

——王丽丽

52. 虽然《论语》是一门选修课,但我早已把它作为一门学习成长中的必修课。一朝读《论语》,一生皆受益。

——陈福坤

53. 用眼睛看,用耳朵听,身体力行,用圣贤言语不断鞭策自己,让自己更优秀。

——付前霜

54. 往后余生,以文会友,以友辅仁,何不乐哉?

——王仲仙

55. 人以礼待我,我以礼待人,此便谓"礼尚往来"。

——田 双

56. 学《论语》,正三观。

——谢 丹

57. 多读《论语》,多思《论语》,人生五味,尽在其中矣。

——皮程英

58. 有一门课,似人间美酒般使人沉醉其中、流连忘返。它,就是"论语讲读"。

——张成文

59. 我很喜欢柳老师将经典与音乐相结合的教学方式,不仅增加了课堂的生动性和趣味性,还让我们更容易记忆背诵,希望柳老师能够坚持做下去。

——吴心怡

233

60. 修身可是一门大学问,不仅要修外在,内心才是最重要的。

——郑欣鑫

61. 读《论语》书,知为人理;上《论语》课,学柳生智。相遇即是缘,他日相逢定当相拥而泣。学识知人理天下,圣书《论语》一片天。

——张尧尧

62. 我想,我终会以《论语》作为枕边之书,常常读、常常悟、常常行,以《论语》示我正行、以《论语》示我正心。

——郭飞艳

63. "论语讲读"不仅仅是对《论语》的讲读,更是对人生思想的讲读。从此,铭记于心。

——刘春讯

64. 之前学《论语》不过认为,粗略理解它的含义即可,而今却认为,这是一场奔赴知识的约会,向孔子学习君子何为,探讨何以处事,真正地认识了一回孔圣人。我想,这就是阅读经典的真正意义吧,习古人之智慧,寻今人之道路。

——蒋　淇

65. 上柳老师的"论语讲读",说实话,刚开始只是为了学分,但学到后面我发现,这是一个充满魔力的课。我渐渐开始去深入了解它,不知不觉自己已经被它改变,或许这就是一种成长吧!

——李　勋

66. 一直以来,我只是把《论语》当成教科书一样的书籍,从来没有认认真真阅读过。通过"论语讲读"这门课程的学习,我才反应过来,自己之前的想法有多么错误。

——刘芷璇

67. 我一直觉得自己只是在学习一些知识,殊不知这些知识正在把我往更好的方向引导。这就是学习最大的魅力,这就是我学习"论语讲读"课程的最大收获。

——刘芷璇

68. 以《论语》为伴,可以修身明德。《论语》如茶,可终身品之;《论语》似友,可终身择之;《论语》如水,博大精深,源远流长;《论语》似师长,明心指正。

——卢江琳

69. 我因自己是柳老师的学生感到幸运。老师虽不是孔子,但是能将孔子的思想、《论语》的智慧传授给我们,用幽默而不失大雅的语言解释难懂的语言,用生活中经典的事例阐明中心思想。

——路绍蝶

70. 我知道以后可能遇不到老师了。但是,说不定以后我会和一个同学说到"论语讲读"的时候:"你的老师也是柳老师吗?""嗯嗯。他是挺好的一个'孔子'。"

——路绍蝶

71. 当人生迷茫的时候,请看《论语》;当不自信的时候,请看《论语》;当思考的时候,请看《论语》。其中精华,贯彻古今,通亮未来。

——王宇航

72. 仁者难道只爱人民吗?我同老师的想法是一致的——仁者既爱人民也爱自己。一个人要懂得学会爱,通常要先学会爱自己,即是自爱,只有像爱自己那样去爱人民,才能真正做到"仁者爱人"。

——杨静宇

73. 如我所愿,我改变了,开始给自己立目标,开始改变自己的行为习惯。

——杨柔柔

74. 忙里偷闲,读读《论语》,不管现在的学习生活还是以后的日子,用圣人的语言净化心灵,教我为人处世、教我保持初心。

——杨燕琳

75. 读《论语》一书,略有感触,不止其中的知识,我的精神世界也得到了升华。

——何春容

76. 人生需要《论语》这样一本书,时时学习、时时进步,努力让自己成为一个更好的人。

——徐 孟

77. 学习《论语》,我最大的感受是,学会了"全其正,修其不正"。

——张习敏

78. 大声齐读《论语》,品味历久弥香的文学大餐,实在是人生一件大乐事。

——邓虎虎

79. 自从上了"论语讲读"课,我有意识地增强了时间观念。室友都觉得很奇怪,她们说我好像变了个人似的,守时、积极、开心。

——王丽丽

80. "学而思、思而行,必有益,必有所得。"这是教授我们"论语讲读"课的柳老师转引一位同学"学而思、思而学,必有益"时改编的一句话。我十分赞同,不做没有思想的稻草人,不要纸上谈兵,而要身体力行、知行合一。

——吴洪颖

81. 君子,你欲之,我欲之。为成君子,我必将努力之,以我之力,尽我之学。

——蔡旭刚

82. 君子小人之说,意在提升人生格局,待人以真,心胸坦荡,风度翩翩;仁者爱人之言,意在培养谦谦君子,待人以诚,温文尔雅,互相欣赏;礼乐教化之法,意在塑造风范国民,待人以敬,多才多艺,风采非凡。

——吴思露

83. 色养,说得通俗一点,就是奉养父母时和颜悦色。

——刘丽梅

84. 如果你对今天的自己百分百满意,那我祝愿你生活快乐;如果你内心深处对自己有一丝歉意,也许你要想办法做一点改变,反思一下自己。愿我们可以三省吾身,善待我们的青春!

——陈　余

85. 生而为人,自然要怀揣一颗君子仁心对待这个世界。

——林梦楠

86. 吾今未成君子,但将以君子之德严己立身,行君子之行、言君子之言,在生活中努力做一名君子。

——蒲如开

87. 我们可能与君子相差很远,但我们何不以君子为标准砥砺前行呢?日行一善,一年就有365件。非礼勿视、非礼勿听、非礼勿言、非礼勿动,这将是我今后的人生准则,严格要求自己,做一名君子。

——杨　茵

88. "无信不立。"今天,让我们一起立志:让自己向君子转变,成为心中的谦谦君子,希望我们每个人活出自己独一无二的君子之未来!

——杨长军

89. 让我们努力学习君子的言行举止,不断向君子靠近,奋力拼搏,努力变现自己的人生价值。

——史万芳

90. "论语讲读"即将落幕,愿你回首过往,勿因碌碌无为而悔恨之。

——吴 盟

91. 学习,我所欲;尊重,亦我所欲。唯有尊重与学习互相结合,才能学得更好、更多、更深。这就是我上"论语讲读"的感悟。

——文兴政

92. 一本书、一群人、一间教室,是我们曾经的共同回忆。

——杨 奇

93. 听其言而信其行与听其言而观其行,只一字之差,体现出的是识人的智慧。

——李 爱

94. "爱人者,人恒爱之;敬人者,人恒敬之。"感谢"论语讲读"让我知道待人以礼,学要躬行。

——成 雷

95. 《论语》,学了和没学,我们的思想和情感是不同的。学了,便使思想得到了一种升华,让我想要变得正直、优秀、有涵养。

——何 微

96. 我们需要细细品味《论语》,细细感受其中的无尽智慧。读《论语》一天的人和读《论语》一周的人或许没有什么不同。但是,读过一天的人和读过一年的人便会出现差别了,那十年呢?

——张 杰

97. 看到柳老师,我明白了一个道理:自信,也是一种美。

——何国敏

98. 莽夫与智者的差别,便在"谨慎"二字,谨于言而慎于行。做事考虑后果,切莫贪一时之快,冲动易生后悔。谨慎方得真义。

——胡爱华

99. 一周两节的《论语》课显然是短暂的。但是,我们一百人,同唱一首歌,同读一本书,同在一张照片合影里,这些都是弥足珍贵的。我们谁也不认识谁,却又一起经历了许多。可惜,天下无不散的宴席,大家相聚诵读《论语》、学习《论语》的日子也暂告一段落了。但我心怀感恩,因为经历了这次课程的洗礼,我有所思、有所悟、有所得。《论语》的确是一本好书,它教会我为人处世、修身养性。

——刘菲菲

100. 学唱一首歌《木瓜》,这是一首古诗词,大家或许有人见过,但不曾有人唱过。还好,这首歌并不是很难,经过努力,还是基本能唱了。这学期的目标又完成了一个。但是,离结束又近了一步,我却开心不起来。终于,还是迎来了最后一节课,虽有不舍,但终将告别。这节课的主题是一个字——礼,大家的心思已不在这上面。老师还是坚持上完了课。最后,老师说了再见,也说了"我们其实不算师生,更像朋友,益友"。此时,我的眼眶有些湿润。终于,下课铃还是敲响了,老师深深地鞠躬。我们回应以经久不息的掌声。再见了,柳老师!

——徐 孟

101. 我们应该自信且强大,用嘹亮的声音告诉别人:"我,正在用自己的生命点亮世界!"

——陈前婷

102. 身边的学长常说这样一句话:修选不上,必须选上。通过对《论语》课的学习,不上选修课等于错过一个亿。

——何兆彦

103. 人生很长,重要的就只有几步,书本很多,重要的就几本。我想,《论语》必是其一。

——何兆彦

104. 在学习《论语》的过程中,我逐渐地体会到了自己的改变。我逐渐少了抱怨,而更多地"反求诸己";我逐渐没了焦虑,而更多地"不亦乐乎";我学会磨砺意志,因为"士不可以不弘毅";我开始有反省的习惯,因为"吾日三省吾身"。

——陈丽佳

105. 学习《论语》,我想我最大的变化就是平心,把我原本躁动的心渐渐地投入《论语》的课堂,能够在这浮躁的时代保持自我,而不会被诱惑。儒家用一盏灯点亮另一盏灯,用一个灵魂唤醒另一个灵魂,让我们一群人可以向前,而不是一个人默默向前。

——关亚超

106. 不论何时,"论语讲读"都一直存于心,让我规范自己。修身,立人立本;立志,寻向成事;学习,成长进步;仁义,做人治国。我相信,这段旅途绝不平凡。

——江华玉

107. 老师常对我们说:"我不希望你们仅把《论语》当作学习课程和历史,而是要把它融于生活之中,内化于心,外化于行,这样才是真正的学,才能真正地有所收获!"

——吴洪颖

108. "敬事而信",说的是要专注。人当专注如水,一川入海,百转千回,矢志不渝;人当专注如松,咬定青山,不偏不倚,心无旁骛;人当专注如鹰,苍鹰搏兔,用尽全力,全神贯注。不论做人还是做事,我们都要忠诚、专注。

——李蛟蛟

109. "逝者如斯夫,不舍昼夜。"时间很珍贵,人生亦很珍贵,愿你我不负时光,努力成为最美的自己。

——梁玉刚

110. 读《论语》,于心灵间荡漾起一片纯净。

——杨大文

111. 感谢《论语》,拂去我心灵的尘埃,为我指明前进的方向。

——韩雪莲

112. 曾经,只识书中字,不得书中意。"论语讲读"却让我明白了何以半部《论语》能治天下,懂得一些书中意。

——冉超武

239

113. 《论语》可以治天下,"论语讲读"讲出《论语》怎么治天下;《论语》有真言,"论语讲读"讲出言中之意;《论语》育人,"论语讲读"是《论语》育人的桥梁。"论语讲读"让我从《论语》中获得了知识,这就是我最大的成长。

——舟超武

114. 有一句话说得好:"我们懂得很多大道理,却还是过不好这一生。"《论语》中的话语能够令人受益匪浅,但究竟只是一时的醍醐灌顶还是长久的激励,关键在于我们能否知行合一。

——刘　芸

115. 人生如戏,戏如人生。《论语》教会我在熙熙攘攘的社会中淡然处之,在黑暗中勇敢走向光明,在沙漠中顽强地寻找绿洲。

——符雨欣

116. 君子的力量永远是行动的力量,而不是语言的力量。

——王　蓉

117. 先生给我的感受是,读《论语》,首先要把态度摆正。孔子是圣人,自己是凡夫,对圣人要有至诚的仰慕与尊敬。《论语》是传道、修行之书,仅靠逻辑分析、考据论证之类的现代学术方法是不得入门之道的,要靠诚心去感通圣人之志、圣人之意、圣人之心、圣人之道。

——杨　丽

118. 我确信,当我走到人生岔路口不知道如何选择时,影响我选择的一定是儒家思想。

——钟利明

119. 想要修身,先要学习《论语》;想要齐家,先要读懂《论语》;想要治国,先要传承《论语》;想要平天下,先要传播《论语》。

——陈兰兰

120. 每个人都渴望收获,却很少怀有播种的心态,在人生的道路上,只有播种才会有收获,只有付出才会有结果。即使不会有收获,但播下的种子却带着希望的光芒。

——余叔昕

121. 改进的点点星光，在漆黑的人生路上闪烁。

——姚伦慧

122. "论语讲读"让我学到了交友要尊敬、做人要有礼、行为要自重、反思要求己，这些都是我首次听闻，所以非常感动。

——李 松

123. 夜读《论语》，心中坦荡，绿意盎然，步步花开。

——梁玉刚

124. 学习《论语》，如同聆听儒者教诲，与圣贤同行，与夫子交谈，学习仁义礼智信，从经典中来，到生活中去。感谢"论语讲读"。

——袁双秀

125. "志不立，天下无可成之事。"无志者，天才可归于平庸；有志者，垄亩亦可飞鸿鹄。立志要趁早，等到我们老来无所成，悔之晚矣。古语有言：立志而圣，则圣矣；立志而贤，则贤矣。

——王东南

126. 身不能至，心向往之，绝不能放弃对光明和谦谦君子的那种追求。

——罗 雷

127. "论语讲读"这门课使我受益颇多。在日后的生活中，我当时刻鞭策自己，做到问心无愧。也愿大家心中都能拥有一种清亮的快乐，如山间清泉一样清澈动人，不被苦难打倒，不被贫穷所困，不因富贵而骄奢，固守本心，做一个快乐的彬彬君子。

——邓 婵

128. 遵道而行，但到半山须努力，我很感谢大学一路鼓励我的老师、同学，我的理想之路才刚刚开始，就算前方荆棘遍地也要脚踏实地；会心不远，欲登绝顶莫辞劳，我也深深祝福还在"园林"这条路上继续匍匐前行的同学们，挑灯夜战手绘图，为图消得人憔悴。相信我们经过风雨砥砺，美好明天将会如约而至。

——程学洁

129. 《论语》是值得我一生去研究的著作,吾将上下而求索。在未来,当我走向三尺讲台时,我将继续把《论语》带给我的学生们。

——李青灿

130. 修身养性,品味人生。当翻开《论语》,心便变得宁静起来,仿佛所有的一切都已经沉淀,只需要畅游书海、用心品读,便能寻得一方净土。《论语》让我时时刻刻记得:要成为一个温文儒雅的有修养有内涵的君子!

——李　霞

131. 怀助人的心,行舒心的事,做单纯的人,走幸福的路。

——李　霞

132. 用《论语》来监督管理自己的言行举止,争取由外向内地改变自己,提高自己的修养和品质。

——杨玉昭

133. 希望在生活中能反省自己,以《论语》的精义鞭策自己。

——杨　清

134. 仁者,爱人也。原来仁,便是爱别人。人不仅要爱自己,还要爱别人。关爱别人,社会便会处处洋溢着爱的春风。

——韩雪莲

135. 《论语》智慧引领着我们,做正确的事,做正直的人!

——李兰坤

136. 我之所以喜爱《论语》,不仅因为里面饱含做人做事的道理,更因为里面是一群鲜活的人,从孔子到其弟子,都是活生生的人。

——袁莉娅

137. 在《论语》课堂里,我学到的更多的是你要成为怎样的一个人、为什么做这样的人。当我清楚我为什么做,我就会去要求自己,让自己朝着设定的路线前行。

——韦朝连

138. 《论语》对我们的不同角色提出了不同的行事要求与准则。身为人子,要孝顺父母。身为学生,要努力学习。身为人友,要互助互益。在合适的时间做合适的事情,才是最好的选择。

——曾以海

139. "论语讲读"让我们拥有的不只是纸上浅微的认知,更重要的是,它对我们的心灵成长提供了莫大的助力。当我们用心感受《论语》、用心体验生活时,我们会发现古人前辈的崇高,他们以超群的智慧感染着我们,带领我们一步一步走向仁的核心。

——陶　丽

140. 人活一世,都应该思考,我们为什么而活,又将以怎样的姿态立于这个世界。有人说权,有人说名,有人说权钱双立。但是,这真是我们立于世界的最好姿态吗?《论语》中说:"不学礼,无以立。"我想,这才是我们真正立于世界的基础,没有礼,我们寸步难行。

——吉丹丹

141. 上了几节"论语讲读"后,我感觉我整个人都蜕变了,因为"论语讲读"让我认识到,一个人拥有志向是多么难能可贵!

——郭度标

142. 读一万本小说,不如看一本《论语》,这大概是我这半个学期上"论语讲读"的总结。因为当你翻开《论语》,用心品读,你会发现自己的眼界是多么狭窄;用心思考,你会发现自己的想法是多么俗气;用心感悟,你会发现,原来世界上还有如此美妙的东西!

——郭度标

143. "论语讲读"这门课带给我三个收获:第一个收获,即不要将思维定式化,这个世界有多种可能。第二个收获,即相逢即是缘。我们的师生情谊也会日久弥坚。第三个收获,即先天的条件固然能带来一些便利,但后天的努力是更加重要的,想要成为那颗发光的金子,还是要靠自己。

——冉黄丹妮

144. 学习《论语》,不单单只是知道字面含义,更重要的是,《论语》传递给我们的人生智慧和做人之道!

——冯　洁

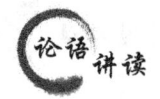

145. "人之初,性本善。"这是我在"论语讲读"这门课程完结之后更加确信的事情。世界本无恶,恶由心生,亦由心灭。这是我所领悟的道理。我相信,世间善大于恶,希望父母能生活在善的世界里。

——刘陆艳

146. 开始,我无意中选到了"论语讲读"这门课程,本以为会很平淡,无论怎样都不可能对它产生兴趣。奇怪的是,刚上完第一节课,我就改变了态度,从认为"《论语》没有什么用"的无知变成对它的喜爱和敬畏。

——黄亚旭

147. 目标就像蝴蝶,你去追它,会追得很辛苦。如果你种很多花,就会有成群结队的蝴蝶飞过来。只有不断地提升自己,才能获得更多的机会。子曰:"我非生而知之者,好古,敏以求之者也!"

——何晓倩

148. 修身,修的是自己,和别人并无关系。曾子每日三省,省的是自己,不是别人。

——杨子键

149. 老师所说的"读经典就是读自己",我对这句话开始时并不怎么理解,再读时似乎这种感受渐渐明了。书中的一切贯穿于我们的生活,当真正透彻地理解这本书,也就能更透彻地理解自己。

——谢 梅

150. "先行其言而后从之。"这句话是说,做事情要先做后说,才能取得别人的信任。要做一个有修养的人,不能言而无信,只说不做。

——翁光云

151. "非礼勿视,非礼勿听,非礼勿言,非礼勿动。"人们的言行举止都要受到礼仪的规范。

——周宛婷

152. 迁怒贰过,为人处世之大忌。

——周宛婷

153. "子绝四,毋意、毋必、毋固、毋我。"我们也应该杜绝这四种毛病。

——史倩艺

154. "人才"二字,人在前,才在后,意味着成才必先成人。

——王　红

155. 迎晨光当思如何努力,踏晚霞自问是否进步。人生何其短暂,我们应当在每天的学习中有所得、有所悟、有所感、有所思,从而达到修身之境界。

——张乃惠

156. 我记得老师讲"孝悌"的时候,放了《天亮了》这首歌,并且给我们讲了这首歌背后的故事。虽然这个故事之前也听过,但是老师联系"孝顺"讲时,我真的听哭了。

——龙昌玲

157. "论语讲读"给我的感觉像一个思想的大熔炉,这里有乐曲声、读书声和心声。这个课堂如花园般美丽,我愿一直徜徉其间,去寻找并体悟冬日暖阳般的美好!

——但启春

158. 每个时代都有这样一些人:在你风光无限时讨好你,在你跌落尘埃时就暴露本性,对你各种嘲讽,还要再踩上几脚。但是,也有在你风光时不阿谀奉承,在你落魄时伸手拉你的人,他们才是真正值得交往的。

——唐宇涵

159. "论语讲读"虽是一门选修课,但像一盏指引着我前行的灯。孔子的思想引领我走过余生,我很满足。

——田　念

160. 《论语》中有这样一句话:"不知命,无以为君子也;不知礼,无以立也;不知言,无以知人也。"孔子为我们阐明这样一个为人处世的道理:人的一生是由自己决定的,唯有努力前行、奋力拼搏、不屈服、不放弃,才能有更好的明天,生活才会变得多姿多彩,我们的未来才会美满幸福。

——代　称

161. 学习《论语》,反思自己的待人之道,学习新的待人之礼。学习《论语》,让

我明确自己的目标,不再浑浑噩噩。学习《论语》,让我成为更好的自己、站在更好的舞台。

——陈玥莹

162. 虽然"论语讲读"这门课已经结束了,但是我不会放弃学习《论语》,因为它将是我前行的指路明灯。

——冉 渔

163. 《论语》让我明白,要珍惜当下,珍惜幸福,不可沉浸于过去。要改变未来,从现在做起。我真诚地希望"论语讲读"这门课被更多人知道,带给更多人思考:我们目前的生活是否美好、幸福、如愿,也能让我们认识到自己的不足并加以改正,从中学到更多的生活智慧。

——易家芬

164. 上第一节课时,老师说:"当我们选了这门课时,它就已经不再是一门选修课了。"当时我觉得这句话不对,便一笑而过。随着时间的推移,我发现自己错得很离谱。

——唐宇涵

165. "论语讲读"并不只是一门课程,更是一场思想交流会,让你在其中得到提升,以良好的心态面对世界。这就是我在"论语讲读"中学到的。

——雷清德

166. 老师说:"成长是一点一滴的。"的确如此,所以我也在思考:既然成长不易,那我该如何做好一点一滴。

——但启春

167. 有识之士会选择吃学习的苦,而不会选择吃生活的苦。

——刘 鑫

168. 唯有努力,才能走得更远、更好!

——魏 波

169. 在这个世界上,无论如何都要有自己独特的风格。老师是一个有原则的人,上课不许迟到,中途不可擅自离开。这是一种要求,更是一种态度,体现了他对这件事的一种态度,一种认真对待的态度。不管最后结果怎样,首先你的态度摆在这里，这就是一种成功。

——魏 波

170. 出勤不在线、上课不认真、下课不总结，你说，能不挂科吗？

——王 爽

171. 我从未把《论语》通读一遍，而在本课程中我通读了《论语》。读过与没读的区别是很大的。即使当今的很多名人都引用过《论语》中的名句，我还有什么理由不读呢？

——杨钱钱

172. "君子坦荡荡，小人长戚戚。"孔子认为，君子心胸开阔、气定神闲，小人则斤斤计较、患得患失。

——毛春灵

173. 要想有所学，关键靠我们自己，心与学依、道与志合，珍惜每一次学习的机会。

——余 雨

174. 作为一个中国人，诵读《论语》，学着用道德理性来规范自己，我们的心里就会洒满阳光，因为我们都有一种坚定的信念：做君子，不做小人。

——胡明彩

175. 生活中，即便你不美丽，也要有修养；即便你不动人，也要有内涵。因为生命的丰盈在于心灵的充实，所以多读《论语》可丰富人生。

——曾旭旭

176. 即将毕业的我在考虑就业问题，是离家近，还是远。当在《论语》中读到"父母在，不远游，游必有方"的时候，我便决定，要离父母近一点。

——孙 杰

177. 上了几节课后，我最大的感受是《论语》教我们怎样做一个人，怎样做一个成功的人，怎样做一个对社会有贡献的人。

——易家芬

178. 别人不能理解自己，这是一件再正常不过的事，我们没有必要因此恼怒、愤恨，应该用一颗宽容的心去面对。

——王志睿

179. 《论语》是一位老师,也是一面镜子。镜里的人在做、在感,镜外的人在看、在思。

——李　飞

180. 记住这句话:每日三省吾身,为人子孝乎?为民者忠乎?交友信乎?待人以礼乎?只有心中有"仁、礼、孝、爱"的人,才能不断完善自己,认清自己的缺点,发挥自己的长处。

——李　飞

181. 迎着朝阳问问自己,今天该怎么努力;踏着晚霞想想自己,今天有什么收获。是啊,孔子也曾说"朝闻道,夕死可矣"。虽然我们没有圣人这种闻道的坚定信念,但是每天问问自己该怎样努力、有哪些进步,这也是甚好的。

——孙万海

182. 令我钦佩的便是老师的那首歌词《我和〈论语〉有个约会》。这么多年,我所接触的老师中,柳老师是第一个用才华和歌声征服学生的非音乐专业老师。当时我就在思考,《论语》是如何感染了这样一位有魅力、有气质、有无畏精神的老师。而我也开始对《论语》产生了兴趣。

——陈　义

183. 先生是一位知书达理的人,或许是受经典文化的熏陶,他每节课结束后都会向同学们做一个标准的鞠躬。这个细节不知有多少同学认真观察过,他不是故意做出,这是他内心的虔诚,是一种礼节,更是一种对儒家文化的诠释,是一种超凡脱俗的人生追求。由此,我知道了"与人相交,以礼相待"。

——任雅丽

184. 老师有句话讲得很对:既然选择了"论语讲读",那么它就是你的必修课。我们必须认真负责。

——段　佳

185. 世界上没有完美的人,但我们可以尽全力去完善自己。有缺点,我们不怕,但要用心用力去实践改进,人生还有很长的路要走,走好每一步才是最踏实、最有效的做法。虽然课程已结束,但我们仍然要"温故知新"。

——刘　贤

附录 学生心语

186. 正如老师所说,走在路上,要是我们的钱包或者手机丢了,我们会义无反顾地沿路返回寻找。但是,为什么志向丢了,我们却不去把它找回来呢?

——陈 娜

187. 我始终记得一句话:在学习的道路上,一个人可以走得很快,但一群人可以走得更远、更久。"论语讲读"带给我几个新的志同道合的朋友。

——陶柔羽

188. 《论语》是什么?如果我没有上"论语讲读"课,我会说《论语》是一本书;而上完柳明芳老师的"论语讲读"课后,我会说《论语》是人生,《论语》就在我们的生活中。

——向森林

189. "逝者如斯夫,不舍昼夜。"是啊,过去的已经过去了,再也追不回来了。正如我们人生中的那些遗憾挽回不了,就珍惜现在,努力吧!这是古人的智慧与豁达,也正是我们现在所需要的。

——张 念

190. 人存乎世间,无外乎两件事:做人、做事。学做人,做好人;学做事,做好事。而《论语》所讲的就是为人处世的道理。

——犹元勇

191. 善与人交,久而敬之。这是最值得我们思考的交友方式。

——邹富琴

192. 古人已随云烟去,《论语》仍解千人迷。这便是《论语》的智慧。《论语》指引我们更好地完善自己。

——冯 念

193. 子曰:"君子耻其言而过其行。"说得多、做得少,君子认为这是可耻的。

——蒋文朵

194. 如果一个人品行端正、以身作则,别人肯定会敬佩你的品德修养,也会向你学习。优秀的人总会散发一种光芒。《论语》中说:"三人行,必有我师焉!"

——田雨彤

195. 漫漫人生路,吾将上下而求索。前有征程,或有风雨,或有彩虹,无论前

249

方有多少荆棘,我都会心怀《论语》的教诲,它是我的智慧之源。每当耳边充满杂乱的声音时,我便想起《论语》中修身养性的道理。人生路上不骄奢、不浮躁,要学会饭疏食饮水、曲肱而枕之,这样才能真正领略人生的风景和生活的点滴。

——汪　霞

196. 《论语》不仅是一本文学经典,更是一本人生之书。

——刘琴琴

197. 了解《论语》后,我见识到君子的坦荡与博学,希望自己以后能如君子般坦荡自信,也能如君子般博学多才,注重修内,提升自己。

——刘琴琴

198. 在老师的指导下,我们完整地读了一遍《论语》,以后无论在哪里,我都多了一点点谈资,告诉我的朋友:我把《论语》完完整整地读了一遍。这不是炫耀,而是庆幸我选到了"论语讲读"这门课程。

——黄　梅

199. 老师说,记住《论语》中的一个字,一生就够用了。我觉得这话有道理。人想过得快乐,首先要学会宽容,也就是《论语》中所说的"恕",宽容是每个人不可缺少的心态。一个人学会"恕",那么他的一生会是快乐的,而且是发自内心的快乐。当然,如果我们能用宽容的心对待世事,那么生活中就没有什么烦恼了。

——龚何余

200. 时间就是金钱,时间就是生命。每个人在负重前行的同时,总想着弯道超车,总想着加速快跑。社会发展确实进入了快车道。然而,人不思静了。思进、思近,却不思静,不能说是错的,但在流逝的时光中总会错过很多美好。

——郭珍宏

后　　记

不知不觉,作为"80后"的我已经不再年少。在奔波中,我蓦然回首,深感人生苦短,自当从容向前。因此,想做好一件事:在自己的人生中留下一点痕迹、一点光彩。

记得还在读研究生期间,我便利用周末时间,与知行国学社诸位师友在东山阳明祠阅读研讨《论语》,逐章逐句地学,用时一年多,才把《论语》读了一遍。后来,我毕业留校工作后,利用周末时间,在孔学堂中华文化国际研修园组织了《论语》读书会,同样逐章逐句地学,又用时一年多,把《论语》再读了一遍。参加两次读书会以后,我自信心大增,感觉有必要在学校开设"论语讲读"通识选修课程,于是2017年课程开课了,每年4个班,如今已是第21个班了,选修学生共计2000余人。

在教与学的过程中,越来越多的学生给我积极的反馈,诉说他们在课程里的触动与感悟、成长与变化、收获与喜悦。有的同学说,在这里,他学会了守时,增强了时间观念;有的同学说,在这里,他学会了克己,严格要求自己,让自己言行有度;有的同学说,在这里,他学会了尊重,尊敬他人,融洽关系;有的同学说,在这里,他学会了礼貌,礼敬他人,等等。因此,我觉得有必要将"论语讲读"课程写成一本书,希望有更多的人学习《论语》,汲取传统文化中的生活智慧,从而更好地优化自己,修己安仁。

为了能够早日完成书稿,2022年的整个寒假我都在奋笔疾书,不敢有一丝一毫懈怠,天天苦读,日日劳作。说实话,埋头整理书稿的日子,有苦、有乐、有喜、有忧。我曾大雪纷飞时奔赴校园,曾寒风凛冽时品味书香,曾朝霞辉映时翻阅书卷,曾夕阳斜照时书写新篇。金一南先生说:"做难事,必有所得!"而我也不断地用这句话激励自己,希望自己克服困难,顺利完成书稿的写作。而今,这一切终得如愿!

千言万语道不尽,千山万水总关情。《论语讲读》的问世凝聚了许多学校领导、师长、同人、学生及家人的厚爱、关心和支持。

我要感谢贵州师范大学副校长赵守盈教授,副校长欧阳恩良教授,社科处处长、贵州阳明文化研究院院长杨斌教授,感谢各位领导对我的悉心指导、热忱关心和倾心扶持。可以说,没有他们的亲切关怀,就没有本书的出版问世。在此,我十分感激!

我要感谢我的研究生导师龚振黔教授。龚先生学识渊博,早已功成名就。然而,退休之后,他依然勤奋学习、教书育人、投身学术。他是我的授业导师,也是我仰望的人生高标。每当困苦之时,想一想龚先生勤奋的身影,我心里便充满着力量。可以说,没有龚先生的教诲,就没有本书的出版问世。在此,我十分感谢!

我要感谢我的同事们,王剑副教授、谢群洋副教授、吕相国副教授、罗同兵副教授、鹿博副教授、李周峰副教授、张春香教授、王进教授、刘兆玉博士等。他们在工作、生活中都给予我大力的支持和切实的帮助。尤其是朱云飞副研究员帮忙牵线搭桥、联系出版,促成了本书的早日面世。在此,我十分感恩!

我要感谢贵州师范大学知行国学社的诸位师友同道,如萧伟光夫妇、彭勇夫妇、杨洪颖、袁倩等,不一而足,感谢他们多年来对我的点拨、帮助、陪伴、包容。还有知行国学社的牟阿玲、莫响棉、曾芳、袁卫银等同学,他们参与点校,出力不少。可以说,没有知行国学社诸位师友同道的助力,就没有本书的出版问世。在此,我十分感念!

我要感谢我的师兄、师弟、师姐、师妹们,尤其是黄河博士夫妇,当我的学习、工作与生活需要帮助时,他们便及时施以援手,助力战胜困难,让我倍感温暖。

我要感谢我的同行刘洋老师、伍慕蓉老师、马继伟老师等,他们在我愁眉不展时给予肯定、激励与赞赏,鼓舞着我勇毅前行。

我要感谢我的学生们,他们的点滴进步都给了我力量;他们有喜乐,我更感喜乐。课堂之中、师生之间的真诚互动、切磋交流,温暖了我的时光、开阔了我的思路、增长了我的学识、提升了我的能力、坚定了我的信念。教学相长,情深意长,学生的变化给了我出书的勇气。

我要感谢我的家人。我的父亲、母亲给予我生命,生我养我、育我抚我;我的妻子承担了家务和照看孩子的重任,其中的甘苦与辛劳,只有她自己知道。我要感谢我的兄弟姊妹,他们承担了照顾父母的重任,为远在贵阳的我免除后顾之忧。

后　记

　　我还要感谢知识产权出版社的编辑为本书的校对、修改、出版等事宜所付出的辛劳并使之臻于完善,功莫大焉。

　　一书不为重,借以谢恩情。在此,郑重感谢贵州师范大学,我在这里学习成长、工作生活、拥抱未来,感激之情、感谢之意、感恩之念都充盈于心。愿将此书,作为一份小小的礼物,献给母校,聊表谢忱。

　　由于水平有限,书中难免有不妥之处,还请各位读者、专家多多批评指正。

柳明芳书于凤翔山

2022年3月13日傍晚